REGULAÇÃO DAS COMUNICAÇÕES E O INTERESSE PÚBLICO

estudos contemporâneos

Patrícia Maurício
Lilian Saback

(orgs.)

REGULAÇÃO DAS COMUNICAÇÕES E O INTERESSE PÚBLICO

estudos contemporâneos

Editora PUC-Rio
Rua Marquês de S. Vicente, 225 – Prédio Kennedy, 7º andar
Gávea – Rio de Janeiro – RJ – CEP 22451-900
T 55 21 3736-1838
edpucrio@puc-rio.br
www.editora.puc-rio.br

Edições Loyola Jesuítas
Rua 1822, 341 – Ipiranga
04216-000 São Paulo, SP
T 55 11 3385 8500/8501 • 2063 4275
editorial@loyola.com.br
vendas@loyola.com.br
www.loyola.com.br

Revisão de texto: Julia Barandier e Cristina da Costa Pereira
Projeto de capa: Escritório Modelo de Design/PUC-Rio
Editoração de miolo: SBNigri Artes e Textos Ltda.

Todos os direitos reservados. Nenhuma parte desta obra pode ser reproduzida ou transmitida por qualquer forma e/ou quaisquer meios (eletrônico ou mecânico, incluindo fotocópia e gravação) ou arquivada em qualquer sistema ou banco de dados sem permissão escrita das editoras.

ISBN (PUC-Rio): 978-85-8006-308-0
ISBN (Loyola): 978-65-5504-350-1

© EDITORA PUC-RIO, Rio de Janeiro, Brasil, 2023.
© EDIÇÕES LOYOLA, São Paulo, Brasil, 2023.

Dados Internacionais de Catalogação na Publicação (CIP)

Regulação das comunicações e o interesse público / Patrícia Maurício, Lilian Saback (orgs.). – Rio de Janeiro: Ed. PUC-Rio; São Paulo: Loyola, c2024.
  280 p.; 22 cm

  Inclui bibliografia

  1. Comunicação social - Brasil. 2. Comunicação - Aspectos políticos. 3. Interesse público. I. Maurício, Patrícia. II. Saback, Lilian.

CDD: 302.230981

Elaborado por Sabrina Dias do Couto – CRB-7/6138
Divisão de Bibliotecas e Documentação – PUC-Rio

Sumário

Prefácio 7

Apresentação 11

PARTE I – Telecomunicações, radiodifusão e o novo audiovisual

Capítulo 1 – Telecomunicações no Brasil: a serviço de interesses
privados 23
Helena Martins

Capítulo 2 – Regulamentação democrática e a radiodifusão 43
Adilson Vaz Cabral Filho e Eula Dantas Taveira Cabral

Capítulo 3 – EBC e entraves legais à comunicação pública no Brasil 59
Lilian Saback e Fernando Thompson

Capítulo 4 – A inclusão de produções brasileiras na TV por assinatura 79
Patrícia Maurício e Lilian Saback

Capítulo 5 – Plataformas de streaming de vídeo no Brasil e os desafios
da regulação 87
Carmem Petit, Creso Soares Jr. e Raquel de Queiroz Almeida

PARTE II – Internet, informação e desinformação

Capítulo 6 – Marco Civil da Internet: entre a liberdade
de expressão e a moderação de conteúdo 103
Caitlin Mulholand

Capítulo 7 – A LGPD é pop 117
Mariana Palmeira

Capítulo 8 – Desinformação e liberdade de expressão:
uma abordagem complexa 135
Jonas Valente

Capítulo 9 – O jornalismo e a regulação das plataformas digitais:
direito de autor e antitruste 149
Patrícia Maurício e Beatriz Vilardo

Capítulo 10 – Formação específica em jornalismo:
um instrumento de regulação profissional 165
Leonel Aguiar

Capítulo 11 – A regulação do trabalho jornalístico 179
Gabriela Ferreira

PARTE III – Estudos de caso

Capítulo 12 – Ausência do Brasil na regulação mundial do 5G 191
Raquel de Queiroz Almeida, Patrícia Maurício e Carmem Petit

Capítulo 13 – Depois da lei do audiovisual na Argentina:
passa o tempo e nada muda 203
Santiago Marino

Capítulo 14 – Austrália e França contra o duopólio das redes 215
Beatriz Vilardo e Diogo Maduell

Capítulo 15 – A política antimonopólio da China na economia
de plataformas 233
Carmem Petit

Capítulo 16 – Análise crítica do quadro jurídico de regulação da
comunicação: o caso da República Democrática do Congo 247
Placide Okalema Pashi

Bibliografia 259

Sobre os autores 277

Prefácio

O tema da regulação das comunicações na ótica do interesse público adquire uma importância fundamental nos dias atuais no Brasil, tendo em vista tudo o que ocorreu desde o processo de *lawfare* desencadeado na época do impeachment da presidenta Dilma Rousseff até o processo eleitoral de 2022, passando pela prisão do presidente Lula da Silva, pela vitória de Jair Bolsonaro em 2018 e tudo o que se seguiu. O papel da imprensa e da mídia hegemônica em geral em todos os momentos desse longo e difícil processo, que afetou a vida do conjunto da população brasileira, embora não represente novidade, dado o seu histórico engajamento em golpes e eleições, em apoio a interesses bem conhecidos, adquire interesse renovado em função tanto dessa conjuntura, que unifica, na verdade, o conjunto dos países latino-americanos, muitos dos quais têm passado por processos semelhantes, quanto da particularidade, do ponto de vista estrutural, da existência hoje de possibilidades de acesso à informação através de meios de comunicação não hegemônicos que atuam na internet e nas chamadas plataformas digitais.

O pano de fundo de todos esses movimentos é a crise do capital que, no plano político internacional, se traduz em crise da hegemonia do sistema imperialista global comandado pelos Estados Unidos da América e, no plano econômico, de base, vincula-se aos desenvolvimentos da reestruturação produtiva iniciada já como resposta à crise estrutural, nos anos 1970, que inclui a implantação do neoliberalismo. Para completar o quadro, temos a pandemia da Covid-19, cujo combate, especialmente no Brasil, mas não só, tornou-se fonte adicional de disputas de narrativa, negacionismos e *fake news*. Neste caso, em especial, explicita-se a existência de um novo sistema global de cultura, no interior do qual os oligopólios nacionais da comunicação seguem desempenhando um papel fundamental, que se soma àquele dos oligopólios globais que controlam a economia da internet e as plataformas digitais na configuração de modelos de comunicação que se apoiam e reforçam a crescente polarização política característica deste momento de crise capitalista em nível internacional.

Nessas condições, a regulação da comunicação é uma necessidade vital para a construção da consciência crítica e da hegemonia em bases racionais. O objetivo principal, nesse sentido, é garantir a mais ampla e irrestrita liberdade de expressão, o que exige superar as atuais concentrações de poder midiático, facilitando a disseminação do poder de fala às mais amplas camadas da população. Uma organização de tipo mercantil, como a que temos na radiodifusão – ainda que, no caso brasileiro, se trate de um sistema muito pouco concorrencial, na verdade, basicamente oligárquico – não resolverá o problema. Por outro lado, a democratização aparente que a internet e as plataformas digitais representam, como temos visto, é não apenas enganosa, mas extremamente perigosa, pois representa uma concentração de poder, ainda maior, em mãos de capitais estrangeiros, com grande capacidade de controle, vigilância e censura, um grave problema ainda pendente de solução em nível internacional.

Assim, é preciso construir uma nova regulação, em bases radicalmente democráticas e ir além da mera liberdade formal de expressão, garantindo o direito à comunicação a todos os setores organizados da sociedade, às universidades, a sindicatos, comunidades, movimentos sociais, o que significa democratização da propriedade dos meios de comunicação, financiamento público à formação de comunicadores populares etc. Nesse sentido, seria preciso pensar as políticas de comunicação, como as políticas culturais, às quais estão inexoravelmente vinculadas – pois o não reconhecimento dessa relação íntima não é mais que uma opção equivocada de política cultural destituída de seu instrumento mais importante –, como parte das políticas sociais, como bem apontava Celso Furtado, destinadas a superar o atraso e promover o desenvolvimento, entendido como ampliação do horizonte de possibilidades para as amplas massas da população.

Este livro, organizado por Patrícia Maurício e Lilian Saback, com a participação de um conjunto de autores reconhecidos no campo de estudos relacionado, apresenta um panorama amplo de algumas das questões a serem pensadas na construção dessa regulação democrática da comunicação, desde os setores tradicionais das telecomunicações e da radiodifusão, que passaram, e vêm passando, por profundas transformações desde os inícios da reestruturação produtiva, tendo de reorganizar-se em consequência, até os atuais debates em torno do sistema de streaming e o 5G, passando pela

Prefácio

TV segmentada e a comunicação pública, levantando questões importantes como a da produção nacional, o marco civil da internet, o jornalismo, a desinformação, o *copyright* e a legislação antitruste, além de toda uma parte dedicada ao estudo de casos nacionais muito interessantes. Recomendo fortemente a leitura, tendo em mente, na medida do possível, a problemática geral acima apontada. Ao final, ficarão bem claros a complexidade e o interesse geral das reflexões e das evidências apresentadas pelos autores, visando a uma comunicação democrática, sem a qual não se pode falar em uma sociedade democrática em sentido pleno.

César Bolaño
Aracaju (SE), fevereiro de 2022

Apresentação

Neste livro, buscamos entender como a Comunicação é regulada no Brasil e o que falta para que o interesse público seja a base dessa regulação. Para isso, é de suma importância entendermos o que determina que a comunicação seja como é no Brasil.

César Bolaño afirma, e concordamos, que vivemos hoje a Terceira Revolução Industrial. Ele lembra que, em Marx, a Revolução Industrial foi uma submissão (subsunção) real do trabalho ao capital, ou seja, o trabalhador perdeu a autonomia que tinha ao usar suas ferramentas para trabalhar. Com essa Primeira Revolução Industrial, a máquina passou a controlar o que o trabalhador faz, se apropriando do conhecimento dos trabalhadores. Eles não precisavam mais do conhecimento intelectual para criar um produto, bastava operar a máquina. Na Segunda Revolução Industrial, a última coisa que ainda era feita sob forma artesanal ou manufatureira, que era a produção das próprias máquinas, passou também a ser feita nas fábricas por outras máquinas.

> Nos dois casos, a componente tecnológica do processo é crucial porque permite um avanço da subsunção do trabalho e, consequentemente, a expansão da lógica capitalista e da exploração do trabalho vivo. Assim, o elemento principal da Primeira Revolução Industrial foi a máquina--ferramenta e, o da Segunda, a produção de máquinas por meio de máquinas. Seguindo a mesma linha de raciocínio, podemos afirmar que o elemento central da Terceira Revolução Industrial é aquilo a que Pierre Lévy (1994) chamou de "tecnologias da inteligência" (mais especificamente, as tecnologias informacionais). O fato marcante deste final de século é o surgimento, em decorrência do desenvolvimento das Tecnologias da Informação e da Comunicação (TIC's) e das redes telemáticas, de uma tendência ao apagamento de fronteiras entre trabalho manual e intelectual, manifesta tanto naquilo que venho chamando de subsunção do trabalho intelectual, quanto na intelectualização geral dos processos de trabalho na indústria e no setor de serviços (Bolaño, 2002: 61-62).

A comunicação está no centro desta terceira revolução, afetando diretamente os modos de fazer (processos de produção e distribuição) e na subsunção do trabalho intelectual do profissional de comunicação ao capital. Por isso, aquilo que Srnicek (2017) chama de capitalismo de plataformas e Zuboff (2015) conceitua como capitalismo de vigilância, são aspectos da Terceira Revolução Industrial. É a nova forma que o capitalismo tomou com as tecnologias da informação e da comunicação – com suas redes sociais, plataformas de tudo (de vendas de bens de consumo, de namoro, de mensagens e vídeos etc.), retirada de dados de quem usa plataformas, entre outros. E é nessa retirada e uso dos nossos dados que o capital se fortalece ainda mais, como veremos em diversos capítulos deste livro. E se o capital, especialmente o grande capital oligopolizado,[1] não for regulado, vai sempre prevalecer a lei do mais forte, a vontade dos donos das grandes corporações.

A nosso ver, não podemos falar de regulação sem pensar a quem ela vai servir. Para nós, as leis e normas devem servir ao interesse público. Porém, o conceito de interesse público não tem uma definição única. Sartor (2016), em sua tese sobre a noção de interesse público no jornalismo, pesquisa teóricos como Griffith, Friedmann, Schudert, Arendt, Chaparro, Wilson Gomes, Christofoletti e Triches, e conclui que não há consenso sobre o termo.

> O que se entende por interesse público no campo do direito, por exemplo, não coincide totalmente com o que se entende por interesse público no campo do jornalismo, à medida que, para além das divergências de conceituação que existem no interior dos próprios campos e dos pontos comuns que se verificam entre os campos, cada um deles apresenta um saber especializado – atinente às suas práticas específicas – que funciona como lente a partir da qual se pode enxergar o interesse público (Sartor, 2016: 233).

A ausência de definições mais claras pode ser extremamente prejudicial à vida em sociedade, abrindo espaço para o predomínio de interesses particulares ou de pequenos grupos – notadamente os detentores do poder e/ou do dinheiro.

Como consideramos o interesse público o ponto de partida para a elaboração de políticas públicas e, mais especificamente, da legislação para as

---

1 Situação de mercado em que poucas empresas detêm o controle da maior parcela do mercado.

comunicações, nosso grupo de pesquisa, Economia Política da Comunicação da PUC-Rio (EPC PUC-Rio/CNPq) se debruçou sobre diversas concepções e debateu amplamente o tema para chegar ao conceito que consideramos mais representativo da essência de interesse público, a partir das nossas pesquisas teóricas e práticas. Sabemos que o contexto da época e das sociedades variam, por isso buscamos entender aquilo que é básico para todos no contexto atual.

Para começar, observamos a Declaração Universal dos Direitos Humanos da ONU, firmada em Paris, no dia 10 de dezembro de 1948, por 48 países, incluindo o Brasil. O documento, que desde sua proclamação já foi traduzido para 500 idiomas e inspirou a Constituição de diversos países, estabelece que:

> Os povos das Nações Unidas proclamam, de novo, a sua fé nos direitos fundamentais do homem, na dignidade e no valor da pessoa humana, na igualdade de direitos dos homens e das mulheres e se declaram resolvidos a favorecer o progresso social e a instaurar melhores condições de vida dentro de uma liberdade mais ampla.

Em seus 30 artigos, a declaração reforça que todos os cidadãos têm direito, prioritariamente, à saúde, educação, moradia, ao trabalho, à liberdade e segurança. São pré-requisitos para uma vida digna, direitos que devem, portanto, ser garantidos pelos governantes das nações signatárias da carta, compromissados com o cumprimento dela. Uma vez protegidos e garantidos, esses direitos se tornam alicerces para a constituição de sociedades com menos desigualdades e, consequentemente, moldam a base dos interesses comuns a todos os seres humanos.

Nesse mesmo sentido, a Constituição Federal brasileira declara, em seu preâmbulo, que institui:

> Um Estado democrático, destinado a assegurar o exercício dos direitos sociais e individuais, a liberdade, a segurança, o bem-estar, o desenvolvimento, a igualdade e a justiça como valores supremos de uma sociedade fraterna, pluralista e sem preconceitos, fundada na harmonia social e comprometida, na ordem interna e internacional, com a solução pacífica das controvérsias (Brasil, 2020).

No Capítulo II, dos Direitos Sociais, destacamos os seguintes direitos como uma base para uma vida digna, e, portanto, a base do interesse público:

> Art. 6º São direitos sociais a educação, a saúde, a alimentação, o trabalho, a moradia, o transporte, o lazer, a segurança, a previdência social, a proteção à maternidade e à infância, a assistência aos desamparados, na forma desta Constituição.
> Art. 7º São direitos dos trabalhadores urbanos e rurais, além de outros que visem à melhoria de sua condição social:
> (...)
> IV – salário-mínimo, fixado em lei, nacionalmente unificado, capaz de atender a suas necessidades vitais básicas e às de sua família com moradia, alimentação, educação, saúde, lazer, vestuário, higiene, transporte e previdência social, com reajustes periódicos que lhe preservem o poder aquisitivo, sendo vedada sua vinculação para qualquer fim (Brasil, 2020).

Para nós, o interesse público perpassa a garantia desses direitos. Consideramos que, quando todo cidadão pode ter uma vida digna e justa, quanto melhor for a distribuição de renda na sociedade, e quanto mais equânime for o acesso à saúde, maior será a segurança nessa sociedade, e o interesse público estará atendido. Sendo assim, podemos resumir que é de interesse público tudo aquilo que seja voltado a garantir uma vida digna para todos os cidadãos. O interesse público sempre será o interesse de um coletivo.

No campo específico da comunicação, o interesse público está ligado a tudo o que foi citado acima, uma vez que uma comunicação que vá contra ao menos um desses direitos já não será de interesse público. Por exemplo, uma reportagem contrária ao reajuste do salário-mínimo para que ele atenda a essas necessidades básicas colocadas na Constituição para garantir uma vida digna é contra o interesse público. Já uma campanha para a destinação de mais recursos à educação pública e gratuita é em prol do interesse público.

Encontramos também na Constituição Federal, no Capítulo I, dos Direitos e Deveres Individuais e Coletivos, que:

> IV – é livre a manifestação do pensamento, sendo vedado o anonimato;
> V– é assegurado o direito de resposta, proporcional ao agravo, além da indenização por dano material, moral ou à imagem (Brasil, 2020).

Apresentação

Dessa forma, a Constituição garante aos brasileiros o direito à liberdade de expressão, mas com responsabilidade. O cidadão pode se expressar como quiser, mas se essa expressão causar dano a outro ou outros cidadãos, ele será punido. Esse dano pode se dar, por exemplo, pela mentira, tanto direcionada a atingir uma pessoa quanto a desinformar a população, trazendo danos a toda a sociedade. Portanto, consideramos que a comunicação responsável, amiga da verdade, atende ao interesse público.

> "Notícias" significam informações verificáveis e de interesse público, as informações que não atendem a esses padrões não merecem o rótulo de notícias. Nesse sentido, então, a expressão "notícias falsas" é um oxímoro que se presta a danificar a credibilidade da informação que de fato atende ao limiar de verificabilidade e interesse público – isto é, notícias reais (Unesco, 2018: 7).

Uma vez que a comunicação está inserida no sistema capitalista no qual vivemos, em que as empresas buscam o lucro em primeiro lugar, é a partir da descoberta de como a comunicação é financiada que podemos entender a quem ela serve. O conteúdo comunicado pode ser afetado pelo interesse de quem paga por ele. Pelo modo como se financiam, existe a comunicação comercial ou privada; a estatal e a pública. A comunicação privada é financiada prioritariamente por anúncios; a comunicação estatal, pelo orçamento do governo federal, estadual ou municipal; e a pública, diretamente pelo público e sem finalidade de lucro. Obviamente, sabemos que a comunicação estatal é pública, pois os governos são eleitos pelo povo e o representam, mas a forma de financiar faz uma diferença para definir o interesse de quem estará representado. Uma comunicação estatal pode muito bem representar o pensamento do governo do momento, e não ser totalmente imparcial. Chamamos de público o veículo de comunicação financiado diretamente pelo público, como a BBC no Reino Unido, e como era o início do rádio no Brasil, com as rádios-clube e as rádios-sociedade.

Como a maior parte da comunicação no Brasil está nas mãos de empresas privadas, ela é guiada pelo que o sociólogo francês Pierre Bourdieu (1997) chamou de mentalidade-índice-de-audiência, quando o veículo de comunicação prioriza ter o maior índice de audiência possível para poder cobrar mais nos anúncios – uma vez que os anunciantes pagam mais por conteúdos que mais pessoas vejam, leiam ou ouçam. As empresas, então, legitimam o interesse comercial de suas produções dizendo que trabalham em função do interesse do seu público. Porém, agindo dessa forma, o interesse público, conforme definimos acima, nem sempre é contemplado.

Nas últimas décadas, a internet e, mais recentemente, as plataformas digitais, especialmente as de redes sociais (o duopólio Google e Facebook é o exemplo mais gritante), fizeram uma gigantesca mudança na forma de se comunicar e nos modelos de negócios dos veículos, o que faz parte da Terceira Revolução Industrial. Para se ter uma ideia, em 2021, 90% das residências no Brasil tinham internet.[2] E o valor de mercado apenas da Alphabet, *holding* do Google, em 2022 (US$1,468 trilhão)[3] chega perto de tudo o que o Brasil produziu em 2022, o chamado Produto Interno Bruto (PIB) do Brasil, que foi de US$1,92 trilhão (R$9,9 trilhões).[4]

O cenário se agrava porque até o momento não existe uma regulação específica para as plataformas digitais. As várias formas que vêm sendo pensadas para regulá-las são analisadas ao longo de alguns dos capítulos deste livro, que reúne reflexões elaboradas por pesquisadores do campo da Economia Política da Comunicação da PUC-Rio e, também, de outras universidades e instituições de pesquisa. A obra está dividida em três partes: "Telecomunicações, radiodifusão e o novo audiovisual", "Internet, informação e desinformação" e "Estudos de caso".

Abrindo a Parte I, no capítulo 1, "Telecomunicações no Brasil: transformações a serviço de interesses privados", Helena Martins faz o percurso histórico do setor, apontando o jogo de interesses que pautou todas as legislações que regulam as telecomunicações no país, e que acabam por resultar em novos desafios na produção e circulação de conteúdo. A autora mostra a privatização e a concentração que ocorreram no setor nas últimas décadas. No capítulo 2, "A importância da regulamentação democrática para a radiodifusão no Brasil", Adilson Vaz Cabral Filho e Eula Dantas Taveira Cabral, dão um panorama da regulação de rádio e TV no Brasil, dando ênfase à necessidade de leis e regras debatidas democraticamente. Segundo eles, existe hoje um predomínio do sistema privado sobre os sistemas estatal, público e

---

2 "Internet já é acessível em 90,0% dos domicílios do país em 2021". Estatísticas Sociais. *Agência IBGE Notícias*, 16 set. 2022, em https://agenciadenoticias.ibge.gov.br/. Acesso em: 10/7/2023.
3 Statista (2023).
4 *Exame* (2023) e IBGE (2023).

Apresentação

comunitário na distribuição de outorgas, verbas e de penetração no território nacional. O capítulo 3, "O Projeto EBC e os entraves legais impostos na tentativa de fazer comunicação pública no Brasil", escrito por Lilian Saback e Fernando Thompson, faz um levantamento comentado das regulações que cercam a Empresa Brasil de Comunicação (EBC), desde a criação do projeto, em 2007, passando por sua entrada na lista de empresas privatizáveis, em 2021, até o governo Lula. Para isso, entrevistaram funcionários, gestores e representantes da sociedade civil que participaram e/ou participam do projeto. Os autores mostram a fluidez que existe na compreensão dos gestores sobre o que são comunicação pública e comunicação estatal. Hoje debate-se muito se todo o conteúdo audiovisual pago deve ser regido por uma única lei, mas até o momento existe uma lei para TV por assinatura, conforme explica o capítulo 4, "A luta pela inclusão de produções brasileiras na TV por assinatura", de Patrícia Maurício e Lilian Saback, e ainda está desregulado o chamado streaming de vídeo, tema do capítulo 5 de Carmem Petit, Creso Soares Jr. e Raquel de Queiroz Almeida, "Plataformas de streaming de vídeo no Brasil e os desafios da regulação".

A Parte II se inicia com um rápido histórico da internet no Brasil no capítulo "Marco Civil da Internet: entre a liberdade de expressão e a moderação de conteúdo", de Caitlin Mulholand, para em seguida tratar da amplamente debatida Lei 12.965/14, que regula os princípios, as garantias, os direitos e os deveres para o uso da internet no Brasil. No capítulo 7 "A LGPD é pop", Mariana Palmeira se debruça sobre a Lei Geral De Proteção De Dados Pessoais, Lei 13.709/2018 (LGPD), e apresenta os conceitos de privacidade e proteção de dados pessoais, além de apontar a inserção das leis de proteção de dados no panorama global. O capítulo procura ainda contextualizar e comentar em linhas gerais os cinco eixos temáticos da LGPD. Jonas Valente, no capítulo 8, "Desinformação e liberdade de expressão", trata do fenômeno das *fake news*, as mentiras travestidas de notícias que serviram para alavancar as eleições de Donald Trump, nos EUA, e Jair Bolsonaro, no Brasil. O combate à pandemia do coronavírus também foi atrapalhado pela desinformação, e Valente destrincha a lógica de funcionamento do fenômeno para mapear o que o impulsiona e amplifica, e assim pensar em como regulá-lo. Os cidadãos precisam estar bem informados para poder tomar suas decisões sobre bases verdadeiras. Hoje, o jornalismo enfrenta um problema de credibilidade, tanto pelas *fake news* quanto pelos interesses privados das empresas jornalísticas, que às vezes afetam a informação veiculada. O resultado do trabalho do jornalista no contexto atual das empresas jornalísticas privadas do Brasil é uma mercadoria. Como mercadoria, esse produto do trabalho precisa ser vendido para que as empresas sejam mantidas. Essas empresas são capitalistas e querem a manutenção do capitalismo. Então o que determina, em primeiro lugar, o resultado do trabalho do jornalista que é vendido, é o lucro para as empresas e a manutenção do capitalismo. Qualquer coisa que ameace isso, ou que as empresas pensem que possa ameaçar, precisa ser combatido, e a primeira vítima é a imparcialidade. Esse contexto, em seus vários aspectos, é trabalhado em três capítulos. No 9, "Plataformas digitais e sua relação com o jornalismo: *copyright*, antitruste e taxação", de Patrícia Maurício e Beatriz Vilardo, são explicados os problemas trazidos para os veículos privados brasileiros pelas poderosas plataformas Google e Facebook. As tentativas de regulação passam pelo direito do autor, pelo combate à concentração de propriedade por esses concorrentes internacionais e pela taxação revertida a veículos nacionais. O capítulo 10, "Formação específica em jornalismo: um instrumento de regulação profissional", de Leonel Aguiar, explica que o campo de jornalismo demandou, por suas especificidades, um curso próprio, separado das demais habilitações da comunicação social e por isso foram criadas novas diretrizes curriculares. Gabriela Ferreira, no capítulo 11, "A regulação do trabalho jornalístico", mostra o quanto as novas exigências do capital estão tornando precária e mal paga a profissão de jornalista, o que se reflete na qualidade do trabalho.

A Parte III traz estudos de caso, começando pela implantação da quinta geração de rede de internet móvel, com "Ausência do Brasil na regulação mundial do 5G", de Raquel de Queiroz Almeida, Patrícia Maurício e Carmem Petit. As autoras mostram a subserviência ativa do Brasil a potências estrangeiras na chegada desta nova tecnologia ao país. Os demais estudos de caso tratam da regulação da comunicação em outros países. Santiago Marino, no capítulo 13, "Depois da lei do audiovisual na Argentina: passa o tempo e nada muda", explica a polêmica legislação, conhecida no Brasil como Lei de meios, que dividiu nossos *hermanos* e vizinhos ao longo dos governos Néstor Kirchner, Cristina Fernández de Kirchner e Mauricio Macri. O autor mostra os resultados das disputas que vieram da regulação dos governos dos

Kirchner para reduzir a concentração dos veículos nas mãos de poucos e a campanha feita pelo grupo Clarín, que chegou tanto aos tribunais quanto a uma guinada da política para as comunicações no governo Macri. O capítulo 14, "Austrália e França contra o duopólio das redes", de Beatriz Vilardo e Diogo Maduell, traz o combate desses países à dominação do Google e do Facebook nas comunicações. No capítulo 15, "A política antimonopólio da China na economia de plataformas", Carmem Petit investiga as especificidades da regulação antimonopólio chinesa. Além de unificar regras, o país publicou, em 2021, um documento com diretrizes para a economia de plataformas. O capítulo 16, "Análise crítica do quadro jurídico de regulação da comunicação: o caso da República Democrática do Congo", de Placide Okalema Pashi, mostra o papel da mídia na tragédia congolesa, mesmo com uma regulação aparentemente democrática e voltada ao interesse público, porque a democracia no país é também apenas aparente. A situação precária dos jornalistas também abre espaço à corrupção no Congo, mas onde quer que o trabalho jornalístico se precarize, diversos problemas na qualidade da informação e da análise aparecerão, em qualquer parte do mundo.

Esperamos que cada um dos capítulos deste livro contribua para a construção do debate e de propostas para uma regulação da comunicação que tenha o interesse público como protagonista.

As organizadoras

PARTE I
Telecomunicações, radiodifusão e o novo audiovisual

Capítulo 1

Telecomunicações no Brasil: a serviço de interesses privados

Helena Martins

As bases da organização das comunicações no Brasil

As origens da história das telecomunicações no Brasil remontam a meados do século XIX, quando dom Pedro II promoveu esforços no sentido de implementar linhas telegráficas. Até a proclamação da República, foram instalados 19 mil quilômetros, além de planos, posteriormente transferidos para empresas privadas de capital estrangeiro, de criar um cabo telegráfico ligando o Brasil ao continente europeu. Depois, o telefone também passou a interessar ao imperador, que via na adoção dessas tecnologias uma forma de mudar a imagem externa do país (Trindade, D.; Trindade, L., 2004: 2).

Em 1877, foi montada a Western and Brazilian Telegraph e, em 1888, a Telephone Company of Brazil, ambas contando com participação do capital estrangeiro. À época, passaram a ser discutidas também atividades comerciais de telecomunicações. Como resultado disso, por meio do Decreto 8.065/1881, foi concedida à Telephone Company do Brasil permissão para explorar os serviços de telefonia no Brasil com fins comerciais. No ano seguinte, o Decreto 8.453/1882 estabeleceu as bases para a concessão de linhas telefônicas, prática que foi regulamentada em 1893.

Na mesma década, o padre Landell de Moura trabalhava na construção do primeiro transmissor sem fio para a transmissão de mensagens. A primeira demonstração pública do invento foi feita em 1894, mas não houve interesse oficial em desenvolvê-lo. Moura chegou a patentear três inventos: o transmissor de ondas, o telefone sem fio e o telégrafo sem fio, entre 1903 e 1904, nos Estados Unidos (Trindade, D.; Trindade, L., 2004: 3).

Apesar do pioneirismo de um cientista brasileiro e ao contrário do que o interesse que o Brasil vinha demonstrando poderia levar a crer, o invento não foi reconhecido nem estimulado pelo Estado. O desenvolvimento dessa tecnologia foi feito a partir dos Estados Unidos e da Inglaterra, que disputavam a liderança do comércio mundial no contexto da Segunda Revolução Industrial. Apenas no centenário da Independência, em 1922, houve a primeira transmissão oficial pelo rádio no país. O discurso do presidente Epitácio Pessoa chegou a um público privilegiado com o acesso a 80 receptores por meio de um sistema de alto-falantes, consolidando a tecnologia.

O início da organização legal do setor se deu em 1924, quando, por meio do Decreto nº 16.657, foi aprovado o regulamento da "radiotelegraphia e radio telefonia", que apenas conferiu exclusividade ao Governo Federal para a prestação desses serviços. Em 1931, o Decreto nº 20.047 definiu o rádio como "serviço de interesse nacional e de finalidade educativa". Já o Decreto nº 21.111, de 1º de março de 1931, regulamentou o anterior. Foram definidos como serviços de "radiocomunicação", na linguagem da época, a radiotelegrafia, a radiotelefonia, a radiotelefotografia, a radiotelevisão e quaisquer outras utilizações da radioeletricidade para a transmissão ou recepção, sem fio, de escritos, signos, sinais, sons ou imagens de qualquer natureza, por meio de ondas hertzianas – não incluindo, assim, comunicações via cabo, como ocorria no caso da telefonia local. O governo de Getúlio Vargas optou por considerar os serviços de competência da União, mantendo o controle no Executivo, permitindo, entretanto, a execução deles por outros entes, inclusive privados, por meio de concessões ou permissões. Com o decreto, iniciou-se a exploração comercial do rádio. Segundo Pieranti (2011: 18-20), ainda que de forma incipiente, tais decretos fixaram pilares até hoje presentes no setor, como a vinculação do serviço ao interesse público; a separação da regulação da infraestrutura (esta de responsabilidade do então Ministério da Viação e Obras Públicas e da Comissão Técnica do Rádio) da do conteúdo (observada pelo Ministério da Educação e Saúde Pública) e a atribuição da construção de redes à União.

Nesse primeiro momento, o poder concedente estava dividido entre União, estados e municípios. Chegaram a existir cerca de novecentas pequenas empresas que prestavam o serviço de telecomunicações, sendo a principal delas a Companhia Telephonica Brasileira (CTB), do grupo Brazilian

Traction, que detinha dois terços do total de um milhão de telefones existentes (Siqueira; Mancini, 1993: 14). O serviço de abrangência local era oferecido em troca de baixas tarifas, cuja fixação cabia às Câmaras de Vereadores, órgãos responsáveis também pela expansão da rede de telefonia. O clientelismo estabelecido entre o Legislativo e a população que utilizava os serviços de telecomunicações resultou na fragmentação da operação, na baixa qualidade dos serviços e na precarização da situação financeira das empresas (Oliveira, 2007), o que também deve ser explicado pelo baixo investimento por parte das operadoras estrangeiras que atuavam no setor. Já o telégrafo era explorado pela União, por meio do Departamento dos Correios e Telégrafos (DCT), que funcionou até a criação da Empresa Brasileira de Correios e Telégrafos.

A regulamentação produzida na década de 1930 foi mantida até 1961, quando alterações foram promovidas, por meio de decretos, por Jânio Quadros. Algumas das normas postas pelo Decreto nº 50.450/1961 geraram oposição por parte do empresariado, como a fixação de cota de tela para produção brasileira, de limites à veiculação de publicidade e de sanções que, inclusive, poderiam levar à suspensão ou cassação da outorga. Jânio também criou, por meio do Decreto nº 50.666/1961, o Conselho Nacional de Telecomunicações (CNT). Subordinado a ele, o órgão teria a competência de iniciar o Sistema Nacional de Telecomunicações e de propor o Plano Nacional de Telecomunicações e outro semelhante para a radiodifusão.

Essa mudança institucional foi ancorada em uma campanha nacionalista iniciada ainda no governo João Goulart, em 1962, contra os grupos estrangeiros Light, Amforp e ITT, que operavam no setor. Como reflexo disso:

> Em fevereiro de 1962, o governador do Rio Grande do Sul, Leonel Brizola, cassou as concessões e desapropriou os bens e serviços da Companhia Telefônica Nacional (CTN), transferindo-os para a Companhia Riograndense de Telecomunicações (CRT). Na mesma época, o governador da Guanabara, Carlos Lacerda, apresentou projeto de reformulação dos serviços telefônicos, prevendo a criação de uma empresa de economia mista estadual (constituída efetivamente em 1963, sob a denominação Companhia Estadual de Telefones da Guanabara – Cetel) e a encampação da CTB. O Governo Federal, que desde dezembro de 1961, mantinha contatos com a direção da CTB tendo em vista a compra da empresa, resolveu adiantar-se, decretando em 31 de março de 1962 a intervenção

na empresa por um período de seis meses, prorrogado sucessivamente até 1966 (Araújo; Brandi, 2009).

Os empresários, por sua vez, ampliaram a pressão pela aprovação de novo marco legal. O movimento ganhou força após a queda do presidente. Houve a participação, naquele momento, do setor militar, que já manejava um discurso nacionalista em torno da proteção das telecomunicações, visão estratégica que viria a ser consolidada ao tomarem o poder, a partir de 1964. Em agosto de 1962, foi aprovado o Código Brasileiro de Telecomunicações (CBT), o qual fora influenciado pelas empresas desde a concepção. Instituído pela Lei Federal nº 4.117/1962, o CBT (art. 4º) definiu telecomunicações de forma ampla como "transmissão, emissão ou recepção de símbolos, caracteres, sinais, escritos, imagens, sons ou informações de qualquer natureza, por fio, rádio, eletricidade, meios óticos ou qualquer outro processo eletromagnético", dividindo a transmissão de escritos por meio de um código de sinais (telegrafia) da transmissão da palavra falada ou de sons (telefonia). A norma (art. 6º) classifica as telecomunicações como serviço público (uso geral); serviço público restrito (exemplo dos utilizados por passageiros de uma aeronave ou de táxis); serviço limitado (executado por estações não abertas à correspondência pública, destinado ao uso de pessoas físicas ou jurídicas nacionais). Entre os serviços de cunho limitado, cita o de radiodifusão, que compreende tanto radiodifusão sonora quanto televisão.

Expressando uma visão de Estado baseada na defesa da segurança nacional e da soberania territorial, orientou o controle das telecomunicações pelo Executivo. O CTB disciplinou os serviços, inclusive a tarifação, e estabeleceu que o controle sobre o Sistema Nacional de Telecomunicações (SNT), previsto pelo artigo sétimo da lei, passaria a ser de responsabilidade da autoridade federal. Nesse sentido, estabeleceu a criação de uma empresa pública que teria a tarefa de assumir os troncos constituintes do Sistema Nacional de Telecomunicações. Assim, em 1965, foi criada a Empresa Brasileira de Telecomunicações (Embratel) e, em 1972, a Telecomunicações Brasileiras S.A. (Telebras), as quais foram responsáveis por organizar a exploração dos serviços públicos de telecomunicações no país. Para este setor, o CBT previu a constituição do Fundo Nacional de Telecomunicações (FNT). Essas medidas levaram à expansão dos serviços interurbanos, interestaduais e depois internacionais, estes de responsabilidade da Embratel. Do ponto de vista da fiscalização, a lei determinou a criação do Conselho Nacional de Telecomunicações (Contel), com a atribuição de regular e fiscalizar a radiodifusão e as telecomunicações.

Em 1967, foi editado o Decreto-Lei nº 200, de 1967, que criou o Ministério das Comunicações, o qual incorporou o Contel, o Departamento Nacional de Telecomunicações (Dentel), a Empresa Brasileira de Telecomunicações (Embratel) e o Departamento Nacional de Correios e Telégrafos. Do mesmo ano, o Decreto-Lei nº 236 criou restrições à propriedade de emissoras de rádio e TV, limitando em até 10 o número de emissoras que cada empresa poderia controlar em todo o território nacional, sendo 5 em VHF e 2 por estado da Federação. Também eliminou a participação de estrangeiros na propriedade ou na direção das empresas de comunicação.

A centralização foi reforçada pela Constituição Federal de 1967, outorgada pelo regime civil-militar. Ela (art. 8º, XV) determinava que a prestação dos serviços fosse feita pela União ou por intermédio de concessões e autorizações a entes privados (Aranha, 2009; Oliveira, 2007). Essas normas iam ao encontro da política de integração que o governo buscava efetivar, tendo como base os Objetivos Nacionais Permanentes e a Doutrina de Segurança Nacional, formulados pela Escola Superior de Guerra e pelo Estado Maior das Forças Armadas (Aranha, 2009: 37-38). Além do controle político, outras funções do Estado estavam associadas às telecomunicações, como a ampliação do crescimento industrial e a promoção, por meio da radiodifusão que se expandiu pelo país a partir das redes telemáticas, do consumo de massas no Brasil.

Apogeu e crise das telecomunicações brasileiras

Marco importante dessa trajetória foi a criação da *holding* Telecomunicações Brasileiras S. A. (Telebras) em 1972, por meio de lei que também autorizou a transformação da Embratel em sociedade de economia mista, subsidiária da nova empresa. Reunindo inicialmente quatro empresas controladas: a Embratel, a Companhia Telefônica Brasileira (CTB), a Companhia Telefônica de Minas Gerais (CTMG), a Companhia Telefônica do Espírito Santo (CTES) e uma associada, a Companhia de Telecomunicações de Brasília

(Cotelb), trabalhou em seguida no processo de aquisição, absorção e unificação das empresas que prestavam serviços telefônicos. Em dezembro de 1973, a *holding* já reunia 25 subsidiárias, que usavam nomes padronizados, como Telebahia e Teleceará, e quatro associadas. Antes da privatização, era responsável por 27 empresas de âmbito estadual ou local, pela Embratel e pelos serviços de comunicação de dados, telex, retransmissão de televisão e de satélites (Araújo; Brandi, 2009).[1]

Houve expressivos investimentos públicos, que propiciaram melhorias dos serviços e desenvolvimento tecnológico. Nesse processo, o Estado, seguindo o viés desenvolvimentista, cumpriu um papel fundamental na montagem da cara infraestrutura de redes no país. Exemplo disso é o fato de a Embratel ter conseguido interligar todas as capitais e estados brasileiros por rede de micro-ondas, em 1971. Além disso, desenvolveu forte política nacionalista em relação à pesquisa e desenvolvimento, especialmente a partir da criação do Centro de Pesquisa e Desenvolvimento Padre Roberto Landell de Moura (CPqD), em 1976, que tinha o objetivo de produzir tecnologia própria e reduzir a dependência da tecnologia estrangeira, a partir de parcerias com universidades e indústrias. Durante o governo Geisel (1974-1979), o Ministério das Comunicações estimulou investimentos em pesquisa e desenvolvimento por parte da indústria nacional e centralizou a compra de equipamentos na Telebras, "que procurou impor a nacionalização de componentes e o desenvolvimento de tecnologia local" (Araújo; Brandi, 2009).

Entre 1974 e 1982, segundo Wohlers (1998), a média percentual do PIB investido foi de 0,71%, sendo que houve um pico em 1976 (1,08%) e um fosso em 1980 (0,39%). A partir de 1982, o autor aponta ter ocorrido uma fase de ajuste marcada pelo contingenciamento de recursos, progressiva redução de investimentos e alterações que viriam a fragilizar a empresa e, mais tarde, abrir portas para sua privatização. Tal mudança da política foi acompanhada pela criação de mecanismos que retiraram a autonomia das empresas, como a Secretaria de Controle de Empresas Estatais (Sest), a Comissão de Coordenação Financeira (CCF) e o Conselho Interministerial de Salários de Empresas

---

1 Araújo e Brandi apontam que "apenas três empresas independentes continuaram operando: uma privada, a Companhia de Telefones do Brasil Central (CTBC Telecom), atuante no Triângulo Mineiro, no Noroeste de São Paulo, no Sul de Goiás e no Sudeste do Mato Grosso do Sul; e duas municipais, a Centrais Telefônicas de Ribeirão Preto (Ceterp) e a Sercomtel, controladas pelas prefeituras de Ribeirão Preto (SP) e Londrina (PR), respectivamente".

Estatais (Cise). Naquele momento, o fim do chamado ciclo de milagre econômico e a eclosão da crise da dívida externa em 1982 ocasionaram restrições orçamentárias ao governo brasileiro. Entre outras medidas adotadas para reverter o quadro, o governo determinou cortes em investimentos nas estatais e passou a utilizar os recursos do FNT para outros fins, como composição do Tesouro Nacional, estratégia que, mais tarde, também viria a ser utilizada em relação ao caso de outros fundos, a exemplo do Fundo de Universalização dos Serviços de Telecomunicações (Fust), instituído no ano 2000.

Entendo que o desmonte que deu origem à crise do setor teve o próprio Estado como agente central, dada a opção feita em relação aos investimentos, que ocasionou a restrição da expansão dos serviços mesmo quando os usuários queriam pagar por eles e em um momento de franco desenvolvimento das telecomunicações em âmbito mundial, proporcionado pela microeletrônica e pela digitalização. Essa alteração deve, portanto, ser vista como parte da reestruturação capitalista iniciada nos anos 1970, que conferiram maior centralidade às telecomunicações e às tecnologias da informação e da comunicação, em geral, como base da configuração do sistema capitalista. Associado a isso, houve a afirmação da visão neoliberal de defesa da limitação de papel do Estado, do incentivo ao livre mercado e da desregulamentação, que justificou a abertura de setores até então explorados exclusivamente pelo poder público ou por apenas uma empresa.

A reestruturação produtiva se materializou, no âmbito específico do macrossetor das comunicações, no que temos chamado de convergência audiovisual-telecomunicações-informática (Bolaño, 1999; Martins, 2018). A aproximação desses setores propiciou mais uma vez processos de centralização e concentração, agora ainda mais controlados por grandes corporações transnacionais, além da abertura de espaços para a acumulação, nomeadamente os setores de cultura e entretenimento. Os novos produtos e serviços multimídias são expressões disso. No caso das telecomunicações, para viabilizar essa aproximação entre os setores, houve pressões para a abertura do setor à concorrência. Os processos têm contornos próprios em cada país, mas, em geral, o conjunto das medidas adotadas, segundo Bolaño (2000: 33), aponta para a constituição de um novo modelo de regulação que pretende "eliminar o serviço público da comunicação avançada para fazer desta um objeto da concorrência, sob controle das grandes sociedades". Importante notar que, no caso das telecomunicações, mudanças no setor haviam sido desencadeadas pela quebra do monopólio da AT&T e pelo desmembramento da empresa nas chamadas Baby Bells, em 1984. Então, a AT&T buscou criar condições para atuar fora do seu mercado doméstico e retomar a hegemonia estadunidense no setor, que restava abalada pela estratégia de internacionalização das operadoras públicas e dos fabricantes de equipamentos da Europa. A gigante AT&T tornou-se defensora de projetos de privatização de setores fundamentais na América Latina, onde passou a associar-se com grupos nacionais para explorar o segmento (Leal, 2000).

O Brasil resistiu à primeira vaga de privatizações das telecomunicações, que atingiu, entre outros países, o México, onde a paraestatal Telmex teve seus ativos vendidos entre 1989 e 1990 (Martins, 2020). Não obstante, em um momento de desenvolvimento tecnológico em âmbito mundial associado à reestruturação produtiva do sistema capitalista, tanto o CPqD quanto a própria Telebras foram fragilizados, prejudicando a expansão e o melhoramento das telecomunicações, embora a estatal tenha buscado elevar os investimentos em novas tecnologias a fim de diminuir a demanda reprimida existente e, como se verá a seguir, de pavimentar o caminho que seria seguido pelos grupos privados após a abertura do setor.

No Brasil, a Constituição Federal de 1988 fixou o monopólio público dos serviços básicos de telecomunicações, ao passo que também garantiu espaço de atuação para a iniciativa privada nos "demais serviços de telecomunicações". A participação privada se daria por meio de concessão, autorização ou permissão dos serviços de radiodifusão sonora e demais serviços de telecomunicações, conforme o artigo 21. Entre tais serviços, o de TV segmentada, enquadramento que foi, posteriormente, consolidado pela Lei do Cabo, em 1995. Essa situação pode ser explicada por alguns fatores, como pelas pressões em torno da elaboração da Carta Magna, que resultaram em conquistas inclusive no capítulo sobre o setor, pela resistência especialmente dos trabalhadores da Telebras e também pelo uso como moeda política e para a responsabilização do Estado em relação aos investimentos necessários para a estruturação de novos serviços que já então eram vislumbrados, como o de TV por assinatura e de telefonia.

Exemplos disso, em fevereiro de 1988, o governo Sarney criou pelo Decreto 95.744 o Serviço Especial de Televisão por Assinatura, denominado de

TVA, conferindo ao Executivo a responsabilidade pela concessão de canais por assinatura. Em agosto daquele ano, o Decreto presidencial nº 96.618, que aprovou o Regulamento dos Serviços Público-Restritos, abriu espaço para que a nova categoria de serviços móveis, o telefone celular, fosse tratada como serviço público restrito,[2] podendo, com isso, ser passível de prestação por particulares. No mesmo ano, a Portaria 525 do Ministério das Comunicações possibilitou que as empresas regionais que compunham o Sistema Telebras explorassem serviços de dados, que até então cabiam à Embratel. Já pelo Decreto nº 177, de 1991, tratou dos Serviços Limitados de Telecomunicações, que poderiam ser explorados diretamente pela União ou, mediante permissão, por pessoas físicas ou jurídicas nacionais. Na esteira desse processo, em outubro de 1991 foi editada a Norma nº 230 pelo Ministério das Comunicações, com o objetivo de disciplinar o uso de comunicações via satélite. Todas essas medidas buscaram retirar novos serviços do rol abrangido pela regra da prestação por empresas com controle acionário estatal, abrindo-os à concorrência.[3]

Rumo à privatização

Nos anos 1990, a existência da restrição constitucional à participação da iniciativa privada no setor passou a ser atacada. A perspectiva econômica de inspiração neoliberal, dominante no interior do aparelho de Estado, foi consolidada com a Lei nº 8.031/1991, que instituiu o Plano Nacional de Desestatização (PND), que objetivava rever o papel do Estado na economia e fortalecer o mercado de capitais. O debate sobre a quebra do monopólio arrefeceu por conta da turbulência causada pelo processo de afastamento do então presidente Fernando Collor de Melo e, apesar da edição de portarias

---

2 "O Decreto 96.618/88 inovou na terminologia tradicional do setor de telecomunicações para alterar o conceito tradicional de *serviço público restrito*, estendendo-o aos serviços 'de uso do público em localidades ainda não atendidas por serviço público de telecomunicações *fixo local*'. Ficava patente a finalidade de inserção, na clássica categoria dos serviços públicos restritos, das novas modalidades de serviços móveis celulares sob o nome de *serviço de radiocomunicação móvel restrito*, visando, com isso, a fugir às limitações oriundas da proibição constitucional de transferência de serviços públicos de telecomunicações para empresas que não fossem de controle acionário estatal" (Aranha, 2006: 3-4, grifo do autor).

3 Do mesmo modo, portarias editadas no governo Collor trataram dos serviços de valor adicionado, criando faixas de frequência A e B para telefonia celular, as quais deveriam ser operadas por uma estatal e por uma empresa privada, respectivamente. Naquele momento, apenas a faixa A saiu do papel, pois a exploração da B foi impedida judicialmente, com base na Constituição Federal (Rego, 1993: 51).

sobre telefonia, não retornou com força durante o governo de Itamar Franco (Aranha, 2009; Braz, 2014). Nos anos seguintes, manteve-se a divisão de opiniões na sociedade brasileira. De acordo com Aranha (2009: 49), na revisão constitucional de 1993, três posições sobre o tema foram explicitadas: a que defendia a manutenção do monopólio estatal; a que pregava a flexibilização do monopólio estatal; e a que queria a privatização do sistema.

Apesar dessas controvérsias, a ampliação da rede e o crescimento do tráfego de longa distância nacional e internacional fizeram com que a receita líquida da Telebras crescesse a uma taxa média de 6% ao ano, entre 1990 e 1995, o que mostra que a empresa não era deficitária (Wohlers, 1998: 54). Ocorre que políticas foram desenvolvidas para assentar o terreno e dar legitimidade à defesa da privatização. Em meados da década de 1990, houve uma "elevação estratégica [dos preços dos serviços] como preparação para a privatização e concorrência", nos termos de Wohlers. Essa política foi desenvolvida a partir da deliberação de ampliar as metas e a centralidade das telecomunicações, medidas propostas pelo governo FHC no âmbito do Programa de Recuperação e Ampliação do Sistema de Telecomunicações e do Sistema Postal (Paste). Isso significou a ampliação de investimentos (elevação que chegou a 51% entre 1995 e 1996), sobretudo na telefonia celular (88% do total), e também o aumento dos preços pagos pela população que utilizava o serviço de telefonia. Até então, o valor era o segundo mais barato do mundo, perdendo apenas para a China (embora a compra da linha fosse efetivamente cara) (Wohlers, 1998: 48).

No ano de 1995, o preço da assinatura passou de R$0,44 para R$2,70. O valor por cada pulso excedente pulou de R$0,02 para R$0,036, o que representa um crescimento de 513,65% e 80%, respectivamente. Em julho de 2000, a assinatura residencial chegou a R$14,11; o pulso, a R$0,0662, conforme dados compilados por Dantas (2002: 22). Este mostra que o acréscimo nas taxas para serviços não residenciais não teve o mesmo ritmo. No caso da assinatura, entre 1995 e 2000, o percentual de aumento foi de 320,8%. Enquanto, "em 1995, a diferença entre a assinatura residencial e a não residencial era de 1.086%; ela se reduziu a meros 55% cinco anos depois" (Dantas, 2002: 23). Tais mudanças, acompanhadas da ampliação da telefonia celular e dos serviços interurbanos na composição da receita, levaram à ampliação da participação dos recursos próprios na estrutura de financiamento da Telebras.

Em fevereiro de 1995, primeiro ano do governo de Fernando Henrique Cardoso, o Executivo enviou ao Congresso a proposta que se tornaria, após sanção em agosto, a Emenda Constitucional nº 8, que estabelecia a quebra do monopólio da exploração dos serviços de telecomunicações, com a possível exploração pelo capital privado, sob o regime de autorização, concessão ou permissão, conforme lei que seria aprovada pelo Congresso. A análise de Wohlers (1998: 58) sobre o desempenho financeiro da empresa no período imediatamente anterior à privatização registra recorde de lucro líquido, por exemplo, em 1997, e conclui que o desempenho elevou o valor de suas ações e atraiu o mercado financeiro. O Estado, portanto, atuou decididamente para a abertura.

Nesse sentido, a emenda introduziu a condição de exploração dos serviços públicos de telecomunicações pela iniciativa privada, diferenciando, para tanto, os serviços de telecomunicações e radiodifusão. Uma série de normas foi expedida a fim de regular a prestação dos serviços pelos grupos privados, após a aprovação da emenda.[4] As etapas para a concretização da abertura foram: a aprovação da Lei Mínima (Lei nº 9.295, de julho de 1996), contendo medidas para viabilizar o ingresso do setor privado na telefonia celular e nos segmentos de transmissão por satélite e por valor adicionado; a elaboração e a aprovação da Lei Geral de Telecomunicações (Lei nº 9.472/1997) e a reorganização e privatização da Telebras, com introdução de concorrência na rede básica, entre 1998 e 1999.

De forma geral, a LGT reorganizou o ambiente, pois diferenciou os serviços de interesse coletivo dos serviços de interesse restrito e estabeleceu que eles fossem prestados em regime público, tendo, por isso, obrigações de universalização e continuidade, ou privado, sem tais compromissos. Como serviços prestados em regime público, mediante concessão ou permissão, a lei definiu as diversas modalidades do serviço telefônico fixo comutado (Lei nº 9.472/1997, art. 64, parágrafo único). Os demais precisariam apenas de uma autorização para que fossem prestados em regime privado (Lei nº 9.472/1997, art. 131). Segundo Ramos (2010: 4), foram estes os princípios normativos

---

4 Algumas delas são: Decreto nº 1.719/1995, que aprovou o Regulamento de Outorga de Concessão ou Permissão para Exploração de Serviços de Telecomunicações em Base Comercial; Portaria n º 327/1995 submete à consulta pública prévia as características técnicas básicas exigidas para a autorização de meios de prestação de serviços de telecomunicações via satélite geoestacionário; e Lei 9.295/1996, que tratou de serviços considerados urgentes, como o da subfaixa "B" do serviço móvel celular; serviços via satélite; serviços de *trunking*; serviços de *paging*; além da utilização de rede pública de telecomunicações para prestação de serviços de valor adicionado (Aranha, 2009: 55).

principais: "a) universalização do serviço telefônico fixo comutado, a ser prestado em regime público; b) competição: na telefonia fixa, mediante um regime regulatório assimétrico, entre prestadoras em regime público e prestadoras em regime privado; na telefonia móvel, mediante abertura de bandas de frequência sucessivas para exploração do serviço; c) regulação por agência autônoma" – no caso, a Agência Nacional de Telecomunicações (Anatel).

Houve, com isso, a "transformação da política estatal, abandonando a ideia de regulação operacional centralizada em nome de uma regulação operacional descentralizada" (Aranha, 2009: 51-52). A criação da Anatel cumpriu um importante papel de convencimento da população quanto ao direcionamento da reforma, dadas as promessas de neutralidade e eficiência, palavras tão manejadas pelo imaginário neoliberal. Para Ramos (2005: 20), "nessa ideia estão elementos conceituais que permitem melhor compreender os mecanismos ideológicos que sustentaram o processo de privatização de serviços públicos nos países periféricos", com a artificialidade e a rapidez que marcaram os processos de reforma do Estado.

A LGT reforçou a diferença entre radiodifusão e telecomunicações. A primeira manteve-se guiada pela Lei nº 4.117/62, ao passo que a nova regra tratava de telecomunicações em sentido estrito e ainda absorvia o segmento da televisão por assinatura, gerando uma situação ainda mais complicada quanto à regulação deste.[5] Do ponto de vista do acompanhamento dos setores, à Anatel coube a observação das telecomunicações, ao passo que a radiodifusão seguiu atrelada ao Ministério das Comunicações, pasta historicamente ocupada, pressionada e pautada por radiodifusores, que, assim, conseguiram evitar tensões e mudanças em sua própria área.

Privatização e concentração

A reforma operada no governo FHC com vistas à privatização e à abertura do mercado à concorrência levou à fragmentação da Telebras e à rearticulação regional das teles, que até então se organizavam em um modelo centralizado na *holding* (Bolaño; Massae, 2000: 47). Foram formadas, então, três empresas regionais (Telesp, Tele Centro/Sul e Tele Norte/Nordeste/Leste) de forma consistente com o plano de outorgas. Estas, assim como a Embratel

---

5 A questão da TV por assinatura encontra-se detalhada em Martins (2018).

e as nove empresas operadoras de telefonia celular pública foram desestatizadas após o leilão da Telebras, em julho de 1998, quando o conjunto do sistema foi vendido por R$22 bilhões em valores atuais. "Das 12 empresas, quatro foram arrematadas por consórcios de capital externo. Em outras seis, houve associação entre capital nacional e estrangeiro. Somente duas foram compradas por grupos exclusivamente nacionais" (Araújo; Brandi, 2009).

Espanhóis e portugueses dominaram a disputa, viabilizando o domínio de grupos estrangeiros no setor e a interferência deles, de forma direta, nas relações de poder que conformam o ambiente das telecomunicações.[6] Este se tornou menos acessível aos grupos nacionais, como exemplifica o caso da aquisição da Telesp pela Telefónica, às vésperas do leilão. A empresa de São Paulo era cogitada pela Globo, que acabou obtendo, em associação com a Telecom Itália e com o Bradesco, a Tele Nordeste Celular e a Tele Celular Sul. Assim, a operadora italiana não assumiu, como era esperado, a Tele Norte Celular. A área abrangida por esta acabou ficando sob a responsabilidade da Telemar, tele articulada pelo governo para garantir a competição na área que não atraía outras operadoras (Bolaño; Massae, 2000: 48). Não é o caso, aqui, de detalhar os processos de outorgas e autorizações, mas de pontuar que, ao contrário da concorrência alardeada naquele momento, houve, nos anos seguintes à privatização, concentração em todos os setores.

Essa situação impactou a participação dos grupos nacionais, o que também foi dificultado pela crise financeira na virada para os anos 2000, crise que atingiu em cheio a Globo e, assim, seu sonho de participação nas telecomunicações. Isso se explica também pelos movimentos mais amplos de liberalização e convergência, que possibilitaram que poderosas transnacionais passassem a disputar os mercados, inclusive no Brasil. Para ter em vista a importância da questão, é fundamental considerar que este foi um momento

---

6 A lista é diversa. Citamos os principais, fazendo um paralelo com a empresa adquirida no leilão. Da telefonia fixa: Tele Norte Leste – Telemar; Tele Centro Sul – Opportunity e Telecom Italia; Telesp – Telefónica e Portugal Telecom. A Embratel, operadora de longa distância, foi comprada pela MCI. Telefonia celular Banda A: Tele Norte celular – TIW e Opportunity; Tele Nordeste Celular – Globopar / Bradesco e Telecom Itália; Tele Leste Celular – Iberdrola e Telefonia S. A.; Tele Centro-Oeste celular – Splice; Telemig Celular - TIW e Opportunity; Tele Sudeste – Telefónica S.A. e Iberdola; Telesp Celular – Portugal Telecom; Tele Celular Sul – Globopar/Bradesco e Telecom Itália. Em relação às empresas-espelho, a área Tele Norte-Leste foi adquirida pelo consórcio Canbrá Telefónica, formado por Bell Canadá, *Qualcomm* e Taquari. Já a Telesp, pelo Megatel. A Tele Centro-Sul, pelo Global Village, que viria a se tornar a GVT. Esta foi a única empresa-espelho que cresceu e passou a ocupar um espaço relevante no mercado (Bolaño; Massae, 2000).

em que as telecomunicações passaram a ser bases para o provimento não só de telefonia fixa e móvel, mas também de formas distintas de acesso a conteúdo audiovisual e para o provimento de conexão à internet – este, no Brasil, é considerado um Serviço de Valor Adicionado (SVA).

Desta feita, o caso dos conglomerados nacionais é ilustrativo do processo de concentração que marca a fase da convergência, em que apenas poucas corporações reúnem as condições materiais, técnicas e políticas para ofertar uma gama de mercadorias. Inicialmente limitada, a participação transnacional foi progressivamente ampliada, até que as telecomunicações se converteram em um setor marcado por corporações transnacionais. Essa participação foi ampliada formalmente pela Emenda Constitucional nº 36/2002, que permitiu a participação do capital estrangeiro em até 30% do capital social de empresas jornalísticas e de radiodifusão sonora e de sons e imagens. Depois, foi totalmente permitida com a Lei 12.485/2011, que acabou com as limitações para empresas de capital estrangeiro atuarem no setor.

Os processos de concentração se deram de várias formas, progressivamente deslocando até mesmo o principal grupo nacional. Exemplos são: a compra pela Telmex, em 2004, de participação na Net Serviços, por meio de acordo com o Grupo Globo. Fusão, em 2006, entre a DirecTV e a SKY, operação que levou à diminuição da participação da Globopar, até então majoritária na SKY, a 28%. Aquisição, em 2007, de 49% de participação na TVA pela Telefónica. A situação atual da concorrência, tendo em vista telefonia, TV por assinatura e banda larga fixa, pode ser verificada na tabela abaixo:

Tabela 1
Concorrência nas telecomunicações (jan/2021)

Mercado	Claro	Vivo	Oi	Tim	SKY/AT&T	Outros
Telefonia Fixa	30,9%	30,2%	32,6%	3,2%	-	3,2%
Telefonia móvel/4G[7]	26%	33,6%	15,7%	22,6%	-	2,8%
TV por assinatura	47,2%	8,5%	11,6%	-	30,4%	2,3%
Banda larga fixa	27,5%	17,8%	14,2%	1,8	-	38,8

Fonte: Elaboração própria, a partir de dados da Anatel.

---

[7] Em relação à tecnologia da telefonia móvel, a Anatel aponta que a 4G (internet de quarta geração) alcança 75%.

A tabela mostra que há concentração em todos os principais mercados. As três principais corporações controlam mais de 91% dos contratos da telefonia fixa; 75,3% da telefonia móvel; 67,3% da TV por assinatura e 59,5% de banda larga fixa. Este é o único setor do mercado em que a categoria "Outras", que reúne operadoras menores, é bastante expressiva: 38,8%, o que mostra a importância especialmente de provedores locais, entre eles os grupos Algar e Brisanet. Nas demais, o que vemos é o controle por parte das corporações Claro e da Vivo, seguidas pela Oi. Esta é a única empresa que, após o processo de privatização, foi controlada centralmente por brasileiros. Mas a exceção, neste caso, confirma a regra da prevalência de interesses transnacionais, pois a Oi foi vendida para consórcio formado por TIM, Vivo e Claro.

Em relação à banda larga, cumpre destacar que sua submissão à lógica mercantil também é motivo de pressões. Por pressão de grupos progressistas, foi definido, pelo Marco Civil da Internet, Lei 12.965/2014, a finalidade social da rede como um dos fundamentos da disciplina do uso da internet no país. Em seu artigo 7º, consta que "o acesso à internet é essencial ao exercício da cidadania". A essencialidade significa tratar-se de um direito que deve ser garantido a toda a população. Nesse sentido, "além dos fundamentos, o Marco Civil prescreve como objetivo dessa disciplina a promoção do *direito* de acesso à internet para todos (art. 4º, I), reconhecendo também a tarefa de concretizá-lo por meio de regulação e políticas públicas" (Alimonti, 2015: 64, grifo nosso).

Apesar de tal consagração, as políticas públicas têm sido orientadas para a promoção de planos privados e precários. Em 2010, chegou a ser criado o Plano Nacional de Banda Larga, política que perdurou até 2016. Para a política, a Telebras chegou a ser reativada. A expectativa era de priorização do investimento público direto via construção de uma Rede Nacional sob responsabilidade da estatal. Ocorre que, a partir de 2012, o plano foi redirecionado e passou a dar centralidade à política de desonerações por meio do Regime Especial de Tributação do PNBL (Martins, 2018: 212-213). Os acordos com as operadoras para a comercialização de planos considerados acessíveis não lograram êxito, não chegando a 1% de penetração em relação aos demais (Barbosa; Ekman, 2017). Assim, o acesso à internet depende centralmente do pagamento de planos, o que inviabiliza a conexão de alguns grupos sociais e sobrecarrega a maior parcela da população brasileira.

O resultado desse cenário de oligopólio é pouca diversidade de oferta de planos, o que acaba tornando os cidadãos reféns dos preços praticados por poucas corporações. No levantamento feito pela União Internacional de Telecomunicações (UIT) em parceria com a Alliance for Affordable Internet (A4AI) sobre a acessibilidade de serviços de internet no mundo, o Brasil foi um dos destaques negativos. Apenas Brasil e Arábia Saudita tiveram retrocesso na banda larga fixa no indicador de preço por PIB *per capita*, ficando abaixo da meta recomendada pela Comissão de Banda Larga da UIT. A Comissão de Banda Larga da ONU para 2025 estabeleceu que o serviço de Internet de entrada (5 GB de franquia com pelo menos 256 kbps de velocidade) não deve custar mais do que 2% do PIB *per capita*. No caso do Brasil, o percentual saltou de 1,43% para 2,51% em um ano (Amaral, 2021).

Uma resposta possível a esse problema seria ampliar aquilo que se entende como regime público, para abarcar também a conexão à internet, como defenderam organizações articuladas em torno da Campanha Banda Larga é um Direito Seu e, mais recentemente, defende a Coalizão Direitos na Rede. Recordemos que a LGT manteve a existência de dois regimes: o privado e o público, sendo que, para este, foram fixadas obrigações relativas à universalização, à continuidade, ao controle de tarifas etc. De acordo com a regra, o serviço prestado em regime público passou a ser o Serviço Telefônico Fixo Comutado (STFC). Para explorá-lo, os grupos interessados passaram a depender da obtenção de uma concessão ou permissão. Os demais serviços restaram atrelados a um vínculo mais precário, a autorização, sem aquelas obrigações porque prestados em regime privado, portanto mais interessante para as empresas que se preocupam essencialmente com seus lucros.

Ao contrário da perspectiva de ampliação do regime público, com metas de universalização para a banda larga, entre outras garantias, o que tem sido efetivado é o aprofundamento do caráter privado das telecomunicações. Desde 2016, quando um golpe parlamentar afastou a presidenta Dilma Rousseff e, em seu lugar, passou a ocupar o cargo seu vice, Michel Temer, medidas de viés ultraliberal têm sido adotadas, superando as contradições (refiro-me ao que tem sido chamado de política social-liberal) do período anterior. Expressão disso, uma nova regra foi aprovada para as telecomunicações: a Lei 13.879/2019, aprovada sob a justificativa de alterar o foco das políticas públicas do setor, de modo a privilegiar a ampliação do acesso à internet e promover a inclusão digital. Entre as mudanças, permissão para o processo de migração de concessões para autorizações. Além da fragilização dos contratos, de ausência de metas e de outros controles, uma questão central envolve o patrimônio público atrelado às concessões – os chamados bens reversíveis, compostos por equipamentos, infraestrutura, logiciários e outros patrimônios móveis ou imóveis do Estado que foram repassados às operadoras, as quais deveriam devolvê-los após o fim dos contratos de concessão. Além da entrega de toda uma infraestrutura estratégica, a situação significa a transferência de bilhões do patrimônio público para entes privados.

Ademais, a Lei 13.879/2019 definiu que serviços de interesse coletivo e essenciais pudessem ser prestados exclusivamente em regime privado. Abrindo, com isso, margem para a interpretação de que o Poder Público poderia deixar de se responsabilizar pela garantia de acesso a esses serviços e, consequentemente, também pelas metas de universalização. Seu Decreto regulamentador, 10.402/20, estabeleceu a possibilidade de prorrogação e a transferência de autorização de frequências, configurando um mercado secundário de outorgas de serviços de telecomunicações. Outra mudança importante foi a retirada da possibilidade de cobrança do Fundo de Universalização dos Serviços de Telecomunicações (Fust) das emissoras de rádio e televisão, base para a constituição de um fundo que deveria ser utilizado para telefonia, mas que vem sendo direcionado pelos governos para composição do superávit primário.

Esse nítido predomínio privado sobre as telecomunicações é sempre acompanhado de pressões, mas, como se vê até aqui, as corporações do setor, especialmente o capital transnacional, têm conseguido impor seus objetivos. Em 2020, diante da pandemia do coronavírus e da necessidade nítida de garantia de internet para a população, que passou a ter atividades básicas mediadas pela rede, com destaque para a educação, aquelas pressões resultaram na aprovação, pelo Congresso Nacional, de uma regra que desobriga o governo a utilizar o Fundo de Universalização das Telecomunicações (Fust) somente em projetos de telefonia fixa em regime público, liberando-os para aplicação em políticas de inclusão digital. Um dos dispositivos vetados estabelecia que, na aplicação dos recursos do Fust, seria obrigatório dotar todas as escolas públicas brasileiras, em especial as situadas fora da zona urbana, de acesso à internet em banda larga até 2024. Também foi vetada a previsão de que recursos fossem utilizados para cobrir investimentos em telecomunicações em municípios com baixo IDH (Índice de Desenvolvimento Humano). Posteriormente, os vetos foram derrubados pelo Congresso.

Apesar da previsão de que haja políticas nesse sentido, a tendência hegemônica é a de aceleração do processo de maximização do Estado para o atendimento dos interesses privados, o que compromete o acesso universal aos serviços e favorece a concentração e a centralização do capital, perspectivas condizentes com a tentativa de usar as telecomunicações para ampliar a acumulação do capital, conforme discutido anteriormente. Isso explica, como as últimas mudanças mencionadas ilustram, a dificuldade de reversão ou mesmo de brechas na lógica predominantemente privatista que rege as telecomunicações.

Telecomunicações e produção de conteúdo

Os desafios relacionados ao setor atravessam as questões discutidas até aqui e alcançam outras, como as relacionadas à produção e à circulação de conteúdos. Com a digitalização, que permite que haja a conversão de diferentes sinais em uma informação binária codificada que possa ser transportada e lida por diversos equipamentos, emergiram novos caminhos para a fruição de conteúdos audiovisuais. TV por assinatura, aplicações em smart TVs, plataformas de streaming e portais de vídeos acessíveis pela internet são exemplos disso.

Essa diversificação teve início a partir do fim dos anos 1980 e cresceu nos 1990, quando novos processos e instrumentos tecnológicos proporcionaram a exploração capitalista de uma multiplicidade de bens simbólicos, daí a caracterização daquele momento, por Valério Brittos (2001), como fase da multiplicidade da oferta. Associados à tal fase estão o desenvolvimento tecnológico que possibilitou maior oferecimento de canais ao consumidor, a formação de conglomerados multimídia, a proliferação de formatos de programação mundializados e a própria globalização. A formulação de Brittos partiu sobretudo da observação da TV segmentada, que então despontava como promessa de mudanças. No que chamei (Martins, 2018) de fase da convergência, a lógica dominante é a da aproximação tanto em um plano mais geral, entre informação, comunicação e cultura, quanto, em outro, mais específico, do audiovisual das telecomunicações e da informática. Nessa fase, a internet é o elemento central, mas deve ser vista em associação com os demais.

Em tal cenário, aquela distinção operada no Brasil entre radiodifusão e telecomunicações passa a ser pouco útil. No caso das telecomunicações, que têm centralidade também por darem suporte à rede e que, ao mesmo tempo, viram seus principais serviços, como ligações, mensagens e até mesmo operações na TV a cabo, serem praticamente suplantadas por aplicações digitais, a possibilidade de atuar na oferta casada de serviços, inclusive de conteúdo, torna-se condutora de novo modelo de negócios. Até o momento em que escrevo este texto, 2021, as operadoras de telecomunicações estão proibidas de produzir conteúdos por força da Lei 12.485/11, a chamada Lei do Serviço de Acesso Condicionado (SeAC), que proíbe que empresas de telecomunicações controlem empresas de radiodifusão e vice-versa e impede que os serviços de cada setor sejam prestados por um grupo que atua no outro.

No momento em que tal definição foi tomada, pesou a preocupação com a reserva de espaço para grupos produtores de conteúdo nacional, Grupo Globo especialmente, tendo em vista que as empresas que buscam abocanhar mercados em todo o globo são transnacionais, em geral, norte-americanas, conforme tratado anteriormente aqui, e das dificuldades de grupos nacionais, regionais e locais de concorrerem com elas. Ocorre que a tendência hegemônica, materializada na busca pelas operadoras de avançar sobre outros mercados, como o de vídeo sob demanda e serviços associados à internet, pressiona a organização do macrossetor das comunicações no Brasil. Exemplo disso é a aquisição, pela AT&T, que no Brasil opera por meio da SKY, da Time Warner, que reúne Turner, HBO e Warner Bros. O negócio, hoje proibido pela Lei do SeAC, caminha a passos largos, passando por cima da regra e pressionando por mudanças nela. Em paralelo, há o movimento de fusões e aquisições envolvendo operadoras de telecomunicações e provedores de acesso em banda larga que, no Brasil, somou US$92,4 bilhões de 2010 a 2020 (Santana, 2021), ano que bateu recorde em relação às fusões e às aquisições no setor. Essa é uma questão que certamente movimentará o cenário das comunicações nos próximos anos.

Isto porque as transformações aqui discutidas vão ao encontro de mudanças mais profundas no próprio sistema e nas comunicações especificamente. No atual cenário, a indústria cultural que conhecemos não responde mais apenas às demandas internas, motivo pelo qual sua base de cunho nacional tem sido fragilizada. Na esteira do espraiamento da rede mundial de computadores, é conformada uma nova esfera pública, ainda mais globalizada, em que há a combinação de maior segmentação (dos mercados, das audiências e dos conteúdos, para citar alguns exemplos) e, ao mesmo tempo, massificação de um modo de vida atrelado ao consumo, para o qual a indústria cultural como instância de mediação segue tendo papel central. O interesse que tem sido paulatinamente preterido nessa história é o público. O momento atual anuncia que, se limites ao domínio privado não forem mantidos, ele terá ainda menos espaço nas comunicações do futuro.

Capítulo 2

Regulamentação democrática e a radiodifusão

Adilson Vaz Cabral Filho e Eula Dantas Taveira Cabral

Não são poucos os exemplos recentes que reforçam a extrema necessidade de implementar uma regulação democrática para a radiodifusão brasileira, em especial a radiodifusão pública e comunitária. O enfrentamento à desinformação, especialmente ao longo do período da pandemia de Covid-19; o contraponto às visões disseminadas em veículos com orientação ideológica semelhante, que colocam segmentos socialmente vulneráveis da população alheios às possibilidades de disseminação de conteúdos e expressões sobre seus pontos de vista e posicionamentos em relação aos temas diversos; a distribuição plural, diversificada e equânime de frequências para a veiculação de programações que explicitem manifestações culturais e dinâmicas sociais variadas, entre outros aspectos específicos na produção e na veiculação dos mais abrangentes conteúdos.

Dessa forma, parte-se do entendimento de que a apropriação das tecnologias de informação e comunicação não se faz apenas pela disposição e pelo interesse das pessoas, grupos, organizações e movimentos que implementam iniciativas de caráter alternativo à mídia hegemônica, mas de um conjunto de leis e procedimentos relacionados à sua implementação, compreendidos aqui como regulação midiática, em torno da qual os aspectos relacionados à radiodifusão se tornam especialmente importantes, dada a assimetria do sistema privado em relação aos sistemas estatal, público e comunitário na distribuição de outorgas, de verbas e de penetração no território nacional.

Assim, busca-se com este texto abordar a importância da regulação democrática para a radiodifusão no Brasil, a partir do resgate e da caracterização das principais regulamentações que conformam o setor no país, da contribuição das políticas de comunicação na regulação brasileira e da importância da comunicação pública e comunitária no processo regulatório. Com base na pesquisa documental das leis de referência sobre o tema, além de análises críticas sobre seus principais aspectos e implicações, busca-se oferecer um panorama sobre o tema que afirme a importância de movimentações acadêmicas e sociais em torno de pesquisas e propostas que fortaleçam a comunicação democrática como direito humano.

O tema da Comunicação é aparentemente simples em sua concepção e visibilidade, mas consideravelmente complexo em sua compreensão econômica, política, tecnológica, sociocultural e profissional, que a define para o conjunto da sociedade. Propõe-se aqui uma abordagem crítica e sistêmica para caracterizá-la e situá-la em relação ao território brasileiro, tanto no que diz respeito às possibilidades de atuação em torno de emissoras de rádio e TV, quanto nas tantas relações da sociedade em geral diante da produção de conteúdos, da veiculação de programas, da gestão de processos, produtos e veículos, bem como da formulação e da implementação de leis para o (bom) funcionamento do setor.

Se, no conjunto das temáticas sociais, a Comunicação ocupa um lugar secundário ou mesmo invisível em favor de temáticas como a Saúde, a Educação ou a Segurança, cabe contextualizá-la em relação à participação da sociedade em seus processos, dado que oprimidas(os) e exploradas(os) diante da assimetria de oportunidades de participação na cadeia produtiva da Comunicação somos toda a sociedade, dada a ausência de espaços que refletem a diversidade do setor.

Ao contrário, o conjunto das empresas que conformam o sistema privado de Comunicação busca operar do ponto de vista econômico e político para restringir ainda mais as possibilidades sociais/comunitárias de atuação, seja pelas restrições demandadas e impostas à radiodifusão comunitária, pela deslegitimação da radiodifusão pública ou mesmo da oferta de pacotes restritivos de composição de canais na TV por assinatura, que priorizam a existência de canais privados em suas composições de programação e inviabilizam a existência de espaços (canais, programações ou programas) de caráter comunitário/popular.

Assim, invertem o sentido do debate necessário sobre censura, na medida em que compreendem a possibilidade de um Estado interventor na caracterização dos limites e/ou potencialidades de seus negócios, reivindicando uma pretensa liberdade de expressão em suas práticas de atuação. Tal raciocínio se expressa também na reação das empresas de rádio comercial em torno da Associação Brasileira de Emissoras de Rádio e Televisão (Abert), no que diz respeito à Portaria 4334/2015, que faculta apoio cultural desde que não envolvam promoção ou preço, viabilizando conteúdos que veiculem todo tipo de conteúdos sobre empresas, produtos e serviços. Para o sistema privado-comercial, isso garantiria na prática uma arrecadação para as rádios comunitárias que inviabilizaria as rádios comerciais de caráter local, principalmente em municípios menores. Um caso clássico de tentativa de imposição de barreiras à entrada de novos atores no setor e, por consequência, de restrição à liberdade de expressão pautada na apropriação desses espaços de veiculação.

Um aspecto mais relacionado à caracterização da importância dessa questão no meio acadêmico é o lugar que as Políticas de Comunicação ocupam na compreensão do campo comunicacional, seja nos currículos e nas áreas dos Cursos de Comunicação Social, seja na conformação de Grupos de Pesquisa em associações científicas constitutivas da área. Políticas de Comunicação são raramente tomadas como objeto de estudo e/ou (sub)campo do conhecimento e a própria reorganização recente dos cursos ratifica este afastamento.

Ao descolar a Comunicação Social como área de formação em função de áreas mais específicas como Jornalismo ou Relações Públicas, a necessidade de compor disciplinas obrigatórias ou optativas em torno de teorias e práticas específicas descola as Políticas de Comunicação para o lugar circunscrito aos atores sociais que se mobilizam por sua efetivação e contribui para rarear a incidência de temáticas relacionadas às Políticas de Comunicação em eventos científicos da área, bem como em projetos de pesquisa voltados para mestrados e doutorados no campo da Comunicação.

Dessa forma, se é possível compreender que o conhecimento mais acurado da área e de suas políticas possibilita exercer plena e criticamente as profissões relacionadas ao campo profissional, o mesmo se pode afirmar no sentido contrário: quanto mais o meio acadêmico se distancia da compreensão sobre as temáticas e as implicações relacionadas às Políticas de Comunicação, mais a área restringe possíveis e necessárias reflexões sobre as próprias dinâmicas que envolvem a regulamentação do setor, minimizando possíveis enfrentamentos e formulações sobre as políticas que caracterizam o meio profissional e o funcionamento mais amplo de seu sistema.

Regulamentações que conformam a Comunicação no Brasil

A referência mais geral de regulamentação para rádios e TVs é o Código Brasileiro de Telecomunicações (Lei 4.117/1962), que define, entre outros temas, a competência da União sobre outorgas, incluindo os prazos de concessão das outorgas (de 10 anos para as rádios e 15 para as TVs), mecanismo de controle (Conselho Nacional de Telecomunicações), requisitos para a exploração de serviços (artigo 38), além de limites para o que se caracteriza como monopólio ou oligopólio.[1] Já quem especifica o funcionamento de emissoras de rádio e TV em relação à potência, ao alcance, entre outros aspectos é o Decreto 52.795/1963.

A Constituição Federal de 1988, a despeito das versões anteriores, trouxe um capítulo específico para a Comunicação Social. Embora demandando legislação que viesse a regulamentar seus artigos, o texto constitucional apresentou contribuições interessantes como a garantia da liberdade de expressão e da informação jornalística; proibição de monopólio ou oligopólio nos meios de comunicação social; restrição do pertencimento de empresas de comunicação, responsabilidade editorial e as atividades de seleção e direção da programação veiculada a brasileiros natos ou naturalizados há mais de dez anos ou de pessoas jurídicas constituídas sob as leis brasileiras e que tenham sede no país (sendo esta uma redação dada pela Emenda Constitucional nº 36, de 2002, em contrapartida à aprovação da instalação do Conselho de Comunicação Social).

A atribuição ao Poder Executivo para outorga e renovação de concessão, permissão e autorização para o serviço de radiodifusão sonora e de sons e imagens, observado o princípio da complementaridade dos sistemas privado, público e estatal, foi colocada pelo artigo 223, estabelecendo algumas diretrizes na relação com o Congresso Nacional, bem como ratificando os prazos de dez anos para as emissoras de rádio e de quinze para as de televisão.

Além do Capítulo V, outros artigos da Constituição Federal de 1988 merecem destaque: o próprio artigo 5, relacionado à liberdade de expressão, no qual seu inciso IV indica que é livre a manifestação do pensamento, sendo vedado o anonimato; o artigo 21, que define atribuição da concessão e da renovação de rádio e TV à União (o que inviabiliza que municípios pos-

---

1   Constituição Federal de 1988, Art. 220, § 5º: "Os meios de comunicação social não podem, direta ou indiretamente, ser objeto de monopólio ou oligopólio".

sam outorgar emissoras de rádios ou TVs comunitárias), e o artigo 54, que impede a propriedade, o controle ou a direção de empresas que gozem de favor decorrente de contrato com pessoa jurídica de direito público, ou nela exercer função remunerada (referência para a defesa de que parlamentares não deveriam deter concessão pública de rádios e/ou TVs).

A regulamentação de emissoras de rádio e TV possibilitou a mobilização de atores sociais que passaram a desenvolver associações em torno de mídias comunitárias[2] que demandaram regulamentações específicas, bem como contribuíram para o fortalecimento de uma demanda mais ampla pela regulamentação mais democrática do setor das comunicações.

Assim, a Lei de TV a Cabo, Lei nº 8.977, é promulgada em 1995, possibilitando a existência de um canal comunitário entre os canais básicos de utilização gratuita em todos os pacotes oferecidos pelas operadores de TV a cabo no país, conforme pode ser visto com mais detalhes no capítulo 5 deste livro.

Já o movimento em torno das rádios comunitárias encontrou brecha política na segunda metade dos anos 1990, compreendendo a faixa abaixo dos 250 watts de potência não considerados pelo Código Brasileiro de Telecomunicações. Ainda no governo Fernando Henrique Cardoso, o então ministro das Comunicações, Sérgio Motta, instaurou um grupo de especialistas para gerar uma proposta de regulamentação do setor.

O que poderia ser uma proposta bem formulada, complementar à legislação vigente sobre radiodifusão comunitária, acabou sendo uma das leis mais restritivas na área: potência de 25 watts com 1km de raio de cobertura e distância mínima de 4km entre elas; a altura do sistema irradiante (torre de transmissão) não superior a 30m; apenas um único e específico canal na faixa de frequência da radiodifusão sonora e a validade de 3 anos para outorga com possibilidade de renovação por igual período.

A lei de radiodifusão comunitária (9612/98) se restringe apenas à radiodifusão sonora (rádio), mas não de sons e imagens (TV). A regulamentação que viabiliza no Brasil a transmissão de sinal aberto de TV pelas comunidades só chega a partir do Decreto 5820/2006 e da Portaria 489/2012. O primeiro estabelece diretrizes para a implementação da TV Digital no país. Já a segunda orienta a implementação dos Canais da Cidadania, um dos ca-

---

2   Sobre mídia comunitária, ver Cabral Filho (2008, 2012, 2015, 2019a, 2019b).

nais de exploração direta estabelecidos pela União no referido Decreto de 2006. Esses canais podem contar com até 4 faixas de programação, sendo uma para o poder público municipal, outra para o poder público estadual e duas faixas para a comunidade organizada em cada município a partir de critérios definidos pela Portaria de 2012. No entanto, podem ser apenas demandados a partir do Executivo municipal ou estadual ou algum órgão que tenha representação para tal.

Devido a essa limitação, o primeiro edital de convocatória para interessados na faixa de programação comunitária do Canal da Cidadania foi o do município de Salvador, a partir do qual a TV Kirimurê, que ocupava o canal comunitário de TV a cabo da cidade, iniciou suas transmissões em novembro de 2016. Sendo a única iniciativa implementada nessa modalidade, tornou-se possível a partir de uma parceria com o Instituto de Radiodifusão do Estado da Bahia (Irdeb), responsável pela outorga da TV Estadual da Bahia. Outros municípios que contam também com Canais da Cidadania implementados são: Aparecida de Goiânia (GO); Apiaí (SP); Serra Talhada (PE) e Uberlândia (MG). Pelo disposto na página do Canal da Cidadania na Wikipédia, mais de 300 prefeituras aguardam autorização do Ministério das Comunicações para entrar no ar, mas o link da fonte da informação não se encontra mais disponível no Ministério das Comunicações. Os dados públicos de solicitação de Canais da Cidadania dos municípios foram removidos da navegação aberta, inibindo a organização interna de novas propostas de canais no país.

Como desdobramento das resoluções da I Conferência Nacional de Comunicação (I Confecom), a mobilização das organizações sociais em torno do Fórum Nacional pela Democratização da Comunicação originou uma proposta de Projeto de Lei de Iniciativa Popular (Plip) para a formulação de uma Lei de Mídia Democrática para o país. Ao modo da Constituição Federal de 1988, o projeto se pauta na existência de um sistema de comunicação com três partes: estatal, privado e público, cabendo ao setor público apenas 50% de suas outorgas destinadas a iniciativas comunitárias.

Ou seja, como proposta do próprio movimento social em torno da área da Comunicação, o setor comunitário teria aproximadamente 16,5% de todas as outorgas, ou, ainda, metade das outorgas que conseguiram outros países que tiveram governos progressistas como Argentina, Bolívia, Equador,

Venezuela e Uruguai, aprovando legislações democráticas em Comunicação na América Latina.

Com a existência dessas possibilidades de consolidação de espaços de regulamentação para a viabilidade do setor, o movimento que se articulou amplamente no país em torno da democratização da comunicação passa a buscar ampliar direitos em torno das legislações de rádio e TV comunitárias. E com o desenvolvimento das tecnologias digitais em torno da atuação privilegiada em mídias sociais, um ciclo inconcluso de garantias de apropriação dos meios deu lugar à mobilização pela atuação em processos de visibilidade e reputação em plataformas digitais, em torno dos quais o contraponto à mídia massiva não se coloca mais como determinante, mas a exclusão e a opressão por parte dos detentores do poder, sejam políticos ou comunicacionais, fazendo com que as arenas de luta sejam caracterizadas e estejam colocadas em todas as frentes.

Para que políticas de comunicação democráticas no Brasil?

As políticas que afirmam a comunicação democrática[3] no Brasil são especialmente necessárias porque a mídia no Brasil apresenta um cenário diferente em relação aos demais países da América Latina. De um lado, estão empresários que se preocupam apenas com o lucro; do outro, políticos que não evitam a concentração nem fazem valer as regras para a mídia brasileira; e uma sociedade que pede democratização da mídia, pois é ela que consome a tecnologia e a programação difundidas pelos grupos de comunicação e de telecomunicações.

Depois de sete Constituições federais e de cenários políticos difíceis no Brasil, esperava-se um panorama midiático melhor. Entretanto, a concentração da mídia ainda é realidade no Brasil, ignorando o registro do parágrafo 5º do artigo 220 da Constituição de 1988, que deixa claro que "os meios de comunicação social não podem, direta ou indiretamente, ser objeto de monopólio ou oligopólio".

O cenário midiático brasileiro é controlado por poucos conglomerados. Na área de radiodifusão, que atinge quase 100% dos lares brasileiros, são cinco (Rede Globo, SBT, Bandeirantes, Rede TV e Record); na de telecomunicações também são cinco (Oi, Vivo, Claro, Tim e Sky) controlando

---

3 Sobre comunicação democrática, ver Cabral Filho e Cabral (2005, 2011, 2016 e 2018).

a internet, a telefonia fixa e móvel e a TV por assinatura. Essa concentração da mídia[4] nas mãos de poucos conglomerados no Brasil é ilegal. No caso da radiodifusão, dentre as ilegalidades destacam-se a desobediência ao período para a troca legal de proprietários e a falta de restrições para a formação de redes nacionais e regionais. Até mesmo os princípios propostos para a produção e a programação das emissoras brasileiras, descritos no artigo 221 da Constituição de 1988, são ignorados (Cabral, 2020a).

Dentre os problemas detectados na concentração da mídia brasileira destaca-se a interferência no conteúdo levado à população brasileira. As audiências se dão pela qualidade de recepção do sinal e não pela qualidade da programação. O conteúdo fica restrito ao que interessa aos empresários da mídia. Programas educacionais na TV aberta e no rádio são poucos, os que poderiam promover a cultura nacional e regional são ignorados e exibidos somente os assuntos das cidades-sedes dos conglomerados, como Rio de Janeiro e São Paulo. Brasília só entra na programação porque é de lá que o Governo Federal comanda o país. Observa-se falta de diversidade e pluralidade no conteúdo exibido.

Além de ignorar a legislação brasileira, deixam-se de lado também os acordos internacionais. Exemplo disso é a "Convenção sobre a Proteção e Promoção da Diversidade das Expressões Culturais", da Unesco, celebrada em Paris, em 20 de outubro de 2005 e ratificada pelo Brasil por meio do Decreto Legislativo 485/2006. Registra-se que em relação à diversidade cultural, ou seja, a "multiplicidade de formas pelas quais as culturas dos grupos e sociedades encontram sua expressão", manifestada "através dos diversos modos de criação, produção, difusão, distribuição e fruição das expressões culturais, quaisquer que sejam os meios e tecnologias empregados", no âmbito nacional devem ser adotadas medidas "objetivando promover a diversidade da mídia, inclusive mediante serviços públicos de radiodifusão".

No que tange à legislação brasileira, a diversidade cultural deve ser levada em consideração em todos os meios de comunicação. Na TV por assinatura, por exemplo, de acordo com o artigo terceiro da Lei nº 12.485, de 12 de setembro de 2011, evidencia-se que a comunicação audiovisual deve promover a diversidade cultural. No artigo 221 da Constituição Federal de 1988, registra-se que a produção e a programação das emissoras de rádio e

---

4 Para entender melhor a concentração da mídia no Brasil, ver Cabral (2019a, 2019b, 2020a e 2020b).

de televisão devem ter como princípios: "I – preferência a finalidades educativas, artísticas, culturais e informativas"; "II – promover a cultura nacional e regional e estimular a produção independente que objetive sua divulgação"; "III – regionalização da produção cultural, artística e jornalística, conforme percentuais estabelecidos em lei"; além do "IV – respeito aos valores éticos e sociais da pessoa e da família".

Existem legislações nacionais e internacionais que poderiam ajudar a se ter um quadro melhor da mídia do Brasil. A Constituição Federal de 1988, por exemplo, cria um capítulo para a Comunicação Social, dando destaque às emissoras de rádio e TV. Mas, de acordo com Guilherme Canela Godoi (2004: 89), apesar de esse capítulo levantar vários aspectos fundamentais para a mídia no país, "acabou se caracterizando num grande fracasso prático pela não regulamentação e pela aplicabilidade posterior de seus dispositivos". Para McChesney (2003: 231), "o registro histórico mostra que as corporações usam seu domínio dos meios de comunicação em benefício próprio, aumentando assim sua vantagem política".

A concentração midiática é realidade no Brasil. Para evitá-la e regulamentar e regular a mídia no país é importante que a sociedade junto com o Governo Federal e os empresários midiáticos cheguem a um acordo. Para Venício Lima (2011), o principal ator da regulamentação da mídia no Brasil é o Estado, especialmente, o Poder Executivo, sendo que a Constituição de 1988 estabelece que a outorga e a renovação das emissoras devem ser compartilhadas com o Poder Legislativo.

Não há como negar que os conglomerados midiáticos se organizam para legitimar suas demandas e expandir seus negócios, independentemente das limitações legais; com empresas e atividades diversificadas, criam-se estratégias para conquistar a credibilidade da população e expandir suas fronteiras e negócios. Em relação à digitalização midiática e sua legislação, o cenário brasileiro não está tão contemplado nas leis e nos decretos: modelos, estratégias e funcionamento do rádio e da TV digitais; convergência das mídias; possibilidade de as empresas de telecomunicações também atuarem na área midiática; monopólio e oligopólio das comunicações; televisão pública, legislação apropriada para a mídia comunitária etc.

As leis que regulam o setor midiático, além de não serem levadas a sério, já estão ficando obsoletas ou inapropriadas devido aos diversos recursos e serviços tecnológicos disponibilizados. O Código Brasileiro de Telecomunicações, de 1962, modificado em 1967, e a recente Lei Geral de Telecomunicações, de 1997, não contemplam a convergência entre setores anteriormente distintos, como as telecomunicações, a informática e a televisão ou, ainda, a portabilidade, a multimídia e serviços diversos por transmissão de dados.

Não há como se ignorar a realidade midiática no século XXI. Faz-se necessário regulamentar a mídia, contemplando portabilidade (acesso a partir de celulares, PDAs e pontos de acesso móveis), escala (públicos e formas de acesso compatíveis), tipos de tecnologias e garantia da participação de novos atores de gestão e no controle dos meios. Além de se rever a regulamentação sobre questões relacionadas à propriedade, ao controle e à concessão de outorgas para transmissão de emissoras de rádio e TV.

Observa-se a necessidade de estabelecer marcos regulatórios que sejam adequados para o desenvolvimento da mídia brasileira, como: a coibição da formação de monopólios e oligopólios, bem como a propriedade cruzada;[5] estímulo à pluralidade e à diversidade cultural na programação, incrementando e incentivando produções regionais e da sociedade civil. Além de valores como participação, pluralidade, horizontalidade, interação e dialogicidade, considerando uma legislação que regule e atualize, resultando em uma comunicação que se pretende, por direito, democrática.

> Se, por um lado, democratizar a comunicação significa recobrar o que esta atividade tem de vital, ou seja, reivindicar a dimensão original de diálogo e horizontalidade da comunicação, a ideia de lutar pelo direito humano à comunicação está diretamente relacionada à mobilização tanto daqueles que buscam exercê-la mais diretamente na prática – ativistas e jornalistas, por exemplo - como expandir esse direito àqueles que têm competência para tanto, ou seja, à sociedade como um todo (Cabral, Filho; Cabral, 2005: 7).

Democratizar a comunicação e a mídia é ter também políticas públicas e marcos regulatórios que vêm sendo reivindicados pela sociedade e por organizações que defendem uma mídia democrática, em que as pessoas podem se ver, falar e ouvir sobre os seus anseios, suas necessidades e realidade.

---

5   O conceito se refere ao tipo de concentração na qual um grupo empresarial é proprietário de tipos de veículo de comunicação em distintos meios (jornal, TV, rádio etc.).

A partir dos estudos da Economia Política da Comunicação, é possível analisar o cenário, entender como cada setor influencia e como cada ator (políticos, empresários de mídia e sociedade civil) se comporta e reage diante da legislação, do bem-estar da sociedade e da possibilidade de transformar em realidade a democratização midiática.

Venício Lima (2012: 34) destaca que "a democracia brasileira será a grande vencedora quando o debate sobre as concessões de rádio e TV conseguir romper o bloqueio da grande mídia e alcançar a maioria da população". Pois, como observou Bucci (2005: 23), o poder de concentração dos conglomerados interfere na democracia e na proteção da sociedade. O Estado deve ser fomentador de políticas e iniciativas de apropriação das tecnologias disponíveis e de ocupação de espaços por parte de plurais e diversificados atores. Cabe a ele vontade política para empreender seu papel, construção de espaços cogestionários, contando com a atuação da sociedade. Para Domingues da Silva e Zaverucha (2015), a regulação da mídia deve ser voltada para o interesse público, ao invés de atender apenas os interesses do setor.

De acordo com Aires e Santos (2017: 16), as políticas de comunicação são um "campo em disputa por atores públicos e privados e o campo de prática das suas dinâmicas, usualmente assimétricas, de poder e negociação". Assim, deve-se lutar em prol de políticas públicas de comunicação, ou seja, por um "conjunto de definições, parâmetros e orientações organizados em um corpo coerente de princípios de atuação e normas aplicáveis a processos ou atividades de comunicação" (Duarte, 2011: 131).

Regulamentar o setor midiático no Brasil pode ser visto como algo complexo, uma vez que a mídia se tornou sinônimo de poderio, além de muitas concessões de rádio e TV serem utilizadas como palanques de políticos que se apropriam desses meios. Até mesmo durante os mandatos dos governos de Lula e Dilma, havia uma grande expectativa em relação à regulação da mídia, porém, diante das barreiras impostas por políticos e empresários, pouco se fez. Nesse período foi dado o pontapé inicial na TV digital aberta, mas a comparação entre o que se esperava e no que se transformou foi frustrante para a sociedade civil que lutava em prol da democratização da comunicação e esperava uma mídia democrática, e não falta de apoio às rádios e TVs comunitárias espalhadas pelo país, como aconteceu.

A comunicação pública e comunitária no processo regulatório brasileiro

A visibilidade da comunicação pública e comunitária no processo regulatório brasileiro é bastante restrita. De acordo com Cabral e Andreata (2020), quando se fala sobre comunicação pública e comunitária, deve-se refletir sobre a necessidade de políticas públicas. Ao se analisar o artigo 223 da Constituição Federal de 1988, destaca-se que o Poder Executivo, ao "outorgar e renovar concessão, permissão e autorização para o serviço de radiodifusão sonora e de sons e imagens", deve observar "o princípio da complementaridade dos sistemas privado, público e estatal".

De acordo com Venício Lima (2011), para diminuir o desequilíbrio entre os sistemas estatal, público e privado, criou-se a Empresa Brasil de Comunicação (EBC), em 2007, com um Conselho Curador que tivesse a participação de membros da sociedade civil, privilegiando o interesse público e produzisse uma programação educativa, artística, cultural, informativa, que promovesse a cidadania.

A EBC foi idealizada em maio de 2007 no I Fórum Nacional de TVs Públicas, em Brasília. Sua criação foi autorizada em 2007 pela Medida Provisória (MP) nº 398 e pelo Decreto nº 6.246. A MP de criação foi convertida na Lei nº 11.652, em 2008, e a EBC herdou todos os canais de rádio e TV que eram geridos pela estatal Radiobras e pela Associação de Comunicação Educativa Roquette-Pinto (Acerp), resultando no Sistema Público de Comunicação. A EBC se transformou em uma empresa de caráter público, vinculada à Secretaria de Comunicação Social, uma sociedade anônima de capital fechado, na qual as ações da União representam, no mínimo, 51% de titularidade.

No entanto, em 2016, o ex-presidente Michel Temer destituiu, em 16 de maio de 2016, o presidente da EBC e seu Conselho Curador. E, com a MP 744, publicada em 2 de setembro de 2016, e convertida na Lei nº 13.417, de 1º de março de 2017, alterou a sua estrutura. A EBC passou a ser administrada por um Conselho de Administração e por uma Diretoria Executiva, contando com um Conselho Fiscal, um Comitê Editorial e de Programação, ficando vinculada à Casa Civil da Presidência da República. E em 2020, com o Decreto nº 10.395, de 10 de junho de 2020, foi vinculada ao Ministério das Comunicações. O capítulo a seguir trata dessa questão detalhadamente.

É importante destacar que o Conselho Curador, destituído pelo governo Temer, garantia a representação da sociedade civil na EBC. "Ele se configurava como o principal espaço de participação da sociedade civil no âmbito da empresa. Essa participação é, inclusive, um dos principais diferenciais do modelo público em relação ao comercial e ao governamental" (Coutinho; Vieira, 2016: 188).

De acordo com Ana Paula Lucena (2019), a comunicação pública deve levar em consideração os fluxos de informação e de interação entre agentes públicos e atores sociais, ou seja, governo, Estado e sociedade civil. Elizabeth Brandão (2009: 31) afirma que deve ser o "processo de comunicação que se instaura na esfera pública entre o Estado, o Governo e a sociedade e que se propõe a ser um espaço privilegiado de negociação entre os interesses das diversas instâncias de poder constitutivas da vida pública no país".

Duarte (2009: 64) enfatiza que a comunicação pública possibilita "o cidadão ter pleno conhecimento da informação que lhe diz respeito, inclusive aquela que não busca por não saber que existe, expressar suas posições com a certeza de que será ouvido com interesse e a perspectiva de participar ativamente, de obter orientação, educação e diálogo". Para Bucci (2015: 15-16), a comunicação pública no Estado brasileiro se transformou em "comunicação unilateral, típica da propaganda mais conservadora, que monologa sem se abrir ao diálogo". Isso, de acordo com Napolitano (2019), evidencia que ela não vem atendendo ao diálogo com a sociedade e nem vem contribuindo para a construção da cidadania.

Hoje, sem uma regulamentação adequada, funcionários da EBC e organizações da sociedade civil, que lutam pela democratização da comunicação, tentam mobilizar a sociedade para que a EBC volte a ser uma empresa pública, mesmo sofrendo perseguição de políticos que não aceitam sua existência. É por causa desse retrato feito pelos governos atuais, que não se dispõem a criar e manter um sistema público de comunicação no Brasil, deixando de lado o artigo 223 da Constituição Federal de 1988 e permitindo a concentração da mídia brasileira, que a mídia comunitária ainda continua com uma legislação equivocada e como alvo de perseguição da mídia comercial.

Desde os anos 1970, as emissoras de rádio e TV comunitária vêm tentando se expandir no Brasil, diante da importância que têm para as comunidades (Cabral, 2019). No entanto, alguns fatores desmobilizam suas iniciativas, como uma legislação equivocada, resultando em perseguição política, jurídica e policial que fecham as emissoras, apreendem os equipamentos e prendem, muitas vezes, as pessoas que estão trabalhando, além da falta de vontade do Estado em criar uma regulamentação e um processo regulatório que seja adequado e promova uma continuidade sustentável; manutenção cara dos equipamentos, pois, além de a Lei não permitir publicidade, não são oferecidas fontes de fomento públicas ou privadas; uso da internet para realização de sua programação no ambiente online, uma vez que não há controle de emissão de seus programas, implementação de emissoras e pode atingir seu público em qualquer lugar. E, por fim, falta de interesse dos movimentos sociais e da academia em uma regulamentação que garanta a comunicação democrática como direito humano.

Mesmo com tantos problemas e desafios, "as rádios e TVs comunitárias têm considerável importância em seus locais de atuação, contribuindo para mobilizar moradores e compartilhar referências históricas e socioculturais" (Cabral, 2019: 27). Não é à toa que os empresários de mídia se unem aos políticos, fazendo *lobby* para evitar que elas sejam valorizadas, e, ao mesmo tempo, copiam sua estratégia de ouvir o cidadão e assim ganhar a credibilidade da população, em prol do aumento dos lucros de suas emissoras comerciais.

Ao se verificar a Constituição Federal brasileira de 1988, não é possível localizar qualquer menção à comunicação comunitária. Além disso, o processo de efetivação das outorgas é extremamente burocrático, lento e custoso. Os que querem regularizar a situação, precisam pagar inúmeras multas em órgãos como o Ecad (Escritório Central de Arrecadação e Distribuição), relacionado à cobrança de direito autoral pela veiculação de músicas, e a Anatel (Agência Nacional de Telecomunicações), que fiscaliza a implementação da regulamentação.

Nos países Argentina, Bolívia, Equador, Venezuela e Uruguai, que vêm aprovando legislações democráticas em comunicação na América Latina, trabalha-se com um sistema de comunicação tripartite, dividido entre os setores público (estatal), privado e comunitário, diferente do que está registrado na Constituição brasileira de 1988 (que divide a Comunicação nos sistemas estatal, público e privado). A ausência de regulamentação sobre a distinção entre sistema estatal e público no texto constitucional resulta em equívocos no âmbito do governo e das organizações sociais. Até mesmo no governo Lula foram criados grupos de trabalho para a reformulação da Lei 9612/98 e a implementação de uma Lei de Comunicação Eletrônica de Massa, mas seus resultados não foram levados ao público e nem desdobrados em projetos de lei, denotando a dificuldade de enfrentar o tema, mesmo no contexto de mandatos progressistas.

A falta de disposição do Estado e a incompreensão da importância do tema pela sociedade civil fazem com que muitas rádios comunitárias sigam no caminho da desobediência civil. No caso das TVs comunitárias, elas mantêm suas programações nos canais comunitários de TV a cabo, ao mesmo tempo que buscam atuar em outros sistemas de TV por assinatura e implementar Canais da Cidadania nos municípios.

No caso do Canal da Cidadania, demanda-se solicitação prioritária por parte de prefeituras, governos ou órgãos do Legislativo ou Executivo designados para tal atribuição. As faixas de programação designadas para organizações sociais só podem ser concretizadas a partir da implementação dos canais nos municípios, proporcionando um interesse diferenciado, pois a transmissão não seria apenas para assinantes de um serviço, mas para toda a população daquela cidade. É o que de mais próximo a regulamentação do setor conseguiu produzir no tocante à viabilidade da gestão de canais de TV com caráter comunitário.

Diante disso, observa-se que as limitações na viabilização de um ordenamento legal democrático que reconheça e incorpore a radiodifusão comunitária, como direito humano fundamental relacionado a outros direitos já consolidados, promovem o deslocamento do foco dos meios e suportes para a situação social em torno da qual ativistas comunitários se apropriam das tecnologias de comunicação que lhes estão ao alcance.

Para que a radiodifusão comunitária democrática, cidadã e sustentável ganhe espaço na regulamentação da comunicação no país é preciso que se estabeleçam boas práticas regulatórias que compreendam a pluralidade e a diversidade de experiências, dentro de um marco comum do fazer comunitário nas práticas comunicacionais.

Compreender a comunicação comunitária como outro sistema, para além do estatal e do privado, implica a reformulação da lei de radiodifusão comunitária, incorporando as TVs comunitárias abertas e a compreensão de sua importância no marco legal geral do setor, mesmo que não explicitamente indicado na Constituição Federal. Seu financiamento deveria contar com fundos públicos ou privados na forma do que atualmente já está normalizado na regulamentação do setor. Patrocínio como apoio cultural pode envolver empresas privadas no apoio à programação das emissoras. A viabilidade de conteúdos que veiculem todo tipo de conteúdos sobre empresas, produtos e serviços, desde que não envolvam promoção ou preço, já tipificada na Portaria 4334/2015, relativa às rádios comunitárias, pode servir de referência para um bom entendimento dessas práticas. Entretanto, é importante que o Estado, ao regulamentar a sustentabilidade do setor, simplifique processos e capacite emissoras no envolvimento com patrocinadores em potencial, sejam públicos ou privados.

Portanto, entende-se o setor comunitário como intrínseco ao sistema comunicacional e não como um outro sistema tal como o desenho estabelecido na Constituição Federal brasileira. Se não há claramente disposição em enfrentar uma reforma constitucional de ajuste a essa terminologia, que se compreendam o "sistema" público como distinto do "sistema" estatal e o efetivamente comunitário na lógica de um sistema tripartite, entendendo, na medida do possível, o comunitário como parte intrínseca do processo comunicacional (Cabral, 2019: 39).

Regulamentar democraticamente a mídia no Brasil é fundamental para o desenvolvimento dos meios de Comunicação e de Telecomunicações no país. Não há como continuar sustentando um cenário midiático que tem leis que não são cumpridas, como o capítulo V da Constituição Federal de 1988, legislações equivocadas, como da radiodifusão comunitária, ou defasagens em relação à evolução e à convergência de tecnologias, como vem ocorrendo na área de telecomunicações.

A sociedade precisa se ver nas programações e no conteúdo midiático exibido no Brasil. As comunidades não podem continuar sendo enganadas por empresas comerciais que não valorizam as pessoas que moram no local e nem as notícias que impactam o cotidiano dos moradores. Todo(a)s precisam ter voz para compartilhar seus anseios e suas necessidades, ao mesmo tempo, se apropriar da mídia, seja na área de radiodifusão ou de telecomunicações. Muitos desafios precisam ser encarados e trabalhados em conjunto com políticos, empresários e sociedade, pois somente assim é possível se ter uma mídia realmente democrática.

Capítulo 3

EBC e entraves legais à comunicação pública no Brasil

Lilian Saback e Fernando Thompson

Estudar a rota regulatória da Empresa Brasil de Comunicação (EBC), criada em 2007, significa atentar diretamente para questões que impossibilitam, até o momento, a existência de uma comunicação realmente pública no Brasil. O primeiro entrave perpassa pela compreensão do conceito de comunicação pública, uma comunicação independente, plural e acessível a todos os cidadãos. O que é na verdade um dos tipos de comunicação que compõem o tripé do setor no país – pública, estatal e comercial –, por vezes é controlada por interesses do governo e/ou cerceada pelos interesses do oligopólio da radiodifusão brasileira.

Para percorrer o caminho até a criação da EBC e as mudanças legais impostas a ela até 2023, recorremos à vasta bibliografia existente sobre o tema. Como complemento ao método de pesquisa, optamos, ainda, em realizar entrevistas com funcionários, gestores e representantes da sociedade civil que participaram e/ou participam do projeto. Foram feitas dez entrevistas, sendo três com o envio das perguntas por e-mail e sete pela plataforma Zoom, com o caráter de uma entrevista em profundidade. A maioria foi realizada em 2021, véspera das eleições presidenciais.

As primeiras iniciativas de criação de uma comunicação pública brasileira ocorrem no início do século XX, quando o antropólogo Roquette Pinto criou a Rádio Sociedade do Rio de Janeiro. Surgia no país, em 1923, o rádio que, como lembra o pesquisador Laurindo Leal Filho, nasceu como um empreendimento público.

> Roquette Pinto montou uma sociedade de ouvintes que se cotizavam para ouvir música e notícias através das ondas da Rádio Sociedade do Rio de Janeiro, em 1923. Apenas um ano depois de a BBC inglesa entrar no ar e adotar um sistema de financiamento semelhante. Com a di-

ferença de ser controlado e regulado pelo governo, o que garantiu sua existência até hoje. Por aqui, já nos anos 1930, o rádio passou a ser visto como lucrativo empreendimento comercial e a experiência pioneira de comunicação pública sucumbiu (Leal Filho, 2018: 28).

O Decreto-Lei nº 21.111, que autorizou a publicidade no rádio e tornou o veículo interessante comercialmente, foi assinado pelo então presidente Getúlio Vargas no dia 1º de março de 1932. Uma lei determinante para a escolha da radiodifusão brasileira por um caminho voltado para o lucro e não para o compartilhamento de educação por meio da cultura e da informação para toda a população. Em 1936, na esperança de manter vivo o projeto de promoção da educação pelo rádio, Roquette Pinto doou a Rádio Sociedade do Rio de Janeiro para o Ministério da Educação e Saúde Pública e a emissora se tornou a Rádio MEC (Nitahara; Luz, 2020: 3).

Um pouco mais tarde, em 1950, enquanto países como a Inglaterra, com a sua BBC (British Broadcasting Company), já investiam na expansão de suas emissoras de rádio e televisão públicas, antes da implantação de emissoras comerciais, a televisão chegou ao Brasil pelas mãos de um jornalista e empresário, Assis Chateaubriand. Com ela, teve início a migração da publicidade e dos patrocinadores do rádio para a TV: o setor de radiodifusão tornou-se um instrumento ainda mais atraente para os investidores na comunicação comercial.

O segundo movimento objetivo para a produção de uma comunicação voltada para a educação ocorreu exatamente com a publicação do Decreto nº 49.259 de 17 de novembro de 1960, que instituiu a Campanha da Radiodifusão Educativa. Neste mesmo ano foi inaugurada a TV Nacional de Brasília. A iniciativa antecipou a criação da Lei nº 4.117, que instituiu o Código Brasileiro de Telecomunicações, regulamentado por meio do Decreto nº 52.795, assinado em 31 de outubro de 1963. O artigo 3 deste decreto estabeleceu os principais objetivos dos serviços de radiodifusão no país: ter uma "finalidade educativa e cultural, mesmo em seus aspectos informativo e recreativo, e que são considerados de interesse nacional, sendo permitida, apenas, a exploração comercial dos mesmos, na medida em que não prejudique esse interesse e aquela finalidade".

O interesse público estava, portanto, naquele momento, de certa forma respaldado pela legislação vigente. O Brasil assistiu, em um primeiro momento, à criação da Fundação Centro Brasileiro de TV Educativa (1967), o lançamento do Plano Nacional de Teleducação (Prontel) e do Projeto Minerva[1] (1972), a estreia da TV Educativa do Maranhão (1969), da TVE Rio de Janeiro (1975) e na sequência o Decreto nº 77.698 constituiu a Radiobras[2] (1976). Passada esta etapa, vale destacar, ainda, a federalização da TV Educativa do Maranhão (1986) e a Criação da TV Nacional Brasil NBR, a TV do Governo Federal, operada pela Radiobras (1998).

> (...) o Brasil conta, desde o início da década de 70 do século XX, com um sistema público estatal de televisão educativa, atingindo praticamente todo o território nacional, constituído por emissoras ligadas, na sua maioria, aos governos estaduais – com algumas poucas ligadas às universidades federais públicas presentes no respectivo estado da Federação, como é o caso no da TV Educativa de Pernambuco. Trata-se de uma criação do regime militar instaurado no Brasil a partir de 1964, que optou por manter o sistema comercial privado, apoiando fortemente a sua concentração em torno da Rede Globo de Televisão, fenômeno amplamente discutido pela literatura acadêmica, mas não abriu mão do controle de uma rede pública estatal, criada, no entanto, de forma a manter-se sem capacidade de competir com as redes privadas – que cumpriam a contento a função de propaganda do regime –, mas, ao contrário, para funcionar em sintonia com o sistema comercial (Bolaño; Brittos, 2008: 5-6).

A criação do projeto EBC pode ser entendida, portanto, como uma tentativa real de refinar todas as iniciativas realizadas até aquele momento em que começava o segundo mandato do governo de Luiz Inácio Lula da Silva. De acordo com Nitahara e Luz, o debate iniciado com o encontro O Desafio da TV Pública, promovido em 2003 pela TVE do Rio de Janeiro, se

---

1 O programa de rádio *Projeto Minerva* (1970-1989) foi criado durante o governo militar (1964-1985) pelo Serviço de Radiodifusão Educativa (SRE), do Ministério da Educação e Cultura (MEC). O objetivo do governo era atingir jovens e adultos que não possuíam o ensino de 1º e 2º Graus completos.
2 A Empresa Brasileira de Comunicação Radiobras foi criada pelo governo militar para gerir de maneira centralizada todas as emissoras de rádio e televisão da União espalhadas pelo país. Com sede em Brasília, era composta por uma agência de notícias, uma rádio-agência, duas emissoras de televisão e cinco emissoras de rádio, que operavam em ondas curtas, AM e FM.

fortaleceu com a realização do I Fórum Nacional de TVs Públicas, em 2007, quando foi elaborado um manifesto denominado Carta de Brasília.

> O documento defende uma rede com independência editorial de mercados e governos, que estimule a formação crítica do cidadão, valorize a produção independente, regionalizada e expresse a diversidade de gênero, étnico-racial, de orientação sexual, regional e social do Brasil, sintonizados com os princípios internacionais da comunicação pública (Nitahara; Luz, 2020: 9).

O jornalista e sociólogo Laurindo Leal Filho foi o primeiro ouvidor e integrante do Conselho Curador da EBC. Segundo ele, o projeto da EBC se revelou como o primeiro com a intenção real de promover uma comunicação pública de caráter nacional. Ainda segundo ele, todo o processo só foi possível porque houve um esforço político do governo do Presidente Luiz Inácio Lula da Silva.

> (...) na verdade, isso vinha amadurecendo já há algum tempo, mas só no governo Lula isso se concretizou através de esforços políticos e administrativos do Ministério da Cultura, cujo ministro era o Gilberto Gil, com uma grande participação do seu secretário executivo que o substituiu, o Juca Ferreira, e da Secretaria de Comunicação da Presidência da República, cujo secretário era o jornalista Franklin Martins. O governo Lula colocou esses dois instrumentos da Presidência da República, o Ministério da Cultura e a Secom, para os fóruns nacionais de comunicação pública. Ocorreram dois fóruns e houve a participação das associações interessadas. A ABEPEC, Associação Brasileira das Emissoras Públicas e educativas; acadêmicos, eu participei, e a partir desse debate, que também levou em consideração as experiências internacionais em comunicação pública em diversos países, se constituiu na Secom, junto com a Presidência, um grupo para pensar a construção da comunicação pública no Brasil.[3]

Como esperado, entretanto, não foi uma tarefa legal fácil de ser estruturada. Segundo o jornalista e então ministro da Secretaria de Comunicação do governo Lula, Franklin Martins, mais uma vez foi preciso lutar para combater

---

3   Entrevista online concedida aos autores em 20/5/2021. Todos os trechos das falas de Laurindo Leal Filho, neste capítulo, foram transcritos desta entrevista.

a desinformação em torno da compreensão da proposta de uma comunicação pública e a pressão da bancada da radiodifusão no Congresso Nacional.

> A criação da EBC foi uma coisa importante, mas criada embaixo de uma porradaria (sic) monumental, comandada pelos outros órgãos de comunicação, que não aceitavam a ideia de uma comunicação pública. Era aquele negócio, TV Brasil era a TV do Lula. Engraçado, ninguém fala que é a TV do Bolsonaro, ninguém fala que é a TV do Temer.
> Eu acho que o primeiro problema evidente é o fato de que tínhamos poucos recursos, muito pouco dinheiro para o que se precisava. Conseguimos algumas coisas, como essa taxa da comunicação, que nunca entrou, mas isso era pouco recurso. Uma segunda questão muito importante era o modelo jurídico da EBC. Nós tentamos fazer com que ela fosse uma Fundação Pública de direito privado, que é o mesmo modelo da Cultura, que é o melhor modelo, porque você tem que seguir certas regras da administração pública, tudo bem, porque você está recebendo recursos da administração pública. Mas ao mesmo tempo que você faz isso, se pode ter uma certa flexibilidade para lidar com situações que na área da produção cultural e do cinema, dos programas e do jornalismo, são essenciais. Se você for se reger pelo que é administração pública, não consegue fazer, você não tem agilidade. Esse seria o melhor modelo, foi o modelo que se adotou, que se encaminhou na discussão inicial. Que amparado na criação dessas Fundações Públicas de direito privado na área da saúde, isso no ano de 2006, estava em discussão no Congresso, só que acabou que o Congresso não aprovou, muito por pressão de organização sindicais da Saúde, que temiam que isso fosse algo que acabasse levando para uma certa privatização, ou abertura de portas para privatização na área da Saúde. Então, quando isso não foi aprovado, você fica engessado em um formato que é o formato da ... você decide fazer um programa, na TV privada em 4, 5 meses; mas quando você está fazendo o programa na televisão pública, leva 10, 12 meses. Decide contratar um cara pra fazer certas coisas, por exemplo, a TV Cultura contrata, decide pagar 25 mil por mês para um apresentador do *Roda Viva*, a Cultura consegue, a TV Brasil não podia fazer isso, então é um modelo jurídico que dificulta a agilidade, dificulta a criatividade.[4]

---

4 Entrevista online concedida aos autores em 3/6/2021. Todos os trechos das falas de Franklin Martins, neste capítulo, foram transcritos desta entrevista.

Aos trancos e barrancos, nasceu assim a EBC por meio da Medida Provisória 398, publicada em 10 de outubro de 2007. No ano seguinte, no dia 7 de abril, foi promulgada a Lei nº 11.652/2008, que "institui os princípios e objetivos dos serviços de radiodifusão pública explorados pelo Poder Executivo ou outorgados a entidades de sua administração indireta; autoriza o Poder Executivo a constituir a Empresa Brasil de Comunicação – EBC".

A Lei de criação da EBC

Quando promulgada, a Lei de Criação da EBC (Lei nº 11.652/2008) foi considerada um passo importante para a comunicação pública brasileira. A empresa nasce incorporando os bens, serviços e funcionários das emissoras de rádio, televisão e agências de notícias da Radiobras e da Associação de Comunicação Educativa Roquette Pinto (Acerp). Uma empresa na qual a União teria no máximo 51% de titularidade. Em seus 34 artigos, pelo menos dois garantiam princípios fundamentais para a produção de conteúdo de forma autônoma e com o a participação da sociedade. O artigo 13 estabelecia as normas para escolha e eleição de um diretor-presidente da empresa desconectado do mandato do presidente da República. Já o artigo 12 criava o Conselho Curador composto por 22 integrantes, sendo 15 representantes da sociedade civil, indicados por consulta popular; quatro do Governo Federal; um da Câmara dos Deputados; um do Senado Federal; e um representante dos trabalhadores da EBC. Como ouvidor da TV Brasil, Leal Filho teve assento no Conselho, levando críticas e sugestões que chegavam por meio da Ouvidoria.

> O conselho era muito atuante, era muito sério, criava grupos de trabalho para analisar, por exemplo, a programação infantil, o jornalismo. Fazia críticas e a diretoria, por Lei, era obrigada a acatar ou pelo menos discutir, mas em última análise aquilo que o conselho determinava. Voltando à lei, este ponto que para mim é o ponto-chave, que o conselho curador atuava como instância máxima em relação ao conteúdo acima inclusive da diretoria. O outro ponto era que o presidente da diretoria da empresa era indicado pelo presidente, tinha um mandato e só poderia ser demitido por uma decisão do conselho e não do presidente da República. Ele só poderia ser demitido pelo conselho se tivesse cometido uma coisa

muito grave e ali havia as especificações, mas o mais importante é que o mandato dele não era coincidente com o do presidente da República, justamente para evitar o vínculo político. Ele assumia quando o presidente da República tinha dois anos de mandato e ficava quatro. Então, ele ficava dois com o presidente seguinte (Leal Filho).

O Conselho Curador garantia diversidade no conteúdo elaborado pela empresa. De acordo com a jornalista Helena Chagas, ex-ministra da Secom entre 2007/2010, "o Conselho Curador teve presença importante no debate sobre os rumos editoriais da EBC, e balizou decisões importantes, como, por exemplo, a de acabar com a transmissão das missas católicas, considerando que a TV deve ser laica".[5] Com a existência do órgão foi possível produzir, em todos os veículos integrantes da EBC, programas com um olhar às minorias e/ou específicos de determinada região do país, por exemplo, como lembra a primeira presidente da EBC, a jornalista Tereza Cruvinel:

> Quando nós começamos a implantar a TV Brasil, no primeiro ano, nós abrimos espaço para a transmissão de festas juninas, elas nunca frequentaram as TVs comerciais de Rio e São Paulo, hoje até eu acho que nós demos um bom exemplo, hoje as televisões comerciais já dão mais espaço, algumas já fizeram até algumas transmissões das festas juninas do Nordeste, estou dando um exemplo. Então isso preserva, em um país tão grande e multifacetado você ter na televisão pública ou no rádio público espaço para a diversidade das culturas regionais e das formas de vidas regionais, das diferenças culturais entre as regiões de um país. Conhecer o próprio país a partir das suas diferenças, esse é um papel que a televisão pública busca cumprir e que a televisão comercial fica muito concentrada, sua produção muito concentrada nos grandes centros urbanos, no caso Rio e São Paulo, ela massifica, envia conteúdos para todo um país que é muito diferenciado, criando uma massificação cultural, então você tem novelas gravadas na Zona Sul do Rio de Janeiro sendo veiculadas para todo o país, criando, inclusive, essa supervalorização de certas culturas urbanas, em detrimento de culturas mais rurais ou mais interioranas do que existe no Brasil profundo; e na medida em que não é mostrado, você não valoriza, você não contribui para a autoestima, para

---

5   Entrevista por e-mail concedida aos autores em 16/5/2021.

a realidade imediata, é como se, para o sujeito lá da Amazônia, ele acha que o bonito e de valor é o Baixo Leblon.[6]

Por outro lado, a Lei de criação da EBC trazia, também, questões difíceis e até mesmo incompatíveis para a gestão de uma empresa pública. Na avaliação do pesquisador Laurindo Leal Filho, um dos principais problemas está na junção de todas as empresas que o Governo Federal já tinha em uma só.

> A ideia política, uma ideia forte, era criar uma TV Brasil, como existem as TVs em diversos países do mundo. O Lula dizia: eu viajo pelo mundo chego ao hotel, ligo a televisão e tem a TV de diversos países, mas não tem o Brasil. Ele queria o Brasil lá. O Brasil era a quinta economia do mundo, era um país que tinha o que dizer naquela época. Então, a ideia que foi vendida ao presidente Lula é que nós íamos ter aqui uma espécie de BBC falando para o mundo. Então, para atender a esta demanda, na minha opinião e na opinião dos advogados que estavam assessorando, bastava você juntar a TV Nacional de Brasília, a TVE do Rio mais a do Maranhão, criar uma emissora e buscar formas para fazer com que o sinal dela chegasse em todo o país. Não foi esse o caminho seguido, se criou uma empresa aglutinando todas as empresas, veículos, agências de notícias, a *Voz do Brasil*. Então, aí já começou um problema porque se misturavam na mesma empresa a comunicação pública e a comunicação estatal. Não se criou aquela TV Brasil que poderia ser totalmente pública, você tinha a presença do Estado dentro da emissora. Mas ela foi criada desta forma, então, juntando todos esses veículos, o que gerou, na minha visão, uma complicação terrível do ponto de vista de você juntar numa empresa primeiro esses grandes interesses, estatal e público, e estruturas já de muitos anos de existência, estruturas de funcionários etc. muito diferentes. Chegou um momento em que deveria haver na EBC quatro/ cinco regimes funcionais. Você tinha o contratado, tinha o concursado. Muito complicado, foi criada uma máquina de difícil administração. Foi isso que ocorreu e a TV Brasil entrou no ar no final de 2007. A EBC passou a administrar as oito emissoras de rádio, emissoras importantes, algumas delas que são a única via de contato de regiões ribeirinhas da Amazônia. A Rádio Nacional da Amazônia, por exemplo, muito importante para a Região Amazônica (Leal Filho).

---

6   Entrevista online concedida aos autores em 24/5/2021.

Atualmente, a EBC reúne 11 empresas de comunicação: TV Brasil, Agência Brasil, Radioagência Nacional, Rádio Nacional AM do Rio de Janeiro (1.130 KHz), Rádio Nacional AM de Brasília (980 KHz), Nacional FM de Brasília (96,1 MHz), Rádio MEC AM do Rio de Janeiro (800 KHz), MEC FM do Rio de Janeiro (99,3 MHz), Rádio Nacional da Amazônia OC (11.780 KHz e 6.180 KHz), Rádio Nacional AM do Alto Solimões (670 KHz) e Rádio Nacional FM do Alto Solimões (96.1 MHz). Para a jornalista Emília Ferraz, servidora há mais de 30 anos na TVE do Rio de Janeiro e na TV Brasil, a ideia da EBC no papel era excelente e aprovada pelos funcionários, mas na hora que foi colocada em prática criou problemas, principalmente, nas relações de trabalho entre os servidores públicos e prestadores de serviços contratados por CLT que já trabalhavam lá e os novos funcionários que foram contratados por meio de um concurso público realizado para a EBC.

> Eles queriam trocar os celetistas que estavam lá por concursados e isso foi feito. Na época a gente era regido pela organização social, a ACERP e eles ficaram acho que uns cinco anos com as duas funcionando lá dentro. Nós tínhamos os concursados entrando, os celetistas lá dentro e os estatutários. Eram três tipos diferentes, muito confuso, superconfuso. E, depois, quando foi acabando o prazo da ACERP, os que eram da ACERP tinham que ir embora. Os concursados foram entrando. Só que o concurso foi feito totalmente errado, porque eles pegaram quem queria ser funcionário público e trabalhar em uma televisão. Só que as pessoas não tinham experiência e quem estava lá tinha que ensinar. Isso não aconteceu comigo, porque minha equipe era muito especial, eu vivia em uma bolha. Eu não vivi isso, mas eu sei que no resto da casa houve muita incompatibilidade entre esses dois grupos: a pessoa tinha que ensinar alguém que ia ficar e ela ia sair (Ferraz).[7]

Na opinião da jornalista Liara Avelar, que entrou, em 1983, como repórter da Rádio MEC, ocupou cargos de chefia e integrou a equipe de roteiristas da TV Brasil, a lei também criou um modelo de financiamento que ficou muito atrelado ao Governo Federal. Segundo ela, isso se tornou um grande problema.

---

7   Entrevista online concedida aos autores em 1º/6/2021.

> Optou-se por ter um valor grande inicial de verba destinada à EBC, principalmente nos primeiros anos, o que foi muito importante porque a TV estava muito sucateada, se precisou renovar equipamento, uma série de coisas, mas o modelo atrelado ao Governo Federal fez com que a EBC nunca conseguisse ser totalmente pública nesse sentido (Avelar).[8]

Todo o problema de financiamento e manutenção da EBC começa porque o artigo 32 da Lei de Criação da empresa, que instituiu "a Contribuição para o Fomento da Radiodifusão Pública, com o objetivo de propiciar meios para a melhoria dos serviços de radiodifusão pública e para a ampliação de sua penetração mediante a utilização de serviços de telecomunicações", nunca foi cumprido totalmente. Em outras palavras, o repasse da contribuição do Fistel, que é um dinheiro já pago pelas empresas de telecomunicações e esse dinheiro está guardado com o governo. As empresas sempre pagaram em juízo, o que fez com que a EBC nunca tivesse acesso a este recurso. Para o jornalista Franklin Martins, a pressão dos grandes órgãos de imprensa para que não houvesse comunicação pública contribuiu para que as empresas de telecomunicações questionassem a contribuição.

> (...) chegou em um determinado momento que as empresas de telecomunicações diziam, "eu vou ficar apanhando da imprensa por quê? Eu não pago, ou pago em juízo. É um dinheiro que eu posso recuperar um dia". Então foi somando. E nós conhecemos o Judiciário no Brasil. O Judiciário olhou e disse "eu também não vou enfrentar isso". Era uma lei; uma lei aprovada no Brasil. Foi uma forma de como podemos enfraquecer a comunicação pública. Então, acabou havendo uma aliança entre as organizações da mídia com o Judiciário e com as empresas de telecomunicações. E isso não impediu que existisse comunicação pública, mas isso representou um sangramento muito forte nos recursos dela (Martins).

Em 2014, algumas empresas de telecomunicações pararam de questionar, mas o recurso continua preso, porque não foi liberado pelo Governo Federal. Para a última funcionária da EBC a integrar o Conselho Curador, a jornalista Akemi Nitahara, a questão do financiamento da EBC é um problema que tem solução.

---

8   Entrevista online concedida aos autores em 7/6/2021.

Atualmente são 2 bilhões e 800 milhões de reais que estão lá guardados. O que chegou neste período, 2014/2015, foi o rendimento deste dinheiro. Esse dinheiro fica ali fazendo caixa de superávit primário para o governo e eles liberam para a empresa os rendimentos. Pela primeira vez eles começaram a soltar isso ano passado e esse dinheiro da CFRP, contribuição para o Fomento da Radiodifusão pública, chegou à EBC. Eu tenho os dados direitinho: o orçamento foi R$543,4 milhões. Eles repassaram do CFRP R$222 milhões de dinheiro arrecadado, mais 166 milhões do rendimento. A EBC tem uma prestação de serviço para o próprio governo, que é fonte própria que deu 65,8 milhões, ou seja, o Tesouro precisou cobrir R$88,5 milhões. Foi isso que o Tesouro efetivamente ano passado (2020) colocou na EBC. É muito pouco. Primeiro é uma empresa que não tem que dar lucro, é pública e, como um hospital público, não tem que dar lucro. O dinheiro que está acumulado da CRFP já dá para manter a empresa por cinco anos sem um centavo do Tesouro. (...) A Cruvinel sempre fala que é difícil você criar uma taxa nova, mas faz essa conta, se você dividir por brasileiro, por ano, são 2,50 reais para manter esse serviço: são oito rádios, duas TVs, duas agências. Essa conta a gente faz e uma sugestão que eu fiz na audiência pública que eu participei na câmera foi: vamos copiar Portugal, eles cobram uma taxa na conta de luz. Todo mundo paga uma taxinha todo mês que vai para a RTP. Não precisa ser muito, dois reais por mês, já sobra. Assim por baixo, pouca coisa já resolve.[9]

A dependência de recursos do Tesouro Federal, mesmo que pequena segundo Akemi Nitahara, sempre colocou em risco o projeto da EBC, mas não foi definitivo. O principal golpe à comunicação pública começou a ser costurado em 2016, "após a votação do impeachment no Senado, em 12 de maio, que abriu o processo e afastou Dilma temporariamente, o presidente interino Michel Temer exonerou o diretor-presidente da EBC, Ricardo Melo, e nomeou Laerte Rímoli" (Nitahara; Luz, 2020: 11). Uma liminar do Supremo Tribunal Federal permitiu que Ricardo Melo voltasse à direção em junho, mas também permitiu que Laerte Rímole permanecesse no cargo, mesmo sem exercê-lo.

---

9 Entrevista online concedida aos autores em 8/6/2021. Todos os trechos das falas de Akemy Nitahara, neste capítulo, foram transcritos desta entrevista.

O golpe na comunicação pública

O impeachment da presidente Dilma Rousseff, no dia 31 de agosto de 2016, abriu caminho para que o enfraquecimento do projeto de comunicação pública do país começasse a ser dado por seu sucessor, Michel Temer. A Medida Provisória 744, promulgada no dia 1º de setembro daquele ano, altera a Lei de Criação da EBC alterando pontos fundamentais: extingue o Conselho Curador e, além de retirar o mandato do então presidente, altera a forma de nomeação da direção da empresa que passa a ser vinculada à Casa Civil.

Temer acaba com o conselho e com a estabilidade do presidente que passa a ser demitido pelo presidente a qualquer momento. Isso aprofunda esse controle político da TV Brasil, coloca militares, como em todo o governo, e interfere diretamente na programação. Com o Temer já havia uma certa censura, não podia se falar do governo etc. No caso da Marielle,[10] por exemplo, houve uma censura rígida ao noticiário sobre a Marielle, principalmente na TV e na Agência de Notícias. Essa agência cobre o Brasil todo e os jornais do interior usam a agência e ela foi muito censurada. Esta censura se agravou ainda mais no governo atual. Outro dia fiquei abismado quando soube na Rádio Nacional da Amazônia [que] o vice-presidente faz um programa semanal. Ele fala para crianças sobre a Amazônia nessa visão entreguista que é deste governo. Semanalmente, Mourão fala pela Rádio Nacional da Amazônia. A TV Brasil, outro dia, tinha uma reportagem ridícula sobre entrega de boinas. As Forças Armadas têm programas na TV Brasil. Agora você tem a colocação da EBC na lista das empresas a serem privatizadas (Leal Filho).

O jornalista Márcio de Freitas Gomes, nomeado em 2016 como secretário especial da Secretaria Especial de Comunicação Social da Casa Civil da Presidência da República, sai em defesa da extinção. Para ele, a manutenção do Conselho Curador da EBC geraria um problema político e, além disso, na opinião dele, o órgão não representava toda a sociedade.

> Se você trocou o governo é evidente que esse conselho que está lá, ele vai ter atritos e vai ter discordância, vai ter um enfrentamento, vai ter claro um confronto aberto com a política que vai estar sendo gestada, gerida

---

10 A vereadora pelo PSOL do Rio de Janeiro, Marielle Franco (1979-2018), defendia o feminismo, os direitos humanos, e criticava a intervenção federal no Rio de Janeiro e a Polícia Militar. Ela e seu motorista Anderson Pedro Mathias Gomes foram assassinados a tiros no dia 14 de março de 2018, no Estácio, região central da cidade do Rio de Janeiro.

e implementada pelo governo que está no poder no Executivo. Então é o Executivo que financia essa emissora. E outra coisa, eu acho assim, é desvirtuar, um Conselho Curador que representa uma parte da sociedade, ele fala para uma minoria, ele não fala para o todo, a sociedade, ela é muito mais complexa. Se você tivesse uma representação que contasse com empresários, com agricultores, com o pessoal do agronegócio, com industriais, com setor de serviço, setor de economia, vários segmentos interessantes que você não encontrava lá, você encontrava um específico. Tem que haver defesa das minorias, concordo que tem que haver, mas a balança estava desequilibrada. Esse é um problema de você fazer um Conselho com um viés e que ele tenha essa representação partidária e dizer que ele representa toda a sociedade, ele não representa (Freitas).[11]

De acordo com o site da EBC, os 15 integrantes do Conselho Curador representantes da sociedade civil foram escolhidos por meio de consulta pública. A primeira formação reuniu desde professores universitários, jornalistas e cineastas a ativistas como Isaias Dias, militante da causa da pessoa com deficiência e integrante do Conselho Nacional dos Direitos da Pessoa com Deficiência, e Matsa Hushahu Yawanawá, líder indígena e integrante da Coordenação Indígena da Amazônia Brasileira.

O jornalista Marcio Freitas também acredita que a mudança na legislação com relação ao mandato do presidente não foi uma questão preocupante, mas de coerência. "Fazer um mandato de quatro anos que ele coincida com o presidente em exercício eu acho que pode ser até viável, mas aí tem que haver essa coincidência com a diretriz de que está emanando o Executivo já que você a tem", completou o ex-secretário da Secom.

A MP do Temer foi transformada na Lei nº 13.417/2017, sacramentando no artigo 5º, que vincula a EBC à Casa Civil da Presidência da República. O artigo 12º estabelece que a empresa será administrada por um Conselho de Administração e por uma Diretoria Executiva, composta por um Conselho Fiscal e um Comitê Editorial e de Programação. O artigo 15º explica que o Comitê Editorial e de Programação seria um "órgão técnico de participação institucionalizada da sociedade na EBC, terá natureza consultiva e deliberativa, sendo integrado por onze membros indicados por entidades representativas da sociedade, mediante lista tríplice, e designados pelo presidente

---

11 Entrevista online concedida aos autores em 20/5/2021.

da República". Mas até o fechamento deste capítulo, segundo os funcionários da empresa, o órgão não havia sido implantado.

Além disso, a jornalista Helena Chagas, ex-ministra da Secom durante o governo de Dilma Rousseff (2011-2014), lembra, ainda, que as mudanças acarretaram o fim da TV Brasil Internacional, criada nos primeiros anos da EBC, com o objetivo de afirmar a presença da produção brasileira em outros países. "Foram feitos acordos de cooperação na África, na América Latina e até na China. Mas esse tipo de iniciativa leva tempo para se consolidar, e a mudança de governo, após o impeachment de Dilma Rousseff, jogou por terra esses planos".[12]

A resposta dos funcionários às alterações na legislação da EBC e ao desmonte do projeto de comunicação púbica foi dada com a criação da Frente em Defesa da Empresa Brasil de Comunicação e da Comunicação Pública. A ação mobilizou diversas entidades e acabou por fazer com que a Procuradoria Federal dos Direitos do Cidadão (PFDC), do Ministério Público Federal, encaminhasse à então procuradora-geral da República, Raquel Dodge, em setembro de 2017, uma representação para que fosse apresentado um pedido de inconstitucionalidade da Lei nº 13.417 ao Supremo Tribunal Federal.[13]

Em 2019, o governo de Jair Bolsonaro fez o primeiro movimento para desconfigurar o projeto de comunicação pública que ainda restava na EBC. Por meio de uma portaria assinada em 9 de abril de 2019, pelo então diretor-presidente da EBC, Alexandre Henrique Graziani Jr., foi estabelecida a unificação da grade de programação da TV Brasil com a TV Nacional Brasil, a NBR, emissora criada em 16 junho de 1998 para divulgar informações sobre as políticas públicas, as ações e o dia a dia do Poder Executivo. A medida desfazia de vez o projeto de comunicação pública no país, uma vez que unindo as programações, a TV Brasil passa a oferecer ao seu telespectador uma comunicação estatal e não pública.

> Desde então, pautas e abordagens temáticas passaram a ser controladas/censuradas e a cobertura de atos políticos e partidários do governo passou a ser prioridade na grade, o que fere os princípios de universa-

---

12 Entrevista por e-mail concedida aos autores em 16/5/2021.
13 "PFDC pede à procuradora-geral que apresente ao STF ação pela inconstitucionalidade de lei que modificou a EBC". Disponível em: https://emdefesadaebc.wordpress.com, 22 set. 2017. Acesso em: 23/8/2021.

lidade, diversidade, independência e diferenciação (Unesco, 2001), que devem ser almejados, perseguidos por esse segmento da radiodifusão. São emblemáticas, por exemplo, as censuras à cobertura do caso Marielle Franco e ao julgamento da parcialidade de Sérgio Moro nas causas que envolvem o ex-presidente Lula e, ainda, as intervenções na própria cobertura dos efeitos da pandemia da Covid-19 em todo o Brasil (Paulino; Pinheiro; Nicoletti, 2021: 20).

O pior ainda estava por vir: o Decreto nº 10.354, de 20 de maio de 2020, qualificou a EBC para o Programa de Parcerias de Investimentos (PPI). Em outras palavras, a empresa entrou para a lista de estatais que estão sendo estudadas por uma equipe do BNDES para futura privatização. O risco da privatização foi apenas uma das ameaças sofridas pelos funcionários durante o governo Bolsonaro. Segundo Akemy Nitahara, integrante da comissão de funcionários da EBC, os atos de interferência editorial trouxeram de volta as ações à Campanha #FICAEBC com a produção de vídeos com a participação de artistas e, ainda, outras estratégias foram criadas para combater a censura que se estabeleceu na empresa.

> A gente está com a corda no pescoço e com muito medo do que esta por vir. Como eu estava falando, em 2016, começou a haver muita interferência editorial, muita censura, então a comissão dos empregados – hoje eu faço parte da comissão de empregados, mas na época eu não fazia – lançou um Dossiê de Censura, um formulário de censura e hoje a gente está no terceiro formulário no ar para as pessoas colocarem ali material censurado, material governista. O formulário é online para os funcionários, mas já tem dois dossiês publicados, de 2018 e o outro do ano passado (2020), inclusive entrou no Relatório da Fenaj[14] desse ano um capítulo sobre a EBC com base nesse dossiê. Bom, daí em 2019, com o Bolsonaro, a situação piorou muito em termos de censura, em proibir termos, isso está no dossiê. Por exemplo, ditadura não pode falar, coisas assim, bem pesadas e o governismo descarado. Totalmente desfigurada a comunicação pública. Direitos Humanos, que era uma editoria muito forte na EBC, ganhou muitos prêmios, que se empenhava bastante para cobrir, hoje é praticamente proibido. Não há mais praticamente cober-

---

14 A Federação Nacional dos Jornalistas (Fenaj), criada em 1946, publica, desde 1998, relatórios anuais sobre a violência contra jornalistas e liberdade de imprensa.

tura de DH na EBC. Enfim, estamos nessa situação. O que mais choca é que tem muita gente que é chefe e é do quadro e corrobora isso, se dobra a isso. Na Agência Brasil está muito assim, não sei se as pessoas fazem pelo cargo. A galera fala que esses nomes estão todos anotados para quando isso passar. Os ânimos estão em baixa (Nitahara).

De acordo com o Dossiê Censura e governismo na Empresa Brasil de Comunicação (2018), em apenas quatro semanas de envio de formulários online, foram recolhidas 61 denúncias de censura e governismo. A maioria das reportagens pertenciam à editoria de política, principalmente aquelas referentes à cobertura de manifestações contra o governo. Já foram censuradas – a maioria sequer é veiculada – diversas matérias que repercutiam manifestações, especialmente aquelas contrárias às reformas de Temer. No total, foram 7 matérias sobre manifestações sumariamente censuradas.[15] Já o 2º Dossiê Censura EBC: inciso VIII, produzido pela Comissão de Empregados da EBC, pelos sindicatos dos Jornalistas e dos Radialistas do DF, RJ e SP, e pela Fenaj, identificou 138 denúncias entre janeiro de 2019 e julho de 2020, aproximadamente dois casos a cada semana. Desta vez, o alvo das editorias que sofreram censura se ampliou: "33 em Política, 32 em Direitos Humanos, 31 em Geral, 13 em Nacional e 12 em Saúde. Há também registro, em menor número nas editorias de Amazônia, Economia, Justiça, Cultura Internacional, Meio Ambiente, Polícia, Esportes e Educação" (Fenaj, 2020).

O trabalho de mobilização da Frente em Defesa da Empresa Brasil de Comunicação e da Comunicação Pública não descansa. Em dezembro de 2020, foi criada a Ouvidoria Cidadã da EBC, um espaço virtual onde são depositadas notas públicas elaboradas pelos integrantes da Frente, uma vasta biblioteca sobre o tema EBC e artigos e análises sobre ações de censura e governismo na empresa. O texto "Interrupções da grade da TV Brasil para eventos com Bolsonaro somaram 78h37 este ano",[16] publicado em 9 de agosto de 2021, destaca, com base nos arquivos "Agenda do Presidente" do canal da TV BrasilGov no YouTube, como o presidente Jair Bolsonaro faz uso pessoal da televisão que deveria ser da sociedade e não do governo.

---

15 "Trabalhadores denunciam mais de 60 casos de censura e governismo na EBC". Disponível em: https://emdefesadaebc.wordpress.com, 28 ago. 2018. Acesso em: 23/8/2021.
16 Disponível em: https://ouvidoriacidadaebc.org.

Na disputa das urnas para 2022, o então candidato do PT, Luiz Inácio Lula da Silva, avisou que, se eleito, regulamentaria os meios de comunicação. Em entrevista ao jornal *Bahia no Ar*, da rádio Metrópole FM, no dia 26 de agosto de 2021, Lula afirmou que a legislação de 1962 precisava ser atualizada de acordo com os novos ecossistemas midiáticos. "É importante que se tenha mais programas regionais. Fico nervoso porque o povo do Nordeste, do Amapá, da Bahia, de Roraima, do Amazonas, é obrigado a ver o que nós, de São Paulo e do Rio, somos obrigados a ver".[17] O ex-ministro chefe da Secom, Franklin Martins, diz que o processo de criação e consolidação de uma comunicação pública no Brasil será longo:

> (...) se leva mais tempo, é esse o problema, leva mais tempo, ainda mais quando você tem um processo de destruição das instituições democráticas no Brasil, as instituições não estão funcionando, as instituições entraram em parafuso. Uma parte não percebia por causa da campanha permanente da mídia. Vou te dar um exemplo, o voto do analfabeto, quantas décadas nós passamos com toda nossa elite dizendo que o voto do analfabeto acabava com a democracia no Brasil. E o que isso revelou? Que o voto do analfabeto era essencial, não só para fortalecer a democracia, como para diminuir o analfabetismo no Brasil. Na medida em que eles passaram a votar, eles passaram a defender. Questões importantíssimas não são percebidas como importantes pela população e nem por parte da elite conservadora, mas isso não quer dizer que elas não são importantes, que o debate foi perdido. Só quer dizer que a nossa elite conservadora é medíocre e tem dificuldade de lidar com um país grande, plural e moderno (Martins).

Os cenários da EBC e do governo de Jair Bolsonaro trouxeram com força o debate em torno da democratização da comunicação e a atual regulamentação dos meios de comunicação no país. Para Jonas Valente, funcionário da EBC e integrante do Intervozes – Coletivo Brasil de Comunicação Social –, há muitos desafios a serem enfrentados, a começar pela falta de compromisso do governo Bolsonaro com a comunicação pública.

---

17 "Lula promete 'regulação de meios de comunicação' se for eleito". *Metrópoles*, 26 ago. 2021.

> A gente precisa de um governo que tenha compromisso com a democratização da comunicação, que o Brasil faça finalmente a agenda democratizante, que é uma agenda do século XX ainda, na radiodifusão, nos seus órgãos reguladores, mas que segue irrelevante. Mas, precisa combinar isso com uma regulação democrática pública também da internet. A gente já tem o marco civil da internet, mas há toda uma agenda de discurso online, de regulação de plataformas que precisa ser enfrentada.[18]

Para Valente, a situação da EBC, até a reeleição do presidente Lula, era complexa pelas ameaças de privatização e até de extinção. Um risco colocado de lado no dia 8 de abril de 2023, quando o presidente Lula editou o decreto do ex-presidente Bolsonaro, retirando a EBC do programa de desestatização. "Essa é uma questão-chave. Uma vez impedindo isso, ela foi muito desmontada e não pode continuar sendo desmontada", reforça. A EBC teve uma série de cancelamentos de programas, foram realizados Programas de Demissão Voluntária (PDVs), que reduziram o quadro de funcionários e, além disso, houve uma redução de investimento.

> Precisa haver mais investimento para que a TV Brasil seja fortalecida, ela volte a coordenar a rede TVs públicas, para ter uma rede de rádio robusta, para que a rádio e a Agência Brasil possam ter uma cobertura mais intensa, efetivamente pública, com correspondentes em diferentes lugares do Brasil, para não ficar restrita a Brasília, Rio e São Paulo e que a TV Brasil volte a ser uma TV Pública. O governo Bolsonaro concluiu um processo que já vinha no governo Temer de fusão da TV Pública com o Canal Governamental.

As considerações de Valente, feitas ainda no ano de 2021, estão em linha com o relatório final dos grupos de trabalho durante o período de transição do governo Bolsonaro para o governo Lula. O documento final foi divulgado em dezembro de 2022, e no capítulo de Comunicação Social, traz:

- A EBC foi uma das instituições mais impactadas pelo ciclo de retrocessos do atual governo. Bolsonaro, já na campanha eleitoral de 2018, ameaçava extinguir a EBC. Empossado, militarizou a empresa e in-

---

18 Entrevista por WhatsApp concedida aos autores em 9/9/2021. Os trechos referentes a falas de Jonas Valente, neste capítulo, foram retirados desta entrevista.

cluiu-a no Programa de Parceria de Investimentos (PPI) e depois no Plano Nacional de Desestatização (PND);
- Diante da inviabilidade da privatização, e percebendo a utilidade dos canais para sua guerra cultural e projeto de reeleição, passou à fase do aparelhamento. Nomeou gestores de perfil inadequado ou claramente hostis à democracia para a emissora;
- A TV Brasil teve sua programação desfigurada, com a descontinuação de muitos programas;
- A TV governamental NBR, por sua vez, perdeu a identidade própria, tornando-se um subcanal da TV Pública, com a programação interrompida para as transmissões oficiais, que incluíam atos militares e até religiosos;
- Casos de censura, assédio e perseguição foram registrados nas TVs e nas Rádios, na Radioagência Nacional e na Agência Brasil;
- A EBC adotou uma série de práticas antissindicais e chegou a ser condenada judicialmente por assédio moral coletivo;
- A Ouvidoria Cidadã e a Frente em Defesa da EBC e da Comunicação Pública elaboraram dossiês que apontam, entre os temas mais censurados: direitos da população negra e indígena, demandas das mulheres negras, investigações sobre o assassinato da vereadora Marielle Franco, e matérias sobre reforma agrária, desmatamento, meio ambiente, mudanças climáticas e referências à ditadura militar;
- A cobertura da pandemia de Covid-19 sofreu interferência e a EBC foi citada no relatório final da CPI da Pandemia por difusão de conteúdo negacionista;
- O canal internacional da TV Brasil foi extinto e a produção própria de conteúdos, bem como as coproduções com produtores independentes, foram drasticamente reduzidas.[19]

A jornalista Emília Ferraz já comemora algumas mudanças realizadas na programação da TV Brasil no início de 2023. "Vários programas que tinham saído da grade durante o governo Bolsonaro voltaram, como o *Trilha de Letras*, que foi censurado com programas gravados. Já o *Sem Censura*,

---

19 Equipe de Transição. Gabinete Relatório Final. 22 de dezembro de 2022. Brasília, 2022. Texto completo disponível em https://static.poder360.com.br/2022/12/Relatorio-final-da-transicao-de-Lula.pdf. Acesso em 4/7/2023.

que foi totalmente modificado para atender à política do governo passado, volta em seu formato original de programa de entrevistas com foco na cultura." Segundo a jornalista, voltam também os programas musicais e outros culturais irão integrar a nova grade, como o *Cine Debate*. Emília afirma que como o orçamento para este ano foi aprovado no ano passado, a EBC não teve como investir. "A expectativa dos funcionários é que no ano que vem seja mais fácil e mais rápido. Agora esse mês vai ser apresentada a nova identidade do canal. O verde e amarelo saem para dar espaço à diversidade."[20]

Entretanto, além de resolver todas essas questões, Valente chama a atenção, ainda, para o fato de que é preciso construir uma inserção de relevância da comunicação pública no ambiente da internet, para que o aplicativo EBC Play, o Portal da EBC e a Agência Brasil se tornem efetivamente uma referência de informação para os brasileiros. Neste caso, é necessário ainda consolidar na sociedade brasileira e nos seus representantes políticos a compreensão da comunicação pública como uma comunicação independente, plural e acessível a todos os cidadãos. Uma tarefa ainda carente de muita luta.

---

20 Entrevista por WhatsApp concedida aos autores em 4/7/2023.

Capítulo 4

A inclusão de produções brasileiras na TV por assinatura

Patrícia Maurício e Lilian Saback

TV a cabo e TV por satélite são serviços de acesso condicionado, ou seja, o acesso a esses serviços é condicionado ao pagamento de uma assinatura. Estes serviços audiovisuais são regulados pela Lei do Serviço de Acesso Condicionado (SeAC), a Lei 12.485, sancionada em setembro de 2011, a qual reuniu as várias tecnologias que serviam para transmitir pacotes de TV por assinatura sob uma mesma lei, a qual define o SeAC como serviço de telecomunicações de interesse coletivo prestado no regime privado, destinado à distribuição de conteúdos audiovisuais na forma de pacotes de canais de programação. Mas antes que se conseguisse chegar a essa lei houve muita disputa de interesses, os quais veremos aqui. É importante entender essas disputas porque os interesses em jogo continuam atuais, mesmo que alguns novos jogadores tenham sido acrescentados nos últimos anos.

Canais comunitários no cabo

A Lei 8.977, promulgada no dia 6 de janeiro de 1995, dispôs sobre o Serviço de TV a Cabo: o serviço de telecomunicações que consiste na distribuição de sinais de vídeo e/ou áudio, a assinantes, mediante transporte por meios físicos. Dentre todas as decisões estabelecidas por ela, a grande conquista foi o estabelecimento da obrigatoriedade das operadoras de TV a cabo, beneficiárias da concessão de canais, de disponibilizar, na sua área de prestação de serviços, seis canais básicos de utilização gratuita. O artigo 23 indica a criação de três canais legislativos (Senado Federal, Câmara dos Deputados e Assembleias Legislativas e/ou Câmaras de Vereadores, dependendo da localidade), um canal universitário (para uso compartilhado das universidades sediadas na área de prestação do serviço), um educativo-

-cultural (reservado para uso dos órgãos que tratam de Educação e Cultura do Governo Federal, governos estaduais e municipais) e um comunitário (aberto para utilização livre por entidades não governamentais e sem fins lucrativos) (Peruzzo, 2000).

> Os canais comunitários da TV a cabo são formados por entidades não-governamentais, sem fins lucrativos e geridos por estatutos próprios, constituindo-se em instituições autônomas da sociedade civil. Apesar de existirem legalmente desde 1995, com a promulgação da Lei nº 8.977, os canais comunitários surgiram somente a partir de agosto do ano seguinte com a criação do Canal Comunitário de Porto Alegre. No mês de outubro do mesmo ano, foi a vez de o Canal Comunitário do Rio de Janeiro ir ao ar. Precisou-se de um ano e meio, após a promulgação da Lei do Cabo, para que as organizações sociais e comunitárias se mobilizassem e preparassem a operacionalização dos canais (Souza, 2011: 33).

A criação dos canais comunitários a cabo foi considerada um avanço no sentido da democratização dos meios de comunicação de massa no Brasil. A legalização veio a partir de negociações entre o Governo e as grandes empresas de comunicação, parlamentares e a sociedade civil.

> Embora fossem destinados apenas aos assinantes desses serviços, representavam um diferencial na destinação dos conteúdos produzidos nesses canais, já que abrangiam um contingente consideravelmente maior que nas dinâmicas de vídeo-debate, vídeo popular ou TVs de rua, característicos dos anos 1980 (Cabral, 2021).

No Rio de Janeiro, a legislação acabou por resultar, por exemplo, na iniciativa inédita da criação da TV Comunitária a Cabo da Rocinha, a TV ROC, em 1997. O canal foi idealizado pelo empresário argentino Dante Quinterno com o objetivo de unir o marketing de sua empresa de cabeamento às ações sociais, oferecendo aos moradores da favela informações que ela não poderia obter por meio da grande mídia (Medrado, 2005). A NET Brasil concedia aos moradores da Rocinha um pacote reduzido de canais, por uma mensalidade abaixo da tabela aplicada nos demais bairros da cidade, e autorizava a utilização do cabo para transmitir a TVROC. "Com a renda obtida com as assinaturas, a TVROC sustentou até 2011 a produção e a manutenção do

Canal 21, com uma programação totalmente voltada para a comunidade" (Saback, 2010).

Mas, apesar de experiências positivas como a TVROC, de uma forma geral, os canais comunitários de TV a cabo não se tornaram uma realidade na maioria dos municípios brasileiros. Segundo Adilson Cabral, eles não se desenvolveram de forma significativa nos municípios que contam com operadoras desse serviço junto à população e muito menos foram construídos a partir de uma ação efetivamente comunitária. O pesquisador alerta, no entanto, que a legislação estimulou a organização popular.

> As tantas mobilizações em torno dos Canais Comunitários de TV a Cabo proporcionaram a criação da Associação Brasileira dos Canais Comunitários (ABCCom), visando a assegurar o direito de expressão, de geração de informação e de produção cultural a todos os segmentos sociais. Por sua parte, a Frente Nacional de Valorização das Televisões Comunitárias (Frenavatec) define sua ação orientada para a democratização da comunicação fundamentalmente com base na experiência dos canais comunitários e fazem parte dos seus objetivos concretizar políticas públicas para o setor, estabelecer redes entre as emissoras de televisão comunitárias assim como a valorização da cultura nacional (Cabral, 2021).

Em 2011, a então chamada "Lei do Cabo" foi substituída pela Lei 12.485, sancionada em 12 de setembro, que dispõe sobre a comunicação audiovisual de acesso condicionado. O artigo 32 do capítulo VII da lei que foi logo apelidada de "Lei da TV por Assinatura" ampliou de seis para 11 o número de canais sem qualquer ônus ou custos. Entre eles foi mantido um canal comunitário para utilização livre e compartilhada por entidades não governamentais e sem fins lucrativos.

> A partir dessa lei, foi possibilitada, em colaboração com a Agência Nacional do Cinema – ANCINE, a criação de um canal comunitário de âmbito nacional implementado em todos os sistemas de TV por assinatura, superando complicações relacionadas à instalação dos canais comunitários à viabilidade técnica. A TV ComBrasil funciona com gestão coletiva a partir do Instituto ABCCOM, contando com programações de emissoras de TV comunitária em todo o país, estruturadas em rede, mas sua própria formulação ainda é incipiente e demanda

acertos entre realizadores e gestores públicos, estando atualmente na Sky e em vias de serem incorporados em outras operadoras de TV por assinatura (Cabral, 2021).

Disputas políticas para chegar à Lei da TV por assinatura

Em 2007, existiam na Câmara dos Deputados quatro projetos diferentes para unificar a legislação para a TV por assinatura, que estava fragmentada entre as leis do Cabo, das micro-ondas (MMDS) e DTH (satélite). Foi quando o deputado Jorge Bittar (PT-RJ) apresentou uma proposta de substitutivo para eles, na qual estavam incluídas cotas de 10% para filmes, séries e documentários brasileiros em cada canal, e pelo menos 10% dos canais de cada pacote deveriam ser nacionais. A publicidade seria limitada a 10% dos canais de cada pacote e 15% de cada hora de programação, sendo a metade disso nos canais infantis.

A reação foi imediata, uma vez que, mesmo já sendo remunerados pela assinatura, os distribuidores e canais já tinham passado a se remunerar também por publicidade. À época, o principal empacotador e distribuidor de canais, a Net, pertencia às Organizações Globo, assim como a produtora de conteúdo Globosat, que tinha diversos canais nos pacotes de TV por assinatura, e parte da Sky. O investimento do grupo empresarial tinha sido baseado em empréstimos em dólares, mas uma das crises pelas quais o Brasil passou (a chamada crise da Rússia) trouxe, ao mesmo tempo, a disparada do dólar e a queda do poder de compra das famílias, muitas das quais tiveram que cancelar seus planos de TV paga. Por isso, do lado dos gastos, o hoje chamado Grupo Globo não queria cotas para programação nacional, já que programas americanos eram mais baratos por serem vendidos a muitos países do mundo; do lado da receita, não queria limites para o tempo de publicidade; e queria liberar a participação estrangeira nesse mercado, para poder vender sua participação na Sky e um pedaço da Net e pagar dívidas. Logo no início da tramitação do projeto pelas comissões da Câmara o tempo para a publicidade já passou para 25% do total, o mesmo que no rádio e na TV aberta (radiodifusão).

A cota de tela é um instrumento usado por muitos países, como a Espanha, que fez crescer sua produção cinematográfica ao usá-la para as salas de cinema. Aqui, a Associação Brasileira da TV por Assinatura (ABTA) veiculou à exaustão nos canais pagos um anúncio em que um ator dizia em tom grave o seguinte texto:

> Desculpe interromper a sua programação assim, mas se o Projeto de Lei 29/2007 for aprovado não será mais você que vai escolher a programação da sua TV por assinatura. Com essa lei, 50% dos canais da sua TV terão que ser nacionais e 10% do conteúdo de todos eles, mesmo os estrangeiros, também. Eles decidem o que você vai assistir e no final você é quem pagará mais por isso. Não deixe que prejudiquem a sua liberdade de escolha. Entre nesse site e diga para o seu deputado: eu pago, eu escolho o que quero assistir na minha TV por assinatura.[1]

Seria cômico se não fosse trágico: "eu escolho"? O telespectador da TV por assinatura escolhe o que está disponível no momento na grade de programação dos canais, que é selecionada pelas empresas, com ou sem cotas. Mas o uso da palavra "liberdade" de fato fez com que muitos assinantes ficassem contrários ao projeto de lei, sem parar para refletir que a produção de conteúdo nacional é o país sendo representado na tela e mais empregos sendo gerados aqui para jornalistas, roteiristas, atores, técnicos e tantas outras profissões.

Após muita luta dentro do Congresso, e com a pressão de organizações não governamentais em defesa da democratização das comunicações, a Lei do Serviço de Acesso Condicionado finalmente foi aprovada no Congresso, e sancionada pela presidente Dilma Rousseff em 12 de setembro de 2011. Por ela, a distribuição foi aberta ao capital estrangeiro, o que levou, por exemplo, à venda da Net para o grupo de comunicação América Móvil, do empresário mexicano Carlos Slim, que também é dono, no Brasil, da operadora de telecomunicações Claro e da Embratel (as três empresas, hoje, estão unidas sob o nome Claro). A lei buscou evitar uma concentração muito grande no sentido de um grande grupo ter canal de TV aberta/emissoras de rádio e telecomunicações ao mesmo tempo, mas não resguardou o país da concentração nas mãos de empresas estrangeiras, como é o caso da Claro, de telefonia, banda larga e TV por assinatura. Por outro lado, produtoras brasileiras de audiovisual e movimentos pela democratização das comunicações conseguiram co-

---

1 Disponível em: www.youtube.com/watch?v=TPAdUnj0Bn8. Acesso em: 27/9/2021.

locar na lei uma cota para conteúdo nacional de três horas e meia por semana no horário nobre (à noite), em canais chamados de espaço qualificado, que são os de filmes, séries, desenhos e documentários. Metade dessa cota precisa ir para produção independente. É pouco, mas só isso já permitiu que o setor de audiovisual no Brasil crescesse, mesmo quando a economia do país como um todo estava andando para trás, e a contribuição do setor para o PIB girava em torno de R$25 bilhões e R$26 bilhões por ano entre 2015 e 2018.[2] Porém, no governo Bolsonaro, o desmonte feito no setor audiovisual, inclusive na Ancine, somado à pandemia, paralisou o setor, que começou a voltar à ativa muito devagar em meados de 2021. Ancine é a Agência Nacional do Cinema, e, a partir da Lei do SeAC, ela regula e fiscaliza, além do cinema, o setor audiovisual na TV por assinatura, junto com a Agência Nacional de Telecomunicações (Anatel). Estão a cargo da Ancine, por exemplo, a fiscalização da programação e do empacotamento de canais, e o lançamento de editais de escolha de produções que receberão recursos públicos, arrecadados com a Condecine (Contribuição para o Desenvolvimento da Indústria Cinematográfica). A Anatel fiscaliza as empresas distribuidoras.

Outro avanço para a produção brasileira foi que em todos os pacotes ofertados ao assinante, a cada três canais de espaço qualificado, ao menos um deve ser canal brasileiro de espaço qualificado (até o limite de 12 canais) e, destes, pelo menos um terço (1/3) deverá ser programado por programadora brasileira independente. A empresa que não cumprir com as cotas pode sofrer desde multas até o descredenciamento.

Em 2010, a base de assinantes da TV paga era de 7,725 milhões. Essa base e a sua divisão por classes sociais vêm oscilando de acordo com a distribuição de renda em cada momento no país.

> (...) de acordo com o Ibope, enquanto, em 2002, 16% dos domicílios assinantes eram da classe C, em 2009 esse percentual tinha pulado para 27%. (...) Em agosto de 2011, a base de assinantes já tinha dado um salto, chegando a 11 milhões. Dados apresentados no Congresso da ABTA naquele mês davam conta de que, desse total, 43% dos assinantes eram da classe C, 7% da D, 26% da B e 24% da A, com tendência de crescimento ainda maior na classe C (Maurício, 2012: 184).

---

2   Dados disponíveis em: https://oca.ancine.gov.br/mercado-audiovisual-brasileiro. Acesso em: 28/9/2021.

Hoje, porém, não há como ter clareza em relação a esses dados, porque a Anatel passou a mostrar, na base de assinantes, também os usuários de um serviço que não é pago.[3] Com isso, a base de usuários de TV paga saltou de 13,87 milhões de clientes em junho de 2021 para 16,37 milhões.[4] Antes dessa mudança, o número de assinantes vinha em queda desde os mais de 19 milhões de assinantes de meados de 2015. Em maio de 2023, mesmo com a mudança da metodologia, o número de assinantes já tinha caído para 12,9 milhões.[5]

No governo Bolsonaro (2019-2022), houve um recuo na democratização da programação e incentivo às produções audiovisuais que a Lei do SeAC trouxe, começando com a criação de dificuldades em liberar recursos para as produções audiovisuais. Em novembro de 2020, o Governo Federal criou um grupo de trabalho para modificar ou até extinguir a Lei do Acesso Condicionado para rever, entre outras coisas, as cotas para produção nacional e independente e a obrigação de os pacotes de TV por assinatura incluírem os canais da TV aberta. O grupo de trabalho criado à época não incluiu a Ancine,[6] e deu apenas um mês para consulta pública do relatório de 196 páginas. A iniciativa foi tomada logo após a publicação de um relatório da OCDE[7] referente ao mercado de telecomunicações e radiodifusão do Brasil, no qual a entidade afirma que o país precisa reformar a legislação do SeAC e unificar a atividade regulatória, hoje dividida entre Ancine e Anatel. De fato, há uma assimetria, inclusive de tributação, entre o acesso condicionado e o streaming, uma vez que este último ainda não tem regulação específica. Mas a forma de regular pode atender ou não ao interesse público.

Se o ex-presidente fosse reeleito e continuasse com esta política cultural, prevaleceria a lei do mais forte, pela qual, como se sabe, quem tem mais

---

3   Este serviço é de pacotes de DTH (satélite) apenas com alguns canais abertos e obrigatórios mas que não têm mensalidade, e que eram oferecidos por algumas operadoras como porta de entrada para o serviço pago.

4   "Anatel muda metodologia e acompanhamento do mercado de TV paga será menos transparente", *Teletime*, 17 set. 2021.

5   Disponível em: https://informacoes.anatel.gov.br/paineis/acessos/tv-por-assinatura. Acesso em: 6/7/2023.

6   "Ministério das Comunicações cria grupo para rever marco legal da TV por assinatura", *Tela Viva*, 11 nov. 2020; "Ministério publica consulta sobre mudanças na Lei do SeAC", *Teletime*, 11 ago. 2021; "MCom prorroga funcionamento do GT do SeAC até 5 de novembro", *Tele.Síntese*, 18 ago. 2021.

7   "Avaliação da OCDE sobre Telecomunicações e Radiodifusão no Brasil 2020". Disponível em: www.oecd-ilibrary.org/. A Organização para a Cooperação e Desenvolvimento Econômico (OCDE) é composta por 38 países, entre os quais não está o Brasil.

dinheiro e poder vence. É um ataque à diversidade que trazem as produtoras independentes e as produções regionais, um ataque à própria produção nacional, que precisa ser defendida da produção que vem de fora, principalmente dos EUA, que é feita para vender em todo o mundo e, por isso, tem escala para entrar no Brasil com preços mais baixos. Existe também uma discussão sobre se a Lei do SeAC deva ser estendida ao streaming, como será detalhado no próximo capítulo.

O governo Lula começou em 2023 com outra visão mais democratizante sobre o tema, porém com um ministro das Comunicações escolhido de última hora para acomodar o partido de direita União Brasil na base do governo no Congresso. Ao mesmo tempo, Anatel e Ancine firmaram um acordo de cooperação técnica[8] para regulação dos mercados de audiovisual e de telecomunicações. Quando você estiver lendo essas frases, esta história já terá continuado, não sabemos por qual caminho. Mas o que importa é saber que as forças que estão na disputa neste contexto do sistema capitalista continuarão atuando. Há momentos em que os defensores de uma comunicação democrática, inclusiva e com uma programação voltada ao interesse público em primeiro lugar conseguem se unir e ter algumas vitórias; outros, que foram a maior parte na história das comunicações do Brasil, em que o grande capital decide o jogo. E, mais raramente, como no governo Bolsonaro, os interesses do grande capital se somam a grupos que querem não só que a comunicação seja menos democrática para o ganho financeiro de poucos, mas que a democracia em si seja extinta. Cada um de nós deve entender quais são os interesses que deseja ver defendidos nessa história.

---

[8] "Anatel e Ancine firmam acordo de cooperação técnica para combate ao IPTV", *Teletime*, 10 mar. 2023.

Capítulo 5

Plataformas de streaming de vídeo no Brasil e os desafios da regulação

Carmem Petit, Creso Soares Jr. e Raquel de Queiroz Almeida

A Agência Nacional do Cinema (Ancine) divulgou em março de 2023 um relatório sobre a situação dos serviços de streaming no Brasil. O estudo mostra que há 31 plataformas atuando no país, que juntas oferecem 32 mil títulos. A média de preços para a assinatura mensal de serviços de VoD é de R$26,36, mas o valor mais praticado é de R$19,90. Enquanto o Globoplay tem 30% de seu conteúdo com títulos brasileiros, Amazon Prime e Netflix, líderes no mercado de streaming, têm 6% do conteúdo produzido no Brasil. O levantamento da Ancine informa que 10,9% das obras exibidas nas plataformas que atuam em território nacional são brasileiras.[1] Esse último dado mostra a necessidade urgente da regulação das plataformas de streaming no Brasil. Países como a França conseguiram que a Netflix e as outras plataformas tivessem uma cota de 20% de conteúdo nacional.[2]

Em uma carta aos acionistas em julho de 2021, a Netflix apresentou os resultados do segundo trimestre daquele ano e destacou sua posição no concorrido mercado de entretenimento, mostrando como a era de transição do consumo linear de vídeo para o consumo sob demanda ainda está no início. Para justificar, apresentou uma pesquisa da consultoria Nielsen sobre o tempo do consumo de tela nos EUA em junho, mostrando que o streaming representa apenas 27% em comparação aos 63% da TV linear (40% para cabo e 23% para TV aberta). No segmento do streaming, a Netflix tem 7% do consumo de tela, seguida pelo YouTube, com 6%, Hulu, com 3%, e Amazon Prime e Disney+, com 2% cada uma.

---

1 Disponível em: www.gov.br/ancine/pt-br. Acesso em: 25/3/2023.
2 "Como relatório da Ancine dá fôlego à tentativa de regular o setor de streaming no Brasil", *Folha de S.Paulo*, 21 mar. 2023.

No Brasil, a penetração da TV aberta ainda supera os 95% dos lares, segundo dados da Pesquisa Nacional de Domicílios do IBGE (2019). Após sete décadas desde a primeira transmissão televisiva no país, o meio mantém sua hegemonia em audiência e captação de recursos de anunciantes. E, com a pandemia, essa primazia ainda aumentou. Dados de uma pesquisa do Kantar Ibope mostram que mais de 204 milhões de brasileiros assistiram à TV em 2020, com uma média de 7:09 de transmissão ininterrupta, 37 minutos a mais que em 2019, e registrando 38 das 50 maiores audiências do meio desde 2015.

Mas, assim como no resto do mundo, o cenário de produtos, programas e conteúdo que circulam nessas televisões está passando por uma forte transformação. A mesma pesquisa do Kantar Ibope mostra que o consumo de streaming pelos brasileiros cresceu 26% em 2020 e é bastante superior à média internacional (62% contra 50%). Um em cada cinco brasileiros já utilizava duas ou mais plataformas de streaming.[3] Esses novos atores, conhecidos como OTT na sigla em inglês do termo "Over The Top", são na prática a transmissão de conteúdo por meio de uma aplicação de software. O levantamento realizado pela consultoria PwC[4] aponta que, até 2025, o consumo de conteúdo multimídia em OTT deve crescer a uma média de 12,7% ao ano no Brasil. E mesmo com uma já esperada consolidação e acomodação do setor, já que a quantidade de serviços oferecidos no país tem explodido, especialmente a partir de 2021.

Diante de tamanha agressividade desse novo modelo de negócios, os canais de TV paga têm perdido cerca de 160 mil assinantes por mês e acumularam uma queda de 6 milhões de clientes no período de 2014 a 2020, segundo informações da Anatel. O avanço das OTTs, inclusive sobre a produção de conteúdo, também tem sacudido a Vênus Platinada. Em 2020, a Globo refez seu modelo de gestão de talentos e a contratação de atores, abrindo mão da exclusividade de autores e apresentadores antes exigida. Passou a contratar muitos deles por projeto e assim reduziu sua extensa folha de pagamentos. E muitos desses egressos começaram a fazer projetos também para as grandes plataformas. A expectativa do mercado é de que, em pouco

---

3 "Netflix faz novelas e Globo investe no streaming na briga pelo público brasileiro", *Folha de S.Paulo*, 28 ago. 2021.
4 "Games devem movimentar mais de US$ 1 bi no Brasil em 2021", *Meio & Mensagem*, 6 set. 2021.

tempo, a própria Netflix comece a produção de novelas em concorrência direta com a TV Globo.

Os dados mostram como a chegada do streaming para o consumo de audiovisual, mesmo sendo relativamente recente, tem provocado novos comportamentos no público e forçado todo o mercado de entretenimento tradicional a se reformular, produzindo rearranjos e articulações com esses atores nativos do ambiente digital, entre as outras empresas nativas e com aquelas que mantinham um modelo de negócio tradicional. Em geral, tem sido assim no contexto de reestruturação econômica gerada pela digitalização: velhas mídias se viram obrigadas a repensar seus modelos de produção e monetização ao passo que novas mídias surgiram, explorando tecnologias emergentes e diferentes lógicas de organização e distribuição.

Dessa forma, neste capítulo, vamos nos concentrar nas chamadas plataformas de streaming, empresas que oferecem acesso a conteúdo de vídeo pela internet sob demanda e sem a necessidade de download dessas produções audiovisuais. Para expor os desafios de regular as plataformas de streaming no Brasil, propomos pensar primeiramente sobre como elas se apresentam, se estruturam e como têm se articulado entre si e com a mídia hegemônica e tradicional.

Como referencial teórico trazemos os conceitos centrais de plataformas e de plataformização de Poell, Nieborg e van Dijck, que descrevem a plataformização como a penetração de infraestruturas, processos econômicos e estruturas governamentais de plataformas digitais em diferentes setores econômicos e esferas da vida, bem como a reorganização das práticas culturais e imaginações em torno dessas plataformas. Também apresentamos, por meio dos conceitos de capitalismo de vigilância, de Shoshanna Zuboff, e de capitalismo de plataforma, de Nick Srnicek, como essas plataformas mineram dados, e, a partir de uma lógica de acumulação intensiva do capitalismo, atuam, com cada vez mais eficácia e acurácia, na coleta invasiva, na extração e análise de dados para influenciar, incentivar novos comportamentos e gerar mais receitas e lucros. Abordamos ainda as tentativas de regulação desses novos serviços.

Identificamos que no Brasil assim como em outras partes do mundo, em especial na Europa, o tema tem sido debatido e gerado propostas desde 2015. Mas ainda nos parece que estamos bem distantes de uma realidade que traga não somente isonomia com a produção e distribuição de conteúdo nacional, mas também que atenda às necessidades, ao interesse e à possibilidade de acesso aos consumidores desses conteúdos.

O streaming e o processo de plataformização

Plataforma é um termo amplamente utilizado por empresas, imprensa, governos e usuários de internet em geral para se referir a uma ampla gama de serviços que vão de redes sociais, locação de acomodações, pagamentos, compras online, entre outros. A partir de diferentes tradições acadêmicas como estudos de software, estudos de negócios, crítica da economia política e estudos culturais, Poell, Nieborg e van Dijck (2019) investigaram como o uso do termo plataforma foi incorporado e apropriado para se referir a transformações tecnológicas, econômicas e socioculturais no âmbito daquilo que se convencionou chamar de web 2.0. Combinando essas diferentes abordagens, os autores definem plataformas como "infraestruturas digitais (re)programáveis que facilitam e moldam interações personalizadas entre usuários finais e complementadores, organizando-se por meio da coleta sistemática, processamento algorítmico, monetização e circulação de dados" (Poell, Nieborg, Van Dijck, 2019: 3, tradução nossa).

A partir da análise dos termos de uso das empresas de streaming, percebemos que elas se apresentam como uma espécie de curadoria em meio a uma vastidão de conteúdos quase inalcançáveis sem ajuda especializada. Seriam, portanto, facilitadoras para o acesso e a seleção. Ocorre que quanto mais personalizado é o serviço, mais dados e metadados do assinante são necessários. Os metadados são como dados sobre os dados, que ajudam a catalogar e organizar melhor as informações coletadas, e são fundamentais para as empresas organizarem sua operação. A ferramenta algorítmica é mais eficiente quanto mais dados e metadados tiver para analisar. As informações obtidas a partir do comportamento online do usuário são quantificadas e processadas de modo a permitir rastreamento em tempo real e análise preditiva de comportamentos futuros.

Portanto, ao observar a definição difusa das empresas de streaming de vídeo sob demanda e apontar para sua estrutura digital organizada a partir da coleta e do processamento de dados com a finalidade de oferecer interações personalizadas, podemos inferir que elas são plataformas que integram um ecossistema totalmente baseado em dados, mercantilizado e alimentado pelo surgimento de novos campos como a inteligência artificial e a computação em nuvem. Ainda que sejam sistemas independentes, as plataformas de streaming estão interconectadas ao grande ecossistema digital, seja oferecendo interfaces com outras plataformas sociais, de vendas, ou utilizando estruturas de armazenamento que garantem melhor desempenho e expansão global – tanto Netflix, quanto Disney+, HBO Max, Discovery Plus, Hulu e Amazon Prime Video usam a nuvem AWS (Amazon Web Services), e Globoplay e Telecine Play utilizam a Google Cloud.

Poell, Nieborg e van Dijck (2019) chamam esse processo – de penetração de infraestruturas digitais e processos econômicos em diferentes setores econômicos e esferas da vida – de plataformização. Para compreender como esse processo transforma setores-chave da sociedade e engloba desafios específicos, os autores propõem um olhar abrangente sobre três dimensões institucionais das plataformas: 1) a do desenvolvimento da infraestrutura de dados; 2) a da reorganização das relações econômicas; 3) a das interações de usuários baseadas em plataforma. Tais dimensões mostram a variedade de atores envolvidos em um processo marcado por relações de poder desiguais.

O capitalismo de vigilância, para Zuboff (2015), é uma nova fase de acumulação do capitalismo, agora fundamentada na análise de bancos de dados complexos (conhecida como big data) e no aprendizado das máquinas (conhecido como *machine learning*). Esses sistemas atuam, na coleta invasiva, na extração e na análise de dados para influenciar, incentivar novos comportamentos e gerar mais lucros. Zuboff afirma que essa nova fase do capitalismo é um desdobramento do capitalismo informacional, que, com mecanismos e práticas de extração e controle de dados e informações, opera em busca de previsão de comportamentos, gerando novas oportunidades mercadológicas.

Por esta nova lógica de funcionamento do capitalismo, o usuário das plataformas e redes digitais é a fonte de coleta e também alvo de tentativas de (re)orientação de seu comportamento. O objeto tecnológico é a estrutura que não só impõe, como produz informação para retroalimentar infinitamente esse mesmo ambiente (Zuboff, 2015).

Nick Srnicek (2017) mostra como o capitalismo busca novos caminhos para ampliar a acumulação diante de momentos de esgotamento de seus modelos. A crise na produtividade das manufaturas e a virada para o ambiente de negócios lastreados em tecnologias digitais abriram caminho para que os dados e a informação passassem a ser o motor dessa nova fase do capitalismo, o capitalismo de plataforma. O autor elenca modos de funcionamento e potencialidades de expansão desses gigantes tecnológicos, categorizando padrões de ofertas de serviços e mostrando como o crescimento das mesmas se dá de forma rápida: se a plataforma consegue ser bem-sucedida na criação de seu próprio mercado, acaba monopolizando-o. Morozov (2018) identifica também nas plataformas o poder dos algoritmos (que podem ser conceituados como um grupo de decisões assumidas na construção e na evolução desses sistemas) que, além de vieses incorporados, impedem e dificultam a transparência de informações que acabam por influenciar comportamentos de usuários desses serviços plataformizados.

Bolaño (2013) ressalta como no ambiente complexo da indústria cultural tempo e trabalho estão atravessados pela tecnologia, e como a informação passa a ser um vetor de acumulação, ao mesmo tempo que a internet faz parecer que a informação está ao alcance de todos. As plataformas não são espaços planos e abertos onde as pessoas simplesmente falam ou se entretêm. Elas funcionam de modo intrincado e com múltiplas camadas, compõem-se de características complexas por cima e uma emaranhada rede de túneis embaixo (Gillespie, 2017).

Empresas transnacionais em mercados locais de streaming

A ampliação do processo de digitalização e da expansão da internet permitiu a mobilização de conglomerados transnacionais de mídia para oferecer seus próprios serviços de streaming e de empresas que operam em uma lógica digital desde seu nascimento. Um levantamento da empresa de tecnologia estadunidense Whip Media, com 4 mil consumidores dos EUA, dá indícios de que poderia haver um excesso de serviços de streaming ou talvez a necessidade de uma acomodação do mercado – a pesquisa revela que os usuários pagam por até 4,7 plataformas, mas reclamam do custo, do incômodo de ter que alternar entre elas e da dificuldade de gerenciamento de serviços.[5]

---

[5] Para mais informações, ver o artigo de Maurício Stycer "Assinantes de serviços de streaming reclamam do excesso de plataformas", *Folha de S.Paulo*, 22 set. 2021.

Os serviços de streaming de vídeo podem ser classificados em: vídeo sob demanda (VoD) e programação linear via internet. No segundo caso, a Ancine fez uma consulta pública em 2020 sobre os impactos e a melhor forma de enquadramento desse tipo de conteúdo com o objetivo de pensar uma regulação para o setor. Um dos questionamentos seria sobre a caracterização da oferta de programação linear: se poderia ser considerada como parte da distribuição do Serviço de Acesso Condicionado e, portanto, regida pela Lei 12.485/11, tal qual a TV paga, ou se seria Serviço de Valor Adicionado (SVA), regida pela Lei Geral de Telecomunicações (9.472/97), tendo tratamento análogo ao VoD.

No Brasil, o crescimento dos serviços de streaming sob demanda vem acompanhado da retração do mercado de TV por assinatura e da TV aberta. No final de 2020, o país já era apontado como o segundo maior mercado da Netflix fora dos EUA, tendo atingido 17 milhões de assinantes, mais do que a TV por assinatura, que fechou o mesmo ano com 14,9 milhões de assinantes. A plataforma chegou ao Brasil em 2011 e lidera o mercado de streaming de vídeo sob demanda por assinatura (Svod), tendo como concorrentes mais diretos Amazon Prime, HBO Max (antigo HBO Go), Disney+, Globoplay e Telecine Play (os dois últimos, ambos do Grupo Globo, são os únicos serviços nacionais entre os maiores, embora parte do conteúdo que distribuem seja internacional).

Um dos desafios iniciais para se pensar a regulação do mercado é mostrar a complexidade de seus modelos de negócios, que envolvem produção, coprodução e distribuição de conteúdo. O projeto Netflix surgiu em 1997 nos EUA com a ideia de uma locadora de vídeos, que poderiam ser enviados pelo correio. Um ano depois era criado o primeiro site de aluguel e venda de DVDs, o Netflix.com. Em 1999, a empresa criou o serviço de assinatura mensal, sem cobrança de multa nem data fixa para devolução. A partir de 2007, a empresa passou a oferecer um catálogo de vídeos sob demanda pela internet, utilizando o streaming. Desde o final de 2020, a Netflix testa, na França, uma ferramenta para transmitir ao vivo programação linear, como um canal de TV tradicional, e estuda incluir jogos eletrônicos em seu catálogo.

A Amazon, fundada em 1994, concentrou-se inicialmente no negócio de e-commerce, oferecendo desde livros, produtos eletrônicos, roupas até joias. Aos poucos, expandiu os negócios para computação em nuvem, inteligência artificial e streaming de vídeo. Para alavancar o negócio de streaming de vídeos, lançou o Amazon Prime (em 2019, no Brasil), uma combinação de compras e entretenimento em que oferece vantagens como frete grátis para produtos vendidos entre outros benefícios. Além de produtora de conteúdos originais, atua também como distribuidora. Em 2020, iniciou o Amazon Prime Video Channels, que permite adicionar mais canais mediante pagamento de mensalidade extra, e fechou parceria com o grupo nacional Globo para comercializar os canais esportivos Premiere, negociados também por TV por assinatura e pela Globoplay.

O HBO Max substituiu o HBO Go, um serviço de streaming que dá acesso ao conteúdo por meio de um aplicativo, sem necessidade de pagar assinatura de TV por cabo ou satélite. A HBO (sigla para Home Box Office ou bilheteria de cinema em casa) nasceu como um pequeno canal de TV paga, com uma base limitada de assinantes, tornou-se um dos maiores grupos de TV por assinatura e hoje integra o conglomerado da gigante estadunidense de telecomunicações AT&T, com uma estratégia voltada para o streaming. Assim como a HBO, a Disney também não é nativa do ambiente digital, mas procura explorar novos nichos de negócios e direciona esforços para oferecer serviços que incluem filmes, séries, programas e eventos esportivos.

Entre os atores nacionais do mercado de streaming, Globoplay e Telecine Play não têm a mesma força dos conglomerados transnacionais, mas integram um grupo brasileiro hegemônico que expandiu seus tentáculos pela radiodifusão, TV por assinatura, internet, cinema, música e mídia impressa. Agora, o Grupo Globo se adapta ao novo ambiente de competição digital e redireciona os investimentos para se tornar uma *media tech*, com foco tanto em produção de conteúdo quanto em desenvolvimento de tecnologias para melhor distribuição. Em 2021, o grupo anunciou uma parceria estratégica de inovação com a Google, em que utilizará a infraestrutura global da empresa estadunidense e sua experiência em gerenciamento de dados, inteligência artificial e aprendizado de máquina para apoiar a reestruturação tecnológica do grupo brasileiro. A parceria inclui a migração dos centros de dados e conteúdo para a nuvem da Google.

Em um estudo sobre o impacto da chegada de plataformas de streaming globais ao mercado de TV paga de Israel, Wayne (2019) mostra que a chegada de novos atores não significa necessariamente que os antigos serão substituídos, e sim que suas funções serão transformadas pela chegada de novas tecnologias. Trata-se de uma transformação que, mesmo com a possibilidade de expansão e a entrada de novos atores, caminha cada vez mais para a concentração de propriedade e domínio do mercado por um punhado de conglomerados transnacionais, articulados com conglomerados locais, em uma complexa teia de relações.

Revisitar a história da regulação de radiodifusão e da TV por assinatura no Brasil, como feito em capítulos anteriores, é fundamental para entender a complexidade do cenário em que se desenrolam as discussões sobre a regulação das plataformas de streaming no país. Os problemas de um mercado interno concentrado, sem concorrência e sem fiscalização pelo Estado, permanecem, mas agora há novos atores, representados por grandes empresas de tecnologia estrangeiras, atuando ainda sem regulação definida e com fôlego econômico para sufocar o combalido mercado interno. Soma-se a isso um período político conturbado que enfraqueceu a estrutura de comunicação existente e mesmo as políticas de fomento ao audiovisual.

Regulação: assimetrias, cruzamentos e tentativas

Em junho de 2021, o então presidente Jair Bolsonaro vetou o trecho de uma medida provisória que liberava os serviços de streaming de pagar a Condecine (Contribuição para o Desenvolvimento da Indústria Cinematográfica Nacional). Três meses depois, em uma queda de braço com o Governo, a Câmara derrubava o veto ao texto. A lei da Condecine é de 2001 e englobava os conteúdos apresentados em salas de exibição, vídeos domésticos, serviços de radiodifusão de sons e imagens, serviços de comunicação eletrônica de massa por assinatura e outros mercados. Para justificar o veto, a Secretaria Geral de Comunicação sustentou que, se o projeto passasse integralmente, haveria renúncia fiscal de bilhões de reais. Desde o início, a proposta do deputado Paulo Magalhães, do PSD-BA, sofreu críticas da oposição, pois isentava plataformas como a Amazon e a Netflix do tributo. O governo queria mexer na Condecine para não arcar com os custos políticos de renúncia fiscal de tal ordem.

Esse é mais um dos capítulos da novela (ou série) para regulamentar os serviços de streaming no Brasil, que se arrasta desde o governo de Dilma Rousseff. Enquanto o setor de TV por assinatura opera com regulação e carga tributária definidas, no caso da oferta de conteúdos por streaming até a definição de emissão de notas fiscais e obrigações é pouco clara, gerando assimetrias e disputas que parecem estar bem distantes de uma pacificação.

O principal ponto de disputa é a controvérsia em torno da Lei do SeAC (Serviço de Acesso Condicionado). Alguns setores argumentam que ela não pode ser aplicada ao vídeo sob demanda, porque os serviços digitais não utilizam uma estrutura de telecomunicação para fornecer o produto. Já as empresas de TV por assinatura defendem que sejam usadas as mesmas categorias e regras aplicadas a elas para enquadrar e impor barreiras de entrada às OTTs. Entendem que os conteúdos sob demanda devem seguir o mesmo arcabouço de normas a eles submetido, sob o pretexto de proteger o consumidor de serviços clandestinos.

O fato é que o cenário é bem mais complexo pois, com o crescimento dos serviços de Vídeo sob Demanda (VoD) de filmes no Brasil, muitos canais de TV aberta e até de TV por assinatura também têm disponibilizado suas programações no modelo de plataforma de streaming e aplicativos. Assim, papéis, poderes e responsabilidades se cruzam, se deslocam e se misturam. Este é o modelo do próprio Globoplay, OTT da Globo[6] – a qual também atua nos segmentos de TV aberta e fechada.

Fato relevante na complexa tentativa de regulamentação do streaming no Brasil também aconteceu em 2020, quando a Anatel (Agência Nacional de Telecomunicações) aprovou a fusão da Time Warner e da AT&T. Ao tomar a decisão, o órgão regulador foi contra pareceres da área técnica e da Procuradoria Federal Especializada que condenavam a transação por ferir a Lei de Serviço de Acesso Condicionado, cujo artigo 5º proíbe a propriedade cruzada entre produtores e distribuidores de conteúdo audiovisual.[7]

O argumento dos defensores da operação é o típico caso do confronto das legislações nacionais com as empresas globais, como explicam Ladeira e Marchi:

---

6 Desde janeiro de 2021, TV Globo, Globosat, Som Livre, Globo.com, Globoplay e DGCorp se juntaram numa única empresa chamada Globo.
7 "Anatel aprova a fusão entre AT&T/Sky e TimeWarner", *Tele.Síntese*, 6 fev. 2020.

> Mas, como já ocorreu em outros momentos, alguns empecilhos, por maiores que sejam, não se mostram um problema: sempre há um Josué para pôr abaixo Jericó. Na tentativa de tornar a compra viável, a defesa argumentou de modo bastante engenhoso. Propôs que os conteúdos da Turner e da HBO não eram produzidos em nosso país, e que a Time Warner era uma corporação global possuindo em nosso território apenas um escritório comercial. Estando em todo lugar, a corporação não se localizaria em lugar nenhum. Logo, certas normas não se aplicariam a ela (Ladeira; Marchi, 2020: 71).

No caso dessa operação, o "Josué" responde pelo nome de Eduardo Bolsonaro, deputado federal e filho do então presidente da República Jair Bolsonaro, que na época em que o imbróglio estava sendo resolvido, postou vídeos na internet conclamando a Anatel a aprovar a compra.[8]

O mercado de streaming nacional acaba por enfrentar a concorrência das empresas transnacionais. Se antes a TV Globo era uma empresa gigante em relação às demais, hoje sua concorrência não está somente do "Oiapoque ao Chuí". O curioso é que na própria formação da TV Globo o capital estrangeiro já dava sinais de que entraria no Brasil. O contrato entre a empresa brasileira e o grupo americano Time Life foi objeto de investigação de uma CPI no Congresso brasileiro. Medidas tomadas pela ditadura civil-militar no fim dos anos 1960, como câmbio favorável na aquisição de equipamentos e financiamento de uma rede de micro-ondas para transmissões no território nacional, permitiram que o grupo da família Marinho conseguisse se libertar das dívidas com o conglomerado estadunidense.

No entanto, como ressalta Castells (1996), o capitalismo global permitiu que fossem estabelecidas redes informacionais. Uma estratégia que faz com que as corporações possam agir de forma descentralizada em várias localidades. Embora muito forte em um país periférico como o Brasil, a TV Globo precisa se aliar a grupos estrangeiros que entram no Brasil. Um exemplo é a parceria estabelecida pelo próprio serviço de streaming, o Globoplay, com o Disney Plus, pertencente ao grupo americano Disney. Sobre a parceria, o diretor de Produtos e Serviços Digitais do Grupo Globo, Erick Brêtas, afirma que:

---

8   Idem.

Nós sempre ouvimos os consumidores para entender seus desejos e aspirações. Nesse processo, uma mensagem vem se tornando cada vez mais clara: as pessoas querem simplicidade, conveniência, qualidade e preço justo. Para atender a essa demanda, nos associamos aos nossos parceiros da Disney para reunir em uma única oferta dois serviços de streaming.[9]

Dois projetos de lei para regulamentar o streaming no Brasil tramitam no Congresso Nacional: um do deputado federal Paulo Teixeira (PT-SP) e outro do senador Humberto Costa (PT-PE). O primeiro (Projeto de Lei 8889/17) prevê cotas de conteúdo exclusivamente nacional de 2% a 20% do total de horas dos catálogos das plataformas, além do pagamento de contribuição progressiva da Condecine por essas empresas, de acordo com suas receitas. O percentual aplicado varia de acordo com a receita bruta da empresa, sendo estabelecida cota mínima de 2% para aquelas com receita bruta anual de até R$3,6 milhões e cota máxima de 20% para quem acumular receita bruta anual acima de R$70 milhões. No projeto de Teixeira, a fiscalização seria da Ancine.

O projeto do senador Humberto Costa, o Projeto de Lei do Senado 57/2018, também propõe cotas de conteúdo nacional e contribuição pela Condecine, mas atribui a fiscalização do setor ao Poder Executivo. É uma forma de, segundo o parlamentar, garantir condições iguais para todas as empresas do setor, bem como abranger aquelas que também forneçam serviços de conexão à internet.[10] O projeto também trata dos algoritmos: as empresas do setor podem ser obrigadas a fornecer ao Poder Executivo detalhes sobre seus sistemas de busca, catalogação e até como é feita a sugestão de conteúdo aos usuários.

Embora tenham suas particularidades, ambos os projetos convergem em um ponto: querem a cobrança de imposto sobre o faturamento das obras, e não sobre o tamanho do catálogo. A própria Ancine reconhece que a cobrança da Condecine sobre os títulos de acervos dos serviços de VoD e streaming criaria uma situação de inviabilidade destes serviços, uma vez que o volume de títulos disponíveis nos acervos é bastante significativo.

A política de desmanche do financiamento público ao audiovisual promovido pelo governo Bolsonaro foi explícita: em 2020, os recursos destina-

---

9 "Globoplay anuncia parceria com Disney+", *G1*, 3 nov. 2020.
10 "Projeto de lei quer regulamentar serviços de vídeo por streaming no Brasil", *Canaltech*, 9 fev. 2018.

dos ao Fundo Setorial do Audiovisual (FSA) tiveram corte de 43%, atingindo o menor patamar desde 2012.[11] Esse cenário ajuda a explicar em parte o grande avanço dos serviços de streaming no Brasil também junto a autores, atores e produtoras: têm sido eles a capitanear o desenvolvimento das obras que perderam acesso aos recursos públicos nos últimos anos.

A Condecine irriga os cofres do Fundo Setorial do Audiovisual (FSA) – origem de boa parte dos esforços nacionais para criação de conteúdo, mas como lembram Ladeira e Marchi (2020), o dinheiro é muito importante nesta discussão, mas não é tudo.

> Esta norma ainda em gestação havia sido pensada como parte de um projeto bastante extenso sobre a criação local, envolvendo também o apoio a estratégias alternativas para a distribuição online de conteúdo. Compreender este ponto implica uma discussão sobre a relação mantida entre o streaming, a imagem num sentido mais amplo e as dinâmicas de poder da contemporaneidade. A incerteza refletida na discussão mais estreita retoma a indecisão sobre metas adotadas num certo instante apenas para serem depois abandonadas (Ladeira; Marchi, 2020: 70).

As assimetrias regulatórias e tributárias entre atores do mercado audiovisual e serviços OTT têm suscitado conflitos entre os agentes do setor por todo o mundo. Entidades internacionais como OCDE, Comissão Europeia e agências reguladoras nacionais de telecomunicações têm se debruçado na análise da questão cada vez mais nublada pelos processos de convergência tecnológica do capitalismo de plataforma.

Assimetrias longe de uma solução que atenda ao interesse público

Desde meados da década de 1970, a Unesco tentou mediar a situação da concentração e da distribuição da informação. A publicação *Intermídia*, jornal do Instituto Internacional da Radiodifusão, afirmou em 1978 que "sem informação – sem a oportunidade de selecionar, distribuir a informação – não há poder" (apud Briggs; Burke, 2006: 255). Desde o início, EUA e Grã-Bretanha defendiam que a Unesco ou outro órgão não fizesse qualquer restrição

---

11 "Em ofensiva contra Ancine, Bolsonaro corta 43% de fundo do audiovisual", *Folha de S.Paulo*, 11 set. 2019.

ao fluxo de conteúdo dos países desenvolvidos para os países periféricos, naquele tempo classificados como países em desenvolvimento.

O streaming está na verdade muitos passos adiante das questões discutidas há quase meio século, posto que é efetivamente global. As tecnologias de informação fizeram com que Nova York, Londres e Paris ficassem mais acessíveis do que Recife ou Salvador, pelo menos no que diz respeito à exibição dos conteúdos produzidos nestas cidades. O algoritmo, "deus digital" de nossa era, cataloga, classifica e influencia o que será exibido na tela que abrimos para acessar os serviços audiovisuais por demanda.

A regulação do streaming no Brasil parece um contínuo movimento de "placas tectônicas" entre uma burocracia pensada por séculos e uma nova realidade econômico-tecnológica que não quer se deixar prender por "grilhões antiquados" como a soberania nacional. O Estado brasileiro deve encontrar mecanismos para proteger a produção cultural local, sob pena de continuar a reproduzir o imperialismo global da economia para os dedos de quem clica em busca de entretenimento e informação no Brasil.

PARTE II
Internet, informação e desinformação

Capítulo 6

Marco Civil da Internet: entre a liberdade de expressão e a moderação de conteúdo

Caitlin Mulholand

Mas, afinal, o que é a internet?

A internet, hoje uma infraestrutura de informação e comunicação, foi idealizada em 1962 por estudantes e professores do Massachusetts Institute of Technology (MIT), que buscavam desenvolver um sistema integrado de computadores, mais tarde denominado de Arpane (Advanced Research Projects Agency), rede que tinha primordialmente funções militaristas de armazenamento e compartilhamento de dados.

A internet,[1] também chamada de rede global ou rede das redes, pode ser definida como "o nome genérico que designa o conjunto de redes, os meios de transmissão e comutação, roteadores, equipamentos e protocolos necessários à comunicação entre computadores, bem como o software e os dados contidos nestes computadores".[2] Como já havia ocorrido em outras tentativas de definir o que é a internet, utiliza-se da noção do protocolo de comunicação TCP/IP (transmission control protocol/Internet protocol),

---

1   O Federal Networking Council, órgão norte-americano que gerencia políticas públicas em relação à internet, aprovou uma resolução que procura definir o que é a internet. Por esta resolução, estabeleceu-se que "*Internet* refere-se ao sistema global de informação que é conectado logicamente por um único endereço global baseado no Protocolo Internet ou suas subsequentes expansões/ melhorias; é capaz de suportar comunicações utilizando o conjunto Protocolo de Controle de Transmissão/ Protocolo Internet (TCP/IP) ou subsequentes expansões/ melhorias, ou outros protocolos compatíveis com o IP; e provê, utiliza ou faz acessível, privada ou publicamente, serviços de alto nível com os baseados em comunicação e na infraestrutura descrita" (Doneda, 1999: 67-69).

2   Tal definição de internet é dada pela alínea "a" do item 3 da Norma 004/95, aprovada pela Portaria nº 148, de 31 de maio de 1995 do Ministério das Comunicações. Em sentido semelhante, o artigo 5º. I, do Marco Civil da Internet, conceitua internet como: o sistema constituído do conjunto de protocolos lógicos, estruturado em escala mundial para uso público e irrestrito, com a finalidade de possibilitar a comunicação de dados entre terminais por meio de diferentes redes.

não havendo referência a qualquer elemento físico ou órgão de controle ou administração que gerencie as atividades na internet.

Hoje, portanto, a internet é formada por um grupo impressionante de servidores, microcomputadores e artefatos (IoT) em redes de comunicação mantidas por universidades, empresas e instituições públicas de todo o mundo, sem que haja um órgão centralizador que controle, administre ou fiscalize o ambiente virtual. O que há é uma espécie de divisão dos custos, em que as instituições que mantêm as redes e conexões cobram de seus clientes pela utilização ou a fornecem gratuitamente para certas categorias de usuários, como professores e alunos universitários e pesquisadores.

Em resumo, quatro são as características principais da rede e da configuração da Internet, como apontadas por Ricardo Lorenzetti (2000: 243): a abertura,[3] visto que qualquer um pode ter acesso a ela, esteja onde estiver, sendo necessária apenas a conexão estabelecida por uma rede local; a interatividade, na medida em que o usuário gera dados, navega e estabelece relações com outros navegadores e operadores da rede; a internacionalidade, no sentido da superação das barreiras nacionais, já que não existe uma delimitação geográfica do "espaço Internet"; e, por último, a multiplicidade de operadores, possibilitando ao mesmo tempo a descentralização da rede e sua multilocalidade.

Como se percebe, com a evolução tecnológica de padrões de telecomunicação, a ligação das redes em todo o mundo à internet tornou possível, a custos mais baixos, a comunicação entre pessoas e empresas geograficamente distantes. A criação e o progresso da internet fizeram com que a distância real entre as pessoas fosse diminuída através da interatividade, ou da presença virtual no ambiente da rede. Conforme salientado acima, esta estrutura global se forma tendo como principais características a sua transnacionalidade, a multilocalidade e a liberdade informacional. Aliás, diga-se, a característica de espaço livre de disseminação de conhecimento foi o que determinou nos primórdios da Internet a sua verdadeira vocação. Encampada por figuras como Tim Berners-Lee e John Perry Barlow, a concepção da

---

3 Neste sentido, afirma Ascensio que "*el alcance mundial y abierto de Internet, su descentralizaciòn y el carácter interactivo de sus servicios son elementos determinantes de que este medio modifique sustancialmente el potencial impacto de determinados comportamientos relativos a la difusión de informaciones, al tiempo que facilita la aparición de relaciones jurídicas entre personas y organizaciones heterogéneas, con independencia de su emplazamiento*" (Ascensio, 2001: 23).

rede como espaço público alheio a ingerências de Estados nacionais permitiu o seu desenvolvimento como "local" em que a liberdade de expressão, de informação e de comunicação se constituam como seus elementos fundantes e essenciais.

Em 1989, Tim Berners-Lee criou o sistema interligado de arquivos e informações executados na internet conhecido como World Wide Web (www), que permitiu que os primeiros navegadores fossem desenvolvidos e executados. Hoje é diretor do World Wide Web Consortium (W3C), uma "comunidade internacional que desenvolve padrões abertos para garantir o crescimento da web a longo prazo".[4] A ideia original de Berners-Lee era a de que a internet pudesse promover um ambiente verdadeiramente democrático, em que as pessoas localizadas em partes distantes do globo pudessem experimentar a oportunidade de comunicar-se livremente, manifestando o seu pensar, sem restrições. Por sua vez, John Perry Barlow, fundador da Electronic Frontier Foundation (EFF), em 1996, publicou a Declaração de Independência da Internet. Neste documento, Barlow enuncia:

> Governos do Mundo Industrial, vocês gigantes aborrecidos de carne e aço, eu venho do espaço cibernético, o novo lar da Mente. Em nome do futuro, eu peço a vocês do passado que nos deixem em paz. Vocês não são bem vindos entre nós. Vocês não têm a independência que nos une. Os governos derivam seu justo poder a partir do consenso dos governados. Vocês não solicitaram ou receberam os nossos. Não convidamos vocês. Vocês não vêm do espaço cibernético, o novo lar da Mente. Não temos governos eleitos, nem mesmo é provável que tenhamos um, então eu me dirijo a vocês sem autoridade maior do que aquela com a qual a liberdade por si só sempre se manifesta.[5]

Contudo, a vocação de independência e liberdade da rede foi desafiada quando, em 1998, a Google, hoje umas das Big Five,[6] foi criada. Inicialmente, sua principal funcionalidade era o seu motor de busca, mecanismo à época de extrema relevância, pois fazia uma varredura da internet, realizando uma inspeção de variados temas e assuntos. Servia originalmente como um gran-

---

4 Disponível em: https://www.w3.org/.
5 Disponível em: www.nic.br/publicacao/uma-declaracao-de-independencia-do-ciberespaco/.
6 Conhecidas como "Big Five", Facebook, Amazon, Microsoft, Google e Apple (Fama) representam as cinco maiores empresas de tecnologia do mundo.

de sistema de indexação de informações. Em 2021, a Google é onipresente, verdadeiro oráculo artificial ao qual nós, meros mortais de carne e osso, nos submetemos voluntária e cotidianamente. A liberdade da internet estaria correndo riscos?

Já em 2004, Mark Zuckerberg colocou no ar o seu Facebook. No Brasil, a rede social chegou em 2007 para desbancar o Orkut, que contava à época com mais de 30 milhões de usuários em nosso país. Originalmente pensada como um local na rede em que as pessoas pudessem buscar e fazer amigos, o Facebook descobriu a fórmula do sucesso ao somar o uso de dados de seus usuários à venda destes para publicidade direcionada. O "cliente" do Facebook e da Google é o anunciante. Nossas informações passam a ser moeda de troca para o uso "gratuito" das funcionalidades da rede. A liberdade primordial da rede é extinta. A internet é "privatizada" e o Estado – expulso originalmente da rede – é substituído pelo autoritarismo do capital.[7] Mas agora, o Estado é chamado a regrar alguns aspectos do uso da internet, por meio de seu poder regulamentador. Seria ele capaz de promover uma renovada liberdade?

Seria o Marco Civil da Internet o instrumento para a consolidação de uma rede livre?

No Brasil, em 2014, foi promulgado o Marco Civil da Internet (MCI), Lei 12.965/14, com vistas a regular os princípios, as garantias, os direitos e os deveres para o uso da internet no Brasil. O MCI é uma lei que tem algumas características peculiares. A primeira delas é que passou por um processo legislativo respaldado em consultas públicas com diversos setores da sociedade que contribuíram de forma fundamental para a formulação de uma lei que atende a princípios de natureza democrática, notadamente a liberdade de expressão.[8] Justificou-se a escolha do legislador em privilegiar

---

7 Sobre o tema, cf. *A era do capitalismo de vigilância* (Zuboff, 2020).
8 Sobre o processo de consultas públicas, "foi criado um site (www.culturadigital.org/marcocivil) em que qualquer cidadão poderia contribuir com sugestões para a elaboração da lei. Em duas fases, primeiro foram ouvidas ideias sobre os princípios e valores centrais que deveriam nortear a legislação: privacidade, neutralidade, liberdade de expressão. Em seguida, sugeriram-se diretamente textos de lei. Além de permitir sugestões diretas, o site possibilitava também que cidadãos comentassem as sugestões de outros cidadãos, em um verdadeiro fórum virtual nacional. Durante várias etapas, milhares de sugestões e dezenas de milhares de comentários foram lançados na plataforma para serem analisados pelo Ministério da Justiça para elaboração do Projeto de Lei. Além de comentários e sugestões no site da consulta pública, foram levados em consideração comentários emitidos em redes sociais como o Twitter e o Facebook, na primeira experiência de democracia expandida do Brasil". Fonte: https://irisbh.com.br/marco-civil-da-internet/.

a natureza livre da internet e sua constituição original como espaço para a realização de debates públicos e políticos. Temas como neutralidade[9] e função social da rede, guarda de dados e proteção da privacidade e, especialmente, garantia à liberdade de expressão e à transmissão de conhecimento foram incluídos na lei. Além disso, visou o MCI a impor obrigações específicas e responsabilidades aos usuários e provedores no que tange à disponibilização de conteúdos na rede.

A segunda característica da lei – consequência da primeira – é que o MCI é uma lei principiológica, ou seja, constitui-se como um corpo de normas que identifica a natureza "aberta" da internet e a necessidade, por consequência, de uma regulação mais flexível, que não esteja baseada em regras do "tudo ou nada", mas que permita considerações a cada caso concreto, de acordo com os interesses em disputa. Ao mesmo tempo, reconhece a lei os princípios da neutralidade da rede e da liberdade de expressão como seus pilares de sustentação, concedendo-lhes uma qualidade de prioridade e preferência sobre os demais direitos reconhecidos. O MCI propõe, logo em seus primeiros artigos, que a internet deve ser um espaço de liberdade. Ao reconhecer que a liberdade de expressão é um fundamento da lei, isso significa dizer que, sem a proteção dessa autonomia, não poderá existir uma internet realmente livre. Por consequência, em várias oportunidades, o MCI cuida do direito à livre manifestação de ideias, demonstrando a vocação da lei e a manutenção da rede como espaço para debates públicos de ideais democráticos. Examinando o MCI, o princípio da liberdade de expressão é reconhecido em cinco oportunidades, o que caracteriza a sua importância normativa. Na primeira oportunidade, a liberdade de expressão é reconhecida como fundamento da disciplina do uso da internet no Brasil (art. 2º). Também é previsto o princípio como "condição para o pleno exercício do direito de acesso à internet" (art. 8º); e como instrumento para impedir a censura de conteúdos (art. 19º).

Mas estaria esse espaço público ameaçado por interesses privados que determinam quais os limites para o exercício da liberdade reconhecida no MCI, de acordo com interesses corporativos?

---

9   O princípio da neutralidade da rede impõe que "o responsável pela transmissão, comutação ou roteamento tem o dever de tratar de forma isonômica quaisquer pacotes de dados, sem distinção por conteúdo, origem e destino, serviço, terminal ou aplicação"(Art. 9º, MCI).

As redes sociais se constituem como a nova ágora?

Uma das questões fundamentais do MCI diz respeito aos atores que desenvolvem o que a lei denomina de provedoria de aplicação. De acordo com a lei, "aplicações da internet são o conjunto de funcionalidades que podem ser acessadas por meio de um terminal conectado à internet" (art. 5º, VII). Assim, provedores de aplicação são sujeitos que realizam atividade organizada que permite que as aplicações sejam disponibilizadas aos usuários da rede. Exemplificativamente, os provedores de aplicação são os motores de busca (Google), os navegadores (Chrome), as redes sociais (Facebook), os portais de consumo (Mercado Livre), os aplicativos de celular (Spotify), os meios de pagamento (PicPay), dentre outros.

Evidentemente, as aplicações da internet são essenciais para que a rede seja funcional e permita aos seus usuários acessá-la de maneira "amigável". A integração na rede dos diversos aplicativos faz com que a distribuição e o compartilhamento de dados e informações entre os muitos provedores se tornem também prática comum e essencial para o desenvolvimento do que se denomina hoje de economia da atenção.[10] Este fenômeno, por sua vez, torna-se umbilicalmente associado ao próprio modelo de negócios propostos pelas redes sociais, notadamente, o Facebook, que se financia – e lucra – por meio da "venda" de perfis de consumo a prestadores de serviços e bens – *profiling* – o que permite aos anunciantes alcançar seu público consumidor de forma muito mais eficiente, além de promover a publicidade direcionada e o induzimento ao consumo de bens, por meio da criação de desejos artificiais.

Contudo, a vocação original das redes sociais não era esta. Zuckerberg, por exemplo, desenvolveu o Facebook para permitir que as pessoas se conectem com outras para trocar experiências e criar – ou redescobrir – amizades. A evolução das redes sociais para sua constituição como fórum de debate online foi um passo natural devido à facilidade em seu uso. O Facebook, ao lado do Twitter, torna-se, assim, uma praça pública ou ágora do século XXI, verdadeiro local de reunião ou assembleia, no qual as pessoas poderiam livremente se expressar e debater assuntos que lhes interessavam, desde compartilhamento de receitas culinárias, passando por divulgação de músicas e alcançando, por fim, o debate político.

---

10 Sobre o conceito de economia da atenção, ver Wu, 2016.

Contudo, o ideal da ágora, como esfera pública deliberativa, estava longe de ser atingido. E isso se deve, primordialmente, a dois fatores: (i) a natureza privada das redes sociais; e como consequência, (ii) a regulação, também privada, dos espaços de comunicação e informação, por meio dos termos de uso das plataformas. Questiona-se se a ágora, constituída como espaço público onde todos poderiam manifestar-se livremente, pode ser reproduzida nas redes sociais, que não se estruturam como espaços públicos, mas, pelo contrário, são ambientes privados mantidos e remunerados por meio da monetização de dados pessoais. Esta inquietação não é de todo desimportante. Esse, na realidade, é o debate da atualidade, pois, por meio dele, serão definidas as regras de moderação de conteúdo, tema absolutamente relevante na realidade politicamente polarizada em que vivemos. A depender do caminho trilhado – seja pela rede social privada, seja pelo Estado, ente público – os limites e as possibilidades de regulação das redes sociais levarão a uma intensa censura da liberdade de expressão de seus usuários ou a uma permissiva e nociva disseminação de desinformação e discurso de ódio.

A moderação de conteúdos na internet é, assim, tópico que se refere diretamente ao princípio da liberdade de expressão. Regra geral, conteúdos postados na internet (assim como em outros meios de comunicação ou mídias) devem ser protegidos contra eventuais ingerências externas que possam ocasionar um processo de censura. A liberdade de expressão é também condição necessária para que exercícios democráticos sejam efetivados. É justamente a proteção do discurso que permite o embate político e a construção e a manutenção do Estado Democrático de Direito.

É necessária uma regulamentação do Marco Civil da Internet no que tange à indisponibilização de conteúdos?

Irei usar o Facebook como estudo de caso para entender como se dá a regulação do discurso em ambientes privados, que, contudo, possuem característica de verdadeira esfera pública.[11] Como salientado, as redes sociais são reconhecidas como "lugares" em que se torna possível a ampla manifestação dos direitos de livremente se expressar, de informar e de ser informado. De fato, devido à política de *zero rating* promovida pela maioria – se não, por

---

11 Sobre o tema, ver *Democracia conectada* (Magrani, 2014).

todas – das empresas de telefonia celular, o acesso às redes sociais sem cobrança pelo uso de dados (daí a tarifa zero) se tornou a regra.[12] Confunde-se, assim, a própria noção de internet com as redes sociais. É comum que as pessoas acedam à internet por meio do Facebook, por exemplo, e não por meio de um navegador padrão (Chrome, Safari ou Edge), na medida em que acessar pela rede social significa economizar dados da franquia de consumo contratada junto à operadora de telefonia celular.

Pois bem, o Facebook, como sociedade empresarial privada que é, possui determinadas regras para o uso de sua plataforma e de aplicações, que são conhecidas como os termos de uso. Estas regras, também de natureza privada, consolidam-se em um contrato, redigido unilateralmente pelo Facebook e aceito integralmente pelo usuário que possui duas formas de se posicionar frente à contratação: ou aceita integralmente os termos e tem à sua disposição as funcionalidades da rede social; ou recusa a contratação e, assim, será impedido de utilizar a aplicação. Não há espaço para negociação. Ao fim, significa dizer que aquele que utiliza o espaço disponibilizado por determinada rede social deve seguir as regras impostas a seus usuários pelo próprio provedor, sob pena de serem impedidos de usar da rede, seja com limitação de seu uso, indisponibilização de conteúdo ou até mesmo banimento.

O Facebook, originalmente influenciado pela interpretação constitucional do mandamento da Primeira Emenda da Constituição Americana,[13] que reconhece a liberdade de expressão como direito fundamental de caráter prioritário e preferencial, definiu que a plataforma não atuaria como instância de moderação de conteúdos publicados na rede, somente sendo possível a sua intervenção caso houvesse o descumprimento dos termos de uso da plataforma, previamente conhecidos e aceitos por seus usuários. Assim, o Facebook determinava que não haveria censura de qualquer natureza no uso de suas aplicações, sendo amplamente reconhecido o direito de livremente se expressar, e indicando a seus usuários a possibilidade de intervir no espa-

---

12 Há um debate relevante sobre ser a política de *zero rating* um meio de violação do princípio da neutralidade da rede. Isso porque os dados consumidos por uma aplicação – Telegram, por exemplo – vão ser utilizados por completo, enquanto uma outra aplicação – Whatsapp, por exemplo – terá o privilégio de ser acessada sem consumo dos dados. Assim, privilegia-se um provedor em detrimento de outro, o que representa exatamente a violação da neutralidade da rede.
13 "O Congresso não deverá fazer qualquer lei a respeito de um estabelecimento de religião, ou proibir o seu livre exercício; ou restringindo a liberdade de expressão, ou da imprensa; ou o direito das pessoas de se reunirem pacificamente, e de fazerem pedidos ao governo para que sejam feitas reparações de queixas".

ço da plataforma e no discurso, somente se houvesse violação de seus termos de uso.

A moderação de conteúdos somente se evidencia, portanto, quando se reconhecem as exceções previstas nos termos de uso quanto ao exercício da liberdade de expressão. São exemplos de exceções: (i) proibição de divulgação de fotos ou vídeos de natureza sexual; (ii) proibição de divulgação de fotos ou vídeos em que aparecem mamilos femininos, fora do contexto da amamentação ou de campanhas de conscientização sobre câncer de mama; (iii) proibição de divulgação de vídeos de natureza violenta, tais como execuções, entre outros. Se o conteúdo divulgado na plataforma não se apresentava dentre as exceções à liberdade de expressão previstas expressamente nos termos de uso, o Facebook, enquanto instituição privada, reguladora de seu próprio "espaço", não tomaria nenhuma providência no sentido de tornar indisponível tais materiais.

Evidentemente, antes mesmo da entrada em vigor do Marco Civil da Internet, o Estado, por meio do Poder Judiciário, foi instado, em inúmeras ocasiões, a se manifestar a respeito da indisponibilização de determinados conteúdos mantidos na plataforma que, na perspectiva do provedor, não teriam infringido as cláusulas de seus termos de uso, mas que, na visão do usuário, teriam violado direitos fundamentais outros, para além da liberdade de expressão, igualmente protegidos por nossa Constituição Federal. Exemplos são fartos, mas a maioria gira em torno do embate entre a proteção da liberdade de expressão do usuário – reconhecido como princípio norteador do desenvolvimento do discurso na rede – e o cumprimento fiel dos termos de uso da plataforma, de um lado, e a violação da honra, imagem ou privacidade do usuário, interesses existenciais protegidos também por nossa Constituição, em mesmo grau hierárquico que a liberdade de expressão, de outro lado.

Contudo, com o uso do Facebook para disseminar desinformação e discurso de ódio – geralmente com conotação política –, a plataforma precisou se posicionar quanto a determinados aspectos de sua política de não interferência na liberdade de expressão de seus usuários que, de fato e concretamente, não violaram as regras de uso da plataforma. Essa virada "regulatória" deu-se por conta da cobrança da sociedade civil a respeito da manutenção de determinados posicionamentos de figuras públicas que iam na contramão do senso comum constituído, especialmente no que se refere à conservação das instituições democráticas e à defesa da ciência.

Essa mudança de posicionamento do Facebook quanto à necessidade de moderação de conteúdos para além da violação dos seus termos de uso levou à necessidade de revisitar a maneira como a rede social impunha as regras de sua utilização. Se, num primeiro momento, o Facebook estabelecia de forma absoluta a defesa da liberdade de expressão em sua plataforma, instituindo exceções expressas em que seria permitida a derrubada de conteúdos, com o acirramento de uso da plataforma para fins políticos de disseminação de desinformação, os termos de uso passaram a ter uma flexibilidade maior, permitindo que a própria plataforma faça a moderação do conteúdo – *a posteriori* – para identificar situações que comprometem o pleno exercício de direitos fundamentais. Foi assim que o Facebook desenvolveu a ideia de um comitê de supervisão – o Oversight Board –[14] que, constituído por membros da sociedade civil, realiza a ponderação de interesses em determinadas situações em concreto, para definir se estão abarcadas ou protegidas pelo direito à livre manifestação de ideias, ou se devem ser rechaçadas por implicarem riscos às instituições ou à saúde pública ou a demais direitos de natureza fundamental.

Voltando o olhar para nossa legislação, o posicionamento do Facebook no que tange à indisponibilização de conteúdos, seja por violação de seus termos de uso, seja por decisão do Oversight Board quanto aos interesses fundamentais que devem ser protegidos, não é incompatível com as normas do Marco Civil da Internet e a proteção da liberdade de expressão que se constitui como um dos seus fundamentos. Isso porque a liberdade de expressão, alicerce do MCI, só deve ser priorizada na medida em que não se torne obstáculo para o exercício de direitos fundamentais ou de promoção dos valores das instituições democráticas. Considerando que nenhum direito em nosso ordenamento jurídico pode ser tido como absoluto, esta ponderação em concreto dos interesses em disputa deve ser realizada sempre tendo em vista a manutenção do Estado Democrático de Direito, que não pode ser subjugado quando a desinformação e o discurso de ódio servem de instrumento para o seu enfraquecimento.

---

14 Sobre o FOB (Facebook Oversight Board), seus princípios, valores e procedimentos, ver https://oversightboard.com/.

Notas conclusivas a respeito do discurso autoritário na defesa da liberdade de expressão e sua contradição

No início de janeiro de 2021, o Twitter e o Facebook suspenderam de forma permanente a conta pessoal do então presidente norte-americano Donald Trump. O motivo: o presidente violou os termos de uso das plataformas ao incitar a população a cometer atos antidemocráticos e violentos, utilizando a rede social como palanque virtual e incentivando seus apoiadores a invadir o Capitólio, fato ocorrido dias antes da exclusão de Trump.[15] Em junho de 2021, o Facebook voltou atrás em sua decisão de suspensão da conta por tempo indeterminado,[16] em decorrência de consulta formulada a seu Comitê de Supervisão (Oversignt Board), que decidiu pelo banimento de Trump, a princípio, por dois anos, até 2023, quando haverá a revisão da decisão, podendo esta ser mantida indefinidamente.[17]

O episódio relatado desenhou uma nova conformação na política e termos de uso das redes sociais. A ideia original da internet como ambiente neutro, livre, sem moderação ou edição de conteúdos, sem ingerência de terceiros no discurso, abre espaço às demandas da sociedade e dos próprios

---

15 A respeito da decisão de banimento do presidente Trump, vale conhecer o comunicado oficial do Twitter, especialmente o seguinte trecho: "No contexto de eventos horríveis nesta semana, deixamos claro na quarta-feira que violações adicionais das Regras do Twitter potencialmente resultariam neste curso de ação. Nossa estrutura de esfera pública existe para permitir que o público ouça diretamente as autoridades eleitas e os líderes mundiais. Baseia-se no princípio de que as pessoas têm o direito de ter o poder de prestar contas abertamente.No entanto, há anos deixamos claro que essas contas não estão totalmente acima de nossas regras e não podem usar o Twitter para incitar a violência, entre outras coisas. Continuaremos a ser transparentes em relação às nossas políticas e sua aplicação" (tradução livre). Disponível em: https://blog.twitter.com/en_us/topics/company/2020/suspension.

16 Em manifestação oficial do Facebook em janeiro de 2021, Marck Zuckerberg declarou: "os eventos chocantes das últimas 24 horas demonstram claramente que o presidente Donald Trump pretende usar seu tempo restante no cargo para minar a transição pacífica e legal de poder para seu sucessor eleito, Joe Biden (...). Sua decisão de usar sua plataforma para tolerar, em vez de condenar, as ações de seus apoiadores no edifício do Capitólio, com razão, perturbou as pessoas nos Estados Unidos e em todo o mundo. Removemos essas declarações ontem porque julgamos que seu efeito – e provavelmente sua intenção – seria provocar mais violência". Disponível em: https://about.fb.com/news/2021/01/responding-to-the-violence-in-washington-dc/.

17 Sobre a decisão, Nick Clegg, vice-presidente de Assuntos Internacionais do Facebook, assim se pronunciou: "nossa abordagem reflete a maneira como tentamos equilibrar os valores de liberdade de expressão e segurança em nossos serviços, para todos os usuários, conforme consagrado em nossos Padrões da Comunidade. Outras empresas de mídia social adotaram abordagens diferentes – banindo o Sr. Trump de seus serviços permanentemente ou confirmando que ele estará livre para retomar o uso de seus serviços quando as condições permitirem" (tradução livre). Sobre o posicionamento do Facebook no caso Trump, ver: https://about.fb.com/news/2021/06/facebook-response-to-oversight-board-recommendations-trump/.

usuários das redes por algum tipo de controle ou regulação. Aparentemente, a defesa preferencial do direito à livre manifestação de ideias na esfera pública conectada[18] perdeu espaço frente ao abuso deste mesmo direito cometido por alguns e que está identificado na utilização das plataformas para a disseminação de desinformação e de discursos de ódio incitadores de atos de violência. Este não é o conteúdo da liberdade de expressão que se quer e deve proteger.

Contraditoriamente, o autoritarismo vestiu as roupas da liberdade de expressão – que tanto combate, diga-se – para fundamentar o seu interesse em continuamente utilizar as plataformas e redes sociais para reproduzir mensagens contra medidas de natureza sanitária adotadas mundialmente no combate à pandemia de Covid-19, tais como o uso de máscara e a prevenção quanto à aglomeração. No Brasil, em maio de 2021, houve um movimento rápido do Poder Executivo Federal, no sentido de tentar uma reação normativa para impedir que o discurso oficial anticiência e a disseminação de desinformação fossem "censurados" e tornados indisponíveis pela própria rede social. Após seguidas remoções de conteúdos publicados pelo presidente Bolsonaro em diversas redes sociais, tais como Facebook e Twitter, chegou ao conhecimento público uma minuta de decreto presidencial formulada pela Secretaria de Cultura, com o aval da assessoria jurídica do Ministério do Turismo, que pretenderia regulamentar o Marco Civil da Internet.[19]

O decreto intencionaria impor às redes sociais a obrigatoriedade de sujeitar-se à avaliação do Poder Judiciário antes de tornar indisponível qualquer conteúdo. As plataformas digitais somente poderiam indisponibilizar conteúdos considerados como violadores de seus termos de uso somente após decisão judicial que avaliasse a demanda e considerasse a mesma como pertinente. Isto é, a norma imporia às plataformas a submissão de seus termos de uso e padrões de comunidade ao escrutínio judicial, retirando toda a sua autonomia na autogestão de seus interesses e de seus

---

18 Termo usado por Eduardo Magrani em seu livro *Democracia conectada*.
19 Há inúmeros projetos de lei que visam a alterar o MCI para restringir a moderação de conteúdo das plataformas. Já foram propostos o PL nº 495/2021, PL nº 213/2021 e o PL 2.401/2021. Em agosto de 2021, foi apresentado o mais recente projeto de lei 2.831/2021 de autoria do deputado federal capitão Alberto Neto. Na mesma linha do que pretenderia a minuta do decreto presidencial mencionado, tais projetos de lei pretendem alterar o MCI, proibindo a remoção de conteúdos das redes sociais, sem que seja permitido o direito à ampla defesa e ao contraditório, garantias processuais protegidas pela Constituição Federal.

usuários. Censurar judicialmente a rede social, antes que ela "censure" contratualmente o presidente.[20]

Pois bem, essa minuta de decreto foi apresentada sob a forma de Medida Provisória em 6 de setembro de 2021 (MP 1.068), contendo a maioria das indicações previstas no rascunho do decreto, mantida a regra que impõe a obrigatoriedade de buscar-se no Poder Judiciário o direito de indisponibilizar conteúdos por violação dos termos de uso e padrões da comunidade previstos em programas contratuais das plataformas. A Medida Provisória foi recebida com críticas severas da sociedade civil e ações de inconstitucionalidade propostas por seis partidos políticos (PT, PSB, PSDB, Novo, PDT e Solidariedade), assim como pela Ordem dos Advogados do Brasil, protocoladas no Supremo Tribunal Federal. A ministra Rosa Weber do STF foi designada como a relatora desses pedidos e requereu informações à Presidência da República a respeito do conteúdo da Medida Provisória. Ao mesmo tempo, o procurador-geral da República, Augusto Aras, em 13 de setembro, apresentou seis pareceres nos quais defende a suspensão cautelar dos efeitos da Medida Provisória até o julgamento definitivo do mérito das ações declaratórias de inconstitucionalidade propostas.

Vê-se bem que o debate em torno da moderação de conteúdo na internet é ainda movimentado. Há os defensores radicais da liberdade de expressão, considerando qualquer tipo de curadoria de postagens como um potencial atentado ao direito de livremente se manifestar. Há inclusive os que consideram que até mesmo o discurso de ódio deve ser protegido. Reconhece-se a necessidade de equilibrar as demandas entre o exercício da liberdade de expressão e a remoção de conteúdos. O que vai determinar que a decisão de remoção de um dado conteúdo foi a correta é a capacidade da plataforma de dar transparência quanto aos motivos determinantes para a indisponibilização do conteúdo, permitindo, desta forma, o exercício de uma ampla defesa e contraditório por parte do usuário cujo conteúdo foi bloqueado. Em complementação, a plataforma realizará prestação de contas

---

20 O presidente Jair Bolsonaro assim se manifestou sobre o decreto: "A minha rede social talvez seja aquela que mais interage em todo o mundo. Somos cerceados, muitos que me apoiam são cerceados. Estamos na iminência de um decreto para regulamentar o Marco Civil da Internet, dando liberdade e punições para quem porventura não respeite isso". Sobre a minuta do decreto, ver: "Bolsonaro prepara decreto, considerado ilegal, para limitar retirada de posts e perfis das redes sociais", *Folha de S.Paulo*, 20 maio 2021.

(*accountability*), não só para o usuário cujo conteúdo foi derrubado, como também para toda a sociedade que reconhecerá os valores relativos ao uso de determinada rede social e dará legitimidade a ela como espaço de liberdade e de respeito aos direitos fundamentais.

Capítulo 7

A LGPD é pop

Mariana Palmeira

A Lei Geral de Proteção de Dados, Lei 13.709 de 2018, conhecida por LGPD, foi sancionada em agosto de 2018, e entrou em vigor de forma escalonada, alcançando sua vigência plena em agosto de 2021. Durante o longo período entre a sanção e entrada em vigor, a *vacatio legis*,[1] muito se discutiu sobre eventuais adiamentos em função de três argumentos principais: o baixo grau de adequação das organizações públicas e privadas; a demora na constituição da Autoridade Nacional de Proteção de Dados (ANPD);[2] e a pandemia da Covid-19.[3]

Os questionamentos sobre a pertinência de sua entrada em vigor ficaram para trás, e agora o foco se volta para os desafios que o setor público e privado passam a enfrentar no que diz respeito à adequação de suas atividades aos ditames da lei. Também no centro das atenções está a atuação da ANPD e os mais de 20 aspectos presentes na LGPD que precisam de regulamentação.[4] Os efeitos da nova lei já se estendem sobre a sociedade na medida em que o Poder Judiciário começou a receber demandas embasadas em seus artigos.[5] A atuação do Ministério Público se intensificou por meio de inquéritos civis públicos que investigam as frequentes violações de dados pessoais (Alves, 2019). No

---

1 *Vacatio legis* ou vacância da lei é o período entre a sanção da lei (o dia da sua publicação) e a sua entrada em vigor, quando seu cumprimento passa a ser exigido. É um hiato para que possa haver a assimilação e as correspondentes adaptações por parte das pessoas físicas e jurídicas que estarão submetidas à nova lei. Assim aconteceu, por exemplo, com o Código de Defesa do Consumidor (180 dias), o Código de Processo Civil (1 ano) e da Lei Anticorrupção (180 dias), e com vários outros diplomas legais.
2 A ANPD é o órgão da administração pública federal responsável por zelar pela proteção de dados pessoais, bem como por implementar e fiscalizar o cumprimento da LGPD. A prerrogativa para a formação da ANPD estava posta desde dezembro de 2018 por meio da MP nº 869/2018. No entanto, sua constituição ocorreu apenas em 26 de agosto de 2020 com a publicação do Decreto 10.474. Em 20 de outubro de 2020, o Senado Federal confirmou os nomes da primeira diretoria da ANPD.
3 Ver "As falácias do amanhã: a saga da entrada em vigor da LGPD" (Palhares, 2020: 529-549).
4 Brasil. Portaria nº 11, de 27 de janeiro de 2021.
5 Foram 600 ações apenas em 2021 ("Vazamento de dados gera direito à indenização por danos morais?" *Jota*, 16 ago. 2021) e 139 ações trabalhistas ("Lei Geral de Proteção de Dados foi citada em 139 ações trabalhistas", *Conjur*, 20 jan. 2021).

mesmo sentido, estão atuando os órgãos de proteção do consumidor como Procons e Senacon (Martins; Marta; Borgui, 2021).

Tamanha movimentação não passou despercebida pelo cidadão comum, que desde 2018 vem notando pedidos de consentimentos relacionados ao uso de seus dados pessoais em sites e aplicativos. Trabalhadores da iniciativa pública e privada vêm, gradativamente, recebendo instruções corporativas acerca de novas rotinas para a utilização de dados pessoais em suas atividades profissionais. Até a famosa solicitação de "CPF na farmácia" ganhou um outro tom, seja para quem pede, seja para quem cede em troca de descontos. Um tom de alerta por conta da realidade que se impõe sobre o alto valor dos dados pessoais tanto para a elaboração de políticas públicas, quanto como combustível para os mais diversos modelos de negócio.

A ferramenta Google Trends, que mede o interesse dos usuários do buscador Google, é emblemática ao mostrar o crescimento experimentado nos últimos cinco anos na procura por palavras correlatas à proteção de dados pessoais.[6] A imprensa geral e especializada deu ampla cobertura à chegada da LGPD. Em 21 de setembro de 2020, William Bonner anunciou no *Jornal Nacional*, da TV Globo, que entrava em vigor "uma espécie de código de defesa do consumidor especial para dados pessoais". No entanto, a LGPD é muito mais do que isso, como se verá ao longo deste capítulo.

Cumpre ao presente texto apresentar, ainda que em apertada síntese, os conceitos de privacidade e proteção de dados pessoais, apontar a inserção das leis de proteção de dados no panorama global, assim como o tratamento dedicado à proteção de dados no Brasil até a chegada da Lei Geral de Proteção de Dados. Por fim, contextualizar e comentar em linhas gerais os cinco eixos temáticos da LGPD.

Da privacidade à proteção de dados. Como chegamos até aqui?

Da proteção da privacidade à proteção da personalidade

A ideia de privacidade como é conhecida atualmente é tradicionalmente associada à mudança observada nos costumes da vida cotidiana a partir

---

[6] Disponível em: https://trends.google.com.br/trends/ (pesquisa pelo assunto "Proteção de dados"). Acesso em: 18/8/2021.

do século XVI, representada sobretudo pelo fim da sociedade feudal pelos efeitos da nascente Revolução Industrial. Uma nova forma de construir estabeleceu a separação dentro das moradias, bem como dentro das cidades. Tinha início a vinculação da privacidade à classe burguesa e à ideia de proteção da propriedade.[7] No entanto, com o surgimento dos meios de comunicação de massa, as possibilidades de invasão à privacidade do indivíduo ameaçaram uma esfera que não mais poderia ser defendida com os direitos de propriedade.

A tutela da privacidade tem seu marco jurídico reconhecido na obra de Warren e Brandeis com a publicação, em 1890, do artigo "The right to privacy", no qual afirmam a necessidade de um novo direito em face das inovações tecnológicas. Motivados pela publicação de fatos íntimos sobre o casamento da filha de um deles (Brandeis), os autores chamaram a atenção para os efeitos da popularização da fotografia, que ao lado das empresas de jornalismo foram representados como "invasores do sagrado e privado espaço doméstico" (1890: 195). Warren e Brandeis associaram o direito à privacidade à garantia de isolamento voluntário e ao resguardo da vida privada. Para tanto, lançaram mão de um conceito que já vinha sendo desenvolvido por outro jurista norte-americano, o juiz Cooley: o "direito de estar só".[8]

A mudança de núcleo do direito à privacidade inicialmente centrado na proteção da propriedade privada, para a tutela da pessoa humana; isto é: um direito de ordem pessoal abriu caminho para novas e amplas concepções. Em meados do século XX, a (r)evolução no tratamento da informação indicou novamente a necessidade de se reestruturar o direito à privacidade, que passou a se organizar em torno dos dados pessoais (Doneda, 2019: 172).

---

[7] Nesse sentido, Danilo Doneda: "Qualquer noção de privacidade deve fundar-se em uma percepção da relação do indivíduo com a sociedade, e a gênese de sua atual concepção evoca duas causas principais: a emergência do Estado-nação, da sociedade civil e das teorias de sua soberania nos séculos XVI e XVII, que formaram a noção moderna do ente público; e também do estabelecimento de uma esfera privada livre das ingerências desse ente público, como reação ao absolutismo, tendências aceleradas pelo fim da sociedade feudal, e posteriormente, pela Revolução Industrial" (Doneda, 2019: 117-118).

[8] Cancelier, 2017: 213. Thomas McIntyre Cooley (1824-1898), presidente da Suprema Corte de Michigan, cunhou, em 1888, a expressão "o direito de estar só" (*the right to be let alone*).

Breve panorama da proteção de dados

O desenvolvimento legislativo específico sobre proteção de dados teve seu impulso na década de 1960 como reação à coleta irrestrita de dados dos cidadãos pelo Estado. A primeira lei de proteção de dados data de 1970 e foi editada em Hesse, na Alemanha (Doneda, 2021: 23). Em seguida, a Suécia, em 1973, publicou a primeira lei nacional de proteção de dados. No mesmo início de década, nos Estados Unidos, foram desenvolvidos dois diplomas legais: o Fair Credit Reporting Act (1971) e o Privacy Act (1973).[9]

Em 1983, o Tribunal Constitucional Alemão proferiu uma decisão considerada paradigmática: frente ao avanço tecnológico e às possibilidades de tratamento de dados sem precedentes, reconheceu a existência do direito à autodeterminação informativa. O cidadão passa a ter o direito de controlar o uso dos seus dados pessoais, como explica Danilo Doneda:

> Ao reconhecer a centralidade do controle sobre as próprias informações para a proteção da personalidade no contexto do tratamento automatizado de dados, o Tribunal realizou notável trabalho de atualização das garantias fundamentais em vista das circunstâncias tecnológicas da época (Doneda, 2021: 23).

Em 1995, a União Europeia deu um importante passo na direção da consolidação das leis de proteção de dados pessoais e adotou a Diretiva 95/46/CE, que deu lugar, em 2016, ao Regulamento Geral de Proteção de Dados (RGPD ou GDPR como é conhecido por sua sigla em inglês). Sobre o regulamento europeu explicam Laura Schertel e Bruno Bioni:

> O RGPD é o ponto de chegada de uma longa jornada europeia no campo da proteção de dados pessoais. Após ter sido incluído o direito à proteção de dados como um direito fundamental na Carta de Direitos Fundamentais da EU e anos de vigência da Diretiva 95/46, houve o diagnóstico em torno da necessidade de uma abordagem mais consistente e uniforme de proteção de dados por todo o bloco econômico europeu (Bioni; Mendes, 2020: 797).

---

9   O *Fair Credit Reporting Act* protege as informações coletadas por agências que fazem relatórios sobre o consumidor. Ver mais em: www.ftc.gov/enforcement/statutes/fair-credit-reporting-act. O *Privacy Act* refere-se a um conjunto de práticas de tratamento de informação sobre indivíduos que são mantidas em sistemas de agências federais. Ver mais em: www.justice.gov/opcl/privacy-act-1974.

Atualmente, mais de 140 países têm leis específicas para a proteção de dados pessoais, o que significa o reconhecimento dos riscos que são proporcionados pelas atividades de tratamento de dados (Greenleaf; Cottier, 2020: 24-26). As leis estabelecem mecanismos que garantem a mitigação desses riscos e a consequente proteção da pessoa humana.

A proteção de dados no Brasil

A Lei Geral de Proteção de Dados (LGPD) introduziu no ordenamento jurídico brasileiro um novo léxico relacionado ao tema, a começar pela própria expressão "proteção de dados", pelos termos dela derivados como "dados pessoais", "dados pessoais sensíveis", "tratamento de dados", entre outros, como será explicado adiante no presente trabalho. Porém, a matéria em si não começou com a aprovação da LGPD.

A Constituição de 1988 apresentou dois marcos importantes que se relacionam ao desenvolvimento posterior do direito à proteção de dados no Brasil: (i) a positivação de direitos associados à privacidade como direito fundamental (art. 5º, X, XI e XII)[10] e (ii) a ação de *habeas data* (art. 5º, LXXII).[11] Em seguida, em atendimento a comando constitucional,[12] foi elaborado e aprovado o Código de Defesa do Consumidor que em seu artigo 43[13] determinou o direito do consumidor sobre suas informações pessoais presentes em bancos de dados de proteção ao crédito.

---

10 Art. 5 , X, CF: "são invioláveis a intimidade, a vida privada, a honra e a imagem das pessoas, assegurado o direito à indenização pelo dano material ou moral decorrente de sua violação; XI – a casa é asilo inviolável do indivíduo, ninguém nela podendo penetrar sem consentimento do morador, salvo em caso de flagrante delito ou desastre, ou para prestar socorro, ou, durante o dia, por determinação judicial; XII – é inviolável o sigilo da correspondência e das comunicações telegráficas, de dados e das comunicações telefônicas, salvo, no último caso, por ordem judicial, nas hipóteses e na forma que a lei estabelecer para fins de investigação criminal ou instrução processual penal (...)."

11 Art. 5º, LXXII, CF: "conceder-se-á *habeas data*: a) para assegurar o conhecimento de informações relativas à pessoa do impetrante, constantes de registros ou bancos de dados de entidades governamentais ou de caráter público; b) para a retificação de dados, quando não se prefira fazê-lo por processo sigiloso, judicial ou administrativo (...)."

12 Art. 48, CF: "O Congresso Nacional, dentro de cento e vinte dias da promulgação da Constituição, elaborará código de defesa do consumidor (...)."

13 Art. 43, CDC: "O consumidor, sem prejuízo do disposto no art. 86, terá acesso às informações existentes em cadastros, fichas, registros e dados pessoais e de consumo arquivados sobre ele, bem como sobre as suas respectivas fontes. Em relação a esse artigo, Danilo Doneda explica que: "(...) foi e é largamente utilizado de forma a consolidar o entendimento acerca da existência do direito do consumidor sobre seus dados pessoais (...)" (Doneda, 2021: 33).

De modo a garantir proteção específica ao consumidor em relação aos bancos de proteção ao crédito, a Lei do Cadastro Positivo (Lei nº 12.414/2011) foi publicada em 2011.[14] Apesar de apresentar pela primeira vez conceitos próprios do vocabulário de proteção de dados, a Lei do Cadastro Positivo não ganhou proeminência nem na doutrina, nem na jurisprudência. Em seguida, a Lei de Acesso à Informação (Lei nº 12.527/2011) avançou no sentido de definir "informação pessoal" como viria a ser reproduzida posteriormente na LGPD. Da mesma forma, estabeleceu a necessidade de normatização do tratamento dos dados pelo poder público (art. 31) (Doneda, 2021: 34).

Por fim, o Marco Civil da Internet (Lei nº 12.965/2014) estabeleceu uma série de direitos para os usuários de internet, bem como prescreveu deveres aos agentes econômicos, a exemplo dos provedores de serviços e de aplicação. Ainda em seu artigo 3º, III[15] aponta a proteção de dados como um dos princípios que disciplina o uso da internet no Brasil, e que este obedecerá a forma da lei.

Como se observa, a Lei Geral de Proteção de Dados (LGPD) não inaugurou a disciplina de proteção de dados no Brasil, porém sistematizou num único diploma os requisitos para que o tratamento de dados pessoais ocorra de maneira segura para o titular de dados. O mesmo pode-se dizer em relação aos agentes de tratamento. O novo marco regulatório, ao estabelecer deveres e obrigações para o uso de dados pessoais, procura oferecer um ambiente de maior segurança técnica, administrativa e jurídica para as organizações.

A LGPD passou por um longo processo de debates no âmbito do Executivo e do Legislativo, até a sua sanção presidencial em agosto de 2018. Entre a sanção e sua efetiva entrada em vigor em 1º de agosto de 2021, alguns obstáculos foram superados, conforme já mencionado (introdução). A partir de então, o Brasil está entre os mais de 140 países com lei própria para a proteção de dados pessoais. Cabe ressaltar que não se trata de um instrumento único e suficiente para garantir os direitos de liberdade, privacidade e livre desenvol-

---

14 A Lei do Cadastro Positivo (Lei nº 12.414/2011) foi atualizada em 2019 pela Lei Complementar nº 166, que promoveu importantes alterações na dinâmica de inserção dos nomes dos cidadãos nos cadastros, a exemplo da inclusão automática para posterior possibilidade de exclusão.

15 Art. 3º: "A disciplina do uso da internet no Brasil tem os seguintes princípios: III proteção dos dados pessoais, na forma da lei (...),"

vimento da personalidade (art. 1º, LGPD). Trata-se de uma das partes de uma estrutura institucional habilitada a garantir a proteção de dados.

Lei Geral de Proteção de Dados Pessoais (Lei nº 13.709/2018)

Visão geral: uma lei abrangente

A correta compreensão e a aplicação da LGPD passam necessariamente pelo entendimento da sua abrangência sobre os diversos setores da economia. Para cumprir esse papel, parte-se do primeiro dos cinco eixos temáticos da lei conforme definidos por Laura Schertel Mendes e Danilo Doneda (2018: 469): a unidade e generalidade da aplicação da lei. Os demais eixos (legitimação para o tratamento de dados; princípios e direitos do titular; obrigações dos agentes de tratamento; e responsabilização dos agentes) serão tratados nos itens subsequentes.

A unidade da lei é dada por sua premissa preambular, que ilumina a interpretação de todos os seus dispositivos, qual seja: a centralidade da pessoa natural. O objetivo da lei está posto no caput do artigo 1º, nos seguintes termos:

> Esta lei dispõe sobre o tratamento de dados pessoais, inclusive nos meios digitais, por pessoa natural ou por pessoa jurídica de direito público ou privado, com o objetivo de proteger os direitos fundamentais de liberdade e de privacidade e o livre desenvolvimento da personalidade da pessoa natural.

O propósito da LGPD é, portanto, a proteção da pessoa natural em todas as circunstâncias nas quais tem seus dados utilizados. É em torno dela, titular de dados, que "devem ser compreendidas e interpretadas todas as demais disposições previstas pela lei" (Frazão, 2018).

A generalidade da LGPD está relacionada à sua ampla aplicação ao tratamento e de dados pessoais, tanto em relação ao ambiente sobre o qual se impõe (físico e digital), quanto em relação a quem realiza o tratamento (setores públicos e privados). As poucas exceções contidas na lei são veiculadas no artigo 4º e cumprem o papel de equilibrar o sistema jurídico.[16] A primeira

---

16 Sobre exceções contidas na legislação de maneira geral, Sérgio Branco afirma: "O objetivo é sempre o mesmo: encontrar equilíbrio entre a proteção dos direitos de que trata a lei e a coletividade" (Branco, 2020: 25).

exceção (art. 4º, I) refere-se ao tratamento de dados realizado por pessoa natural para fins particulares e não econômicos. Estão incluídas nesse rol atividades privadas que envolvem dados pessoais, a exemplo de: agenda telefônica, lista de convidados para uma festa, e dados bancários de familiares que organizam um evento coletivo. A segunda exceção diz respeito aos dados para fins exclusivamente jornalísticos ou artísticos (art. 4º, II, a), e para fins acadêmicos (art. 4º, II, b).

No entanto, questiona-se na doutrina quais seriam os limites de interpretação do uso de dados nessas hipóteses. O que é entendido por atividade jornalística? Apenas a atividade fim do jornalista, ou também as atividades que se ligam ao jornalismo, a exemplo da assessoria de imprensa? Quem exerce a função de jornalista? O que pode ser caracterizado como conteúdo jornalístico? No mesmo sentido se indaga o que são fins acadêmicos? A vinculação a uma instituição universitária é obrigatória? De acordo com Sérgio Branco, o ideal seria buscar uma interpretação mais ampla possível, sob pena de impor critérios não estabelecidos em lei, ao mesmo tempo que se privilegia o direito fundamental à liberdade de expressão (Branco, 2020: 27).

Há ainda a terceira exceção que trata das questões de segurança pública e defesa nacional (art. 4º, III), que conforme o § 1º do artigo 4º deverão ser tratadas por lei específica.[17] Fora dessas hipóteses, a LGPD se aplica evidenciando todo o seu alcance ao não ressalvar setores da atividade econômica, porte ou faturamento de empresas, profissionais liberais no exercício de seus ofícios, ou mesmo pessoas jurídicas sem fins lucrativos. No contexto atual no qual os dados são vistos como insumos para praticamente todas as atividades econômicas, é muito difícil pensar em uma operação por menor que seja que não os utilize ao longo de seu processo produtivo. E se eles estão presentes, a aplicação da LGPD também está.

Novo vocabulário e novos institutos para a proteção dos dados pessoais

A Lei Geral de Proteção de Dados Pessoais trouxe para o ordenamento jurídico brasileiro, para todos os agentes envolvidos em sua aplicação, e também

---

17 Art. 4º § 1º: "O tratamento de dados pessoais previsto no inciso III será regido por legislação específica, que deverá prever medidas proporcionais e estritamente necessárias ao atendimento do interesse público, observados o devido processo legal, os princípios gerais de proteção e os direitos do titular previstos nesta lei."

para o cidadão, um novo léxico relacionado à proteção de dados. O artigo 5º apresenta os termos mais relevantes para a compreensão da lei. Dispor de um glossário é uma técnica legislativa comum que tem por objetivo a mitigação das eventuais incertezas geradas pelos novos termos (Branco, 2020: 30). Dentre as 19 definições que constam nas disposições preliminares da LGPD, destacam-se as seguintes: (i) dado pessoal; (ii) dado pessoal sensível; (iii) titular; (iv) controlador; (v) operador; (vi) encarregado e (vii) tratamento. A seguir, explica-se brevemente cada uma delas.

A LGPD define dado pessoal (art. 5º, I) como "informação relacionada à pessoa natural identificada ou identificável". Trata-se da visão expansionista ou ampliada do conceito de dado pessoal, que alarga o grau de proteção ao incluir dados pessoais que podem não identificar diretamente seu titular, mas que representam um vínculo, mesmo que indireto, impreciso ou inexato com ele (o titular) (Branco, 2020: 32).[18]

A noção de dado pessoal sensível (art. 5º, II) é de extrema relevância, pois a LGPD prevê deveres de cautela mais elevados quando os dados são sensíveis (arts. 11 a 13). São assim considerados: "dado pessoal sobre origem racial ou étnica, convicção religiosa, opinião política, filiação a sindicato ou a organização de caráter religioso, filosófico ou político, dado referente à saúde ou à vida sexual, dado genético ou biométrico, quando vinculado a uma pessoa natural". Como se depreende do rol apresentado pelo legislador, trata-se de informações com potencial discriminatório em caso de exposição ou tratamento indevido.

O titular é o motivo de existência da LGPD, sua definição é veiculada no art. 5º, V: "*é a pessoa natural a quem se referem os dados pessoais que são objeto do tratamento*". Além do titular, três outros atores fazem parte do sistema de proteção de dados pessoais. Os controladores (art. 5º, VI) são aqueles a quem cabem as decisões referentes ao tratamento de dados pessoais. Podem ser pessoas naturais (pessoas físicas) ou jurídicas de direito público ou privado. Um caso de controlador pessoa natural é um médico, profissional liberal, que em sua rotina de trabalho, em seu consultório, recolhe e trata dados pessoais de seus pacientes (titulares).

---

18 Importa ressaltar que em oposição ao conceito de dado pessoal está o dado anonimizado, aquele que não é capaz de levar à identificação do titular, e por isso não é alcançado pela LGPD.

Outro ator da LGPD é o operador (art. 5º, VII), aquele que trata os dados pessoais em nome do controlador. Da mesma forma pode ser pessoa natural ou jurídica, dos setores público ou privado. Como exemplo de operador citam-se as empresas de contabilidade, que recebem do controlador a incumbência de realizar determinado tipo de serviço envolvendo o tratamento de dados pessoais. A existência do operador depende da decisão do controlador, que no exemplo da empresa de contabilidade (ou contador) decide ou não contratar esse serviço de uma entidade apartada da sua.[19] A lei dá ao controlador e ao operador o nome de agentes de tratamento (art. 5º, IX).

Adicionalmente, há ainda um quarto ator presente no sistema de proteção de dados: o encarregado (art. 5º, VIII): "pessoa indicada pelo controlador e operador para atuar como canal de comunicação entre o controlador, os titulares dos dados e a Autoridade Nacional de Proteção de Dados (ANPD)". O encarregado representa uma nova função trazida pela lei, suas atividades estão descritas no artigo 41, é figura indispensável para que os agentes de tratamento cumpram com as obrigações impostas pela LGPD.[20]

Por fim, mas não de forma exauriente, o glossário indica 20 termos que podem representar as operações realizadas com dados pessoais, chamadas de tratamento (art. 5º, X). São eles: coleta, produção, recepção, classificação, utilização, acesso, reprodução, transmissão, distribuição, processamento, arquivamento, armazenamento, eliminação, avaliação ou controle da informação, modificação, comunicação, transferência, difusão ou extração.

Ao lado do novo vocabulário, a LGPD apresentou institutos próprios da dinâmica de proteção de dados pessoais. A lei consolidou em uma única estrutura normativa conceitos, princípios (art. 6º), hipóteses de tratamento (arts. 7º e 11), direitos dos titulares (art. 18), obrigações de adoção de instrumentos de mitigação de risco e proteção (arts. 5º, XVII; 46; 50), dever de prestação de contas (arts. 6º, X; 37; 38) que implicam contratação de serviços de adequação por parte dos agentes de tratamento, assim como alocação de orçamento para as mudanças necessárias nas rotinas das operações de tratamento de dados pessoais.

---

19 Nesse sentido: "A existência de um processador de dados depende de decisão do controlador para delegar toda ou parte de uma atividade de processamento a uma organização ou indivíduo externos" (Kremer, 2020: 305).
20 Sobre o encarregado, ver Gomes (2019).

Princípios que estruturam e iluminam a LGPD

Princípios são normas que organizam e estruturam o sistema jurídico (Canotilho, 2000). A LGPD elencou 10 princípios, que além do papel de estruturar o sistema de proteção de dados, indicam caminhos para que a proteção do titular efetivamente se realize. São eles:

> Art. 6º As atividades de tratamento de dados pessoais deverão observar a boa-fé e os seguintes princípios:
> I – finalidade: realização do tratamento para propósitos legítimos, específicos, explícitos e informados ao titular, sem possibilidade de tratamento posterior de forma incompatível com essas finalidades;
> II – adequação: compatibilidade do tratamento com as finalidades informadas ao titular, de acordo com o contexto do tratamento;
> III – necessidade: limitação do tratamento ao mínimo necessário para a realização de suas finalidades, com abrangência dos dados pertinentes, proporcionais e não excessivos em relação às finalidades do tratamento de dados;
> IV – livre acesso: garantia, aos titulares, de consulta facilitada e gratuita sobre a forma e a duração do tratamento, bem como sobre a integralidade de seus dados pessoais;
> V – qualidade dos dados: garantia, aos titulares, de exatidão, clareza, relevância e atualização dos dados, de acordo com a necessidade e para o cumprimento da finalidade de seu tratamento;
> VI – transparência: garantia, aos titulares, de informações claras, precisas e facilmente acessíveis sobre a realização do tratamento e os respectivos agentes de tratamento, observados os segredos comercial e industrial;
> VII – segurança: utilização de medidas técnicas e administrativas aptas a proteger os dados pessoais de acessos não autorizados e de situações acidentais ou ilícitas de destruição, perda, alteração, comunicação ou difusão;
> VIII – prevenção: adoção de medidas para prevenir a ocorrência de danos em virtude do tratamento de dados pessoais;
> IX – não discriminação: impossibilidade de realização do tratamento para fins discriminatórios ilícitos ou abusivos;
> X – responsabilização e prestação de contas: demonstração, pelo agente, da adoção de medidas eficazes e capazes de comprovar a observância e o cumprimento das normas de proteção de dados pessoais e, inclusive, da eficácia dessas medidas.

De acordo com Laura Schertel e Danilo Doneda, a preocupação do legislador em enunciar princípios específicos para a LGPD se dá em função da novidade da temática em torno da proteção de dados no Brasil. Da mesma forma que há a intenção didática de organizar comandos que têm alto grau de aplicação concreta (Mendes; Doneda, 2018: 6). Como exemplo, tome-se o princípio da segurança (art. 6º, VII), que determina a utilização de medidas técnicas e administrativas capazes de proteger os dados pessoais dos titulares. No mesmo sentido, observa-se o princípio da responsabilização e prestação de contas (art. 6º, X), que exige a demonstração de que os agentes de tratamento adotaram as medidas determinadas pela lei.

Como se depreende da leitura dos princípios, a LGPD impõe a controladores e operadores uma nova forma de utilização de dados pessoais em seus processos produtivos. A relevância da principiologia da lei está em garantir que a privacidade, a liberdade e o livre desenvolvimento da personalidade do titular estejam resguardados, ao mesmo tempo que a inovação tecnológica e o desenvolvimento econômico (art. 2º, V) continuem acontecendo (Souza et al., 2020: 61).

A limitação do tratamento de dados pessoais

Um dos preceitos fundamentais da LGPD é a limitação do tratamento de dados pessoais, isto é, as operações de tratamento só podem ocorrer caso se enquadrem em uma das hipóteses apresentadas na lei. São as chamadas bases legais ou requisitos para o tratamento conforme os artigos 7º e 11. As possibilidades são amplas e comportam diversas situações como o trânsito de documentos entre áreas de departamento pessoal de organizações e órgãos da administração pública, a exemplo das informações transmitidas para fins de Cadastro Geral de Empregados e Desempregados (Caged), de E-social ou de Declaração do Imposto sobre a Renda Retido na Fonte (Dirf). Nestes casos, a transmissão de dados pessoais está inserida na hipótese de cumprimento de obrigação legal ou regulatória pelo controlador (art. 7º, II).

Ao lado do exemplo mencionado, existem outras bases legais em um total de 10 que legitimam o tratamento de dados pessoais (art.7º),[21] que se

---

[21] As bases legais do artigo 7º são: consentimento, obrigação legal ou regulatória, administração pública, pesquisa (por órgãos de pesquisa), execução de contrato, exercício regular de direito, proteção da vida, tutela da saúde, interesse legítimo do controlador ou de terceiro, e proteção do crédito.

somam às bases específicas para as operações que envolvem dados pessoais sensíveis (art.11).[22] Adicionalmente, a LGPD apresenta um capítulo dedicado ao Poder Público (Capítulo IV) a que prevê meios para o tratamento de dados pessoais em circunstâncias relacionadas à execução de políticas públicas, e à execução de competências legais ou atribuições legais do serviço público (Wimmer, 2021: 291).

É importante sublinhar que a LGPD, ao apresentar um conjunto variado de hipóteses que uma vez aplicadas aos casos concretos autorizam as operações com dados pessoais, se afasta do paradigma do consentimento como a única possibilidade. Nesse sentido, observam Caio César de Oliveira e Paulo César Tavares Filho:

> Com o desenvolvimento de modelos de negócio baseados na extração, uso e compartilhamento de dados, é preciso repensar a utilidade de tal mecanismo. O consentimento (ainda) pode ser considerado como a melhor base legal para a garantia de controle em todas as hipóteses de tratamento de dados pessoais? Existe uma hierarquia entre as bases legais previstas pela Lei Geral de Proteção de Dados (LGPD)? Por meio de uma leitura atenta da LGPD, é possível inferir que não. O consentimento passou a ser apenas uma das bases legais que possibilitam o tratamento e, em muitos casos, o consentimento não será a base legal adequada ou recomendada (Oliveira; Tavares Filho, 2021).

Mesmo que o consentimento seja a base legal adotada pelos agentes de tratamento, é preciso cumprir seus requisitos de validade conforme descritos pelo artigo 5º, XII: O consentimento é a "manifestação livre, informada e inequívoca pela qual o titular concorda com o tratamento de seus dados pessoais para uma finalidade determinada". E, caso o consentimento seja fornecido para operações com dados sensíveis, deve ainda observar a forma específica e destacada (art. 11, I).

---

22 As bases legais do artigo 11 são: consentimento, obrigação legal ou regulatória, administração pública, pesquisa (por órgãos de pesquisa), execução de contrato, exercício regular de direito, proteção da vida, tutela da saúde, e prevenção à fraude e à segurança do titular.

A estreita relação entre os direitos dos titulares e obrigações dos agentes de tratamento

A LGPD encerra o seguinte conjunto de direitos do titular nos artigos 18 e 20, caput e § 1º: confirmação de tratamento e acesso aos dados, retificação, cancelamento, portabilidade, oposição, explicação e revisão de decisões automáticas. São dispositivos que equipam o titular de dados com os procedimentos que podem ser adotados para que uma parcela da proteção de sua privacidade seja concretizada (Souza; Silva, 2020: 258). Verifica-se que a plena realização desses direitos está intimamente ligada ao cumprimento das obrigações impostas aos agentes de tratamento.

Como exemplo, apontam-se o encargo de indicação do encarregado por parte do controlador (art. 41), e as atividades a ele destinadas. Em especial o relacionamento com os titulares e a consequente obrigação de aceitar suas reclamações e comunicações (art. 41, § 2º, I). Também pode-se afirmar que a realização dos direitos dos titulares implica uma ordenação dos fluxos de dados dentro dos respectivos agentes de tratamento. Tal ordenação é atingida cumprindo a obrigação de manter um registro das atividades de tratamento conforme o artigo 37.

De modo indireto, mas na mesma direção da garantia de proteção dos direitos de liberdade, privacidade e livre desenvolvimento da personalidade da pessoa humana, a LGPD trouxe dispositivos que indicam a necessidade de reforçar a tutela do titular no trato dos seus dados pessoais por meio de um programa de governança (art. 50). É no contexto da governança, que se inserem as práticas de *compliance*. Palavra originária da língua inglesa, que significa o ato de obedecer a uma ordem, regra ou solicitação (*Cambridge Dictionary*, 2021). Não possui tradução literal para o português, porém se alinha "à expectativa de uma postura de conformidade e adesão a parâmetros regulatórios" (Martins; Faleiros Júnior, 2020: 274).

A LGPD conferiu fôlego renovado ao *compliance*, por duas razões primordiais: (i) a abrangência da LGPD (tópico III.a supra); e (ii) a obrigatoriedade, sob pena de sanção, de adequação dos agentes de tratamento aos preceitos da LGPD. Majoritariamente, significa a adoção de medidas técnicas, administrativas e organizacionais, conforme o artigo 46,[23] que, conjugado

---

23 Art. 46: "Os agentes de tratamento devem adotar medidas de segurança, técnicas e administrativas aptas a proteger os dados pessoais de acessos não autorizados e de situações acidentais ou ilícitas de destruição, perda, alteração, comunicação ou qualquer forma de tratamento inadequado ou ilícito."

com o artigo 50,[24] apresentam as orientações para os programas de conformidade a serem desenvolvidos pelos agentes de tratamento.

Apesar da conotação facultativa que se extrai da dicção do caput do artigo 50 no sentido de que os agentes de tratamento "poderão formular regras de boas práticas e de governança", assim como a possibilidade de concretizar os princípios de segurança e prevenção (art. 6º, VI e VII) por meio de uma estrutura mínima de programa de governança em privacidade (art. 50, § 2º), a atribuição de efeitos jurídicos à existência ou à ausência das práticas de governança demonstra a relevância do tema. Do artigo 52, IX, se extrai que a Autoridade Nacional de Proteção de Dados (ANPD) considerará a "adoção de boas práticas e governança" como critério para a aplicação de sanções. É possível concluir que mais do que faculdade, está presente um incentivo.

Sanções administrativas e sanções judiciais

Na atividade fiscalizatória da conformidade dos deveres dos agentes de tratamento com a lei, a LGPD prevê a imposição de sanções administrativas (art. 52). São sanções de nove espécies que obedecem a uma ordem crescente de gravidade segundo o legislador: advertência, multa simples, multa diária, publicização da infração, bloqueio dos dados, eliminação dos dados, suspensão parcial do funcionamento dos bancos de dados, suspensão do exercício da atividade de tratamento e proibição parcial ou total da atividade de tratamento.

A tônica das sanções administrativas ganhou destaque na imprensa brasileira mesmo antes da entrada da LGPD em vigor. O motivo estava relacionado à recente vigência do Regulamento Geral de Proteção de Dados (RGPD ou GDPR), que também apresenta multas pecuniárias de valor expressivo (Palmeira, 2020: 343). A atenção voltada para as sanções aplicáveis pela ANPD também se relaciona ao impacto que podem causar nas

---

24 Art. 50: "Os controladores e operadores, no âmbito de suas competências, pelo tratamento de dados pessoais, individualmente ou por meio de associações, poderão formular regras de boas práticas e de governança que estabeleçam as condições de organização, o regime de funcionamento, os procedimentos, incluindo reclamações e petições de titulares, as normas de segurança, os padrões técnicos, as obrigações específicas para os diversos envolvidos no tratamento, as ações educativas, os mecanismos internos de supervisão e de mitigação de riscos e outros aspectos relacionados ao tratamento de dados pessoais."

empresas brasileiras. Em especial, nas microempresas e nas empresas de pequeno porte.[25]

Não obstante a expectativa criada em torno das sanções administrativas da lei, pois foram os últimos artigos a entrar em vigor, em 1º de agosto de 2021, desde 18 de setembro de 2020 já era possível o ajuizamento de demandas judiciais embasadas no descumprimento dos preceitos da LGPD. Portanto, é importante que se faça a diferenciação entre as sanções administrativas, de competência da ANPD, e as eventuais sanções judiciais, aplicadas com exclusividade pelo Poder Judiciário. De acordo com o artigo 55-J, IV, compete à ANPD:

> IV – fiscalizar e aplicar sanções em caso de tratamento de dados realizado em descumprimento à legislação, mediante processo administrativo que assegure o contraditório, a ampla defesa e o direito de recurso.

Cabe ressaltar então que a inobservância das regras previstas na LGPD está sujeita a outras penalidades diversas daquelas veiculadas no artigo 52 da lei. Os agentes de tratamento também estão subordinados à legislação específica, que, a depender de suas atividades, se aplicarão ou não, a exemplo do Código de Defesa do Consumidor.

A LGPD representa a inscrição do Brasil junto aos mais de 140 países que possuem leis específicas sobre proteção de dados. Representa também mais um passo para a viabilização da entrada do Brasil na Organização para a Cooperação e Desenvolvimento Econômico (OCDE), que demanda que o país possua regulação específica sobre a temática.

Ressalta-se que relevância que o tema ganhou no Brasil nos últimos anos ultrapassa a edição da LGPD. Nesse sentido, em 8 de maio de 2020, o Superior Tribunal Federal (STF), na figura da ministra Rosa Weber, proferiu um voto histórico no julgamento de cinco Ações Diretas de Inconstitucionalidade. A decisão suspendeu a eficácia da Medida Provisória nº 954, de 17/4/2020, que dispunha sobre o "compartilhamento de dados por empresas de telecomunicações prestadoras de Serviço Telefônico Fixo Comutado e de Serviço Móvel Pessoal com a Fundação Instituto Brasileiro de Geografia e

---

25 Em 27 de fevereiro de 2023, a ANPD publicou o Regulamento de Dosimetria e Aplicação de Sanções Administrativas. Significa dizer que a Autoridade passa a poder aplicar as punições por descumprimento à LGPD. As sanções passíveis de aplicação são aquelas já previstas no artigo 52 da LGPD.

Estatística, para fins de suporte à produção estatística oficial durante a situação de emergência pública de importância internacional decorrente do coronavírus (Covid-19), de que trata a Lei nº 13.979, de 6 de fevereiro de 2020".

Nesta decisão foram reconhecidos o direito autônomo à proteção de dados pessoais e o direito à autodeterminação informativa. Na mesma direção, em fevereiro de 2022 foi promulgada a Emenda Constitucional 15/2022, que inscreveu o direito à proteção de dados pessoais no rol de direitos e garantias fundamentais do artigo 5º da Constituição Federal[26].

Nada mais importante do que regular a forma de uso dos dados pessoais pelos setores público e privado, pois nas palavras de Ana Frazão: "Por mais que ainda não seja possível compreender a total extensão do poder econômico, político e social que decorre dos dados e da sua utilização, já se percebe quão grande ele pode ser" (Frazão, 2020: 25). O mérito de ter no Brasil uma lei geral de proteção de dados relaciona-se intimamente aos próprios fundamentos da LGPD: àqueles que protegem o titular de dados (art. 2º, I, II, III, IV e VII), e àqueles que abrigam o desenvolvimento econômico, tecnológico, inovação, livre iniciativa, livre concorrência e a defesa do consumidor (art. 2º, V e VI).

---

[26] Em 10 de fevereiro de 2022, o Plenário do Senado promulgou a EC 15/2022 que afirmou a proteção de dados como um direito fundamental autônomo da privacidade, e a emenda constitucional fixou a competência privativa da União para legislar sobre o tema.

Capítulo 8

Desinformação e liberdade de expressão: uma abordagem complexa

Jonas Valente

O tema das *fake news* ganhou relevância para muito além dos profissionais de comunicação e pesquisadores sobre o tema. O fenômeno se tornou objeto de intensa preocupação por parte de governos, legisladores, entidades da sociedade civil e cidadãos, com episódios sucessivos de impacto sobre diferentes esferas da sociedade. A mais visível delas é sobre o processo político, especialmente sobre eleições. Embora tenha havido o escândalo do uso de dados pela empresa britânica Cambridge Analytica para desinformar e influenciar pleitos como o presidencial dos Estados Unidos de 2016, o problema ganhou escopo muito mais amplo, perpassando disputas políticas em vários continentes.

Na América Latina, a prática desinformativa saiu dos meios tradicionais e ganhou as redes sociais, especialmente nos últimos pleitos eleitorais. O levantamento da organização Antlantic Council mostrou como esses métodos foram empregados nas eleições do Brasil, da Colômbia e do México no ano de 2018 (Bandeira et al., 2019). Os riscos levaram a Relatoria para a Liberdade de Expressão da Organização dos Estados Americanos a elaborar e divulgar um guia sobre o tema em contextos eleitorais com recomendações a diversos atores, entre governos, legisladores, plataformas e entidades da sociedade civil (Rele, 2019).

A desinformação passou a ser utilizada também para embates entre grupos e etnias, com casos de mensagens falsas sendo o estopim de ondas de linchamento, assim como em ataques a minorias étnicas em Myanmar. A violência física provocada por mensagens enganosas também se proliferou em diversos casos no mundo, especialmente a partir de mentiras sobre supostas autorias de crimes, que terminaram em linchamentos e morte, por exemplo, no México em 2018 (Martinez, 2018).

Mais recentemente, a pandemia do novo coronavírus foi um novo palco do que pesquisadores e organismos internacionais chamaram de "infodemia", com uma onda de desinformação sobre a Covid-19 em diversos aspectos, do questionamento às pesquisas e às orientações das autoridades de saúde (como as recomendações de distanciamento social, higienização de mãos e uso de máscara) à indicação de curas milagrosas ou de remédios sem comprovação científica (Sousa Júnior et al., 2020), como no notório caso do ex-presidente brasileiro Jair Bolsonaro com a defesa do uso dos remédios Ivermectina e Cloroquina, ambos sem evidências de eficácia para o tratamento da doença.

Diante do crescimento do problema e das consequências que este passou a ter para as democracias e, inclusive, para a saúde pública e a vida dos cidadãos, uma série de respostas passou a ser discutida em diversos países. Governos, legisladores, organizações da sociedade e cidadãos passaram a reivindicar a necessidade de soluções regulatórias ou a aplicarem estas em diferentes países sob diferentes matizes e abordagens, tornando o tema da regulação da desinformação um dos mais discutidos na área da liberdade de expressão.

Juntamente a essas reações, vieram questionamentos e críticas sobre muitas das soluções propostas, com intensas polêmicas tanto no âmbito do Executivo quanto do Legislativo em diversos países. Muitas reticências e problematizações pontuaram os possíveis impactos que medidas legais poderiam ter para diversos direitos, especialmente a liberdade de expressão e a proteção de dados. Por isso, o debate sobre a regulação da desinformação vem ensejando posições tão distintas e tem estado bastante longe de consensos. Para avançar nessa temática, é preciso primeiro voltar ao início e retomar a discussão sobre o fenômeno, suas conceituação e caracterização.

A falta de formulações consensuadas começa pelo próprio termo. O mais popular, "*fake news*", ainda é utilizado, embora tenha passado a ser rejeitado por ter sido apropriado por políticos e forças políticas que o utilizaram para atacar discursos contrários aos seus interesses. Em anos anteriores, ganhou popularidade o conceito de "pós-verdade", mais recentemente menos utilizado. Em parte da literatura acadêmica e, sobretudo, em organismos internacionais e em proposições legislativas, ganhou força o vocábulo "desinformação" para designar a difusão de mensagens falsas (Delmazo; Valente, 2018; Soares et al., 2019). Em inglês, autores e entidades diferenciam "*disinformation*" e "*misinformation*", sendo o primeiro intencional e o segundo, não. Contudo, no Brasil tal diferenciação não vem sendo tão empregada.

Derakshan e Wardle (2017) possuem trabalho bastante mencionado nos estudos sobre o tema no qual identificam modalidades diferentes de desinformação que comporiam o que os autores chamam de "desordem informacional". Termos semelhantes passaram também a ser adotados, como "caos informacional". Também não deixaram de ser adotadas nomenclaturas de sinônimos, como "conteúdos falsos" ou "enganosos", utilizadas inclusive por plataformas digitais e em projetos de lei.

Nosso intuito não é o de fazer este debate conceitual, mas localizamos este pois é fundamental para designar *o que* será ou não regulado. Alinhamo-nos às definições, como a do Alto Grupo de Especialistas da União Europeia (2018) – HLEG, na sigla em inglês –, que caracteriza o fenômeno como uma prática de produção e difusão de conteúdos falsos marcada pela intencionalidade e pela busca de ganhos políticos ou econômicos, com a produção de danos sobre indivíduos ou organizações. Não entram aí, por exemplo, o erro jornalístico ou a sátira. O aspecto da definição é chave, uma vez que conceitos vagos e sem uma delimitação clara abrem margem para abusos em uma eventual regulação.

Mas a circunscrição do fenômeno não se faz somente em sua definição. É preciso compreender sua lógica de funcionamento para mapear seus fatores impulsionadores e como o problema é amplificado. Tal análise é essencial para buscar as respostas que combatam ou mitiguem os impactos dessa prática. Neste sentido, é sempre importante lembrar que não se trata de um fenômeno novo, especialmente no Brasil e na América Latina, onde políticos e meios de comunicação tradicionais possuem episódios históricos de difusão de conteúdos falsos,[1] como para o apoio a regimes ditatoriais e desqualificação de forças opositoras a esses regimes ou a governos de direita ou conservadores.

A "novidade" da desinformação contemporânea está associada a uma série de novos fatores. Ela não deixou de ocorrer em meios tradicionais, mas

---

1   A "cobertura" do comício das Diretas Já em São Paulo, em 1985, pela Rede Globo, tratada como aniversário da cidade, é um entre tantos casos neste sentido, bem como a ficha com informações falsas sobre a ex-presidente Dilma Rousseff que teria sido criada pela ditadura militar quando a ex-presidenta atuava na clandestinidade em grupos opositores, divulgada por jornais em 2009.

passou a ter nas plataformas digitais um ambiente fértil para sua disseminação, conferindo novos patamares de alcance e velocidade. Isso porque esses agentes em geral assumiram modelos de negócio calcados na coleta massiva de dados, no processamento destes e na oferta de serviços personalizados visando à modulação de comportamento. Plataformas buscam estimular o "engajamento" de seus usuários em seus ambientes pelo maior tempo possível e sobre conteúdos para que tais reações alimentem os perfis individuais e os bancos de dados, que serão utilizados como base para o microdirecionamento de publicidade, de recomendações ou de outros serviços. A partir dessa lógica de funcionamento, plataformas passaram a calibrar seus algoritmos para favorecer e recomendar conteúdos que geram mais reações e engajamento, entre eles aqueles de caráter extremo e com desinformação.

Essa dinâmica foi aproveitada por agentes que transformaram a desinformação em estratégia política ou em negócio, ou nos dois combinados. Embora conteúdos falsos não sejam exclusividade de um espectro político, estes são empregados como método especialmente por grupos de extrema-direita, como recorrente no caso do ex-presidente estadunidense Donald Trump e no caso do ex-presidente Jair Bolsonaro (Pereira, 2021). A desinformação, assim, é feita por indivíduos desavisados, mas ganha escala com indústrias de produção e estratégias de difusão organizadas (Machado; Konopacki, 2018).

Como discutido em trabalho anterior (Valente, 2019), no mundo emergiram diferentes abordagens regulatórias para lidar com a desinformação, variando conforme o nível de ação de entes públicos, da autorregulação à regulação estatal, passando pela corregulação. A América do Norte vem optando por uma perspectiva de autorregulação. A União Europeia adotou uma estratégia de corregulação, com a elaboração de um código de conduta a ser seguido por plataformas. Na Ásia e em alguns países da Europa (como Alemanha e França), o modelo tem sido de aprovação de leis para combater o fenômeno, inclusive criminalizando a prática e quem a produz ou difunde. Também há diferentes abordagens para medidas regulatórias que incidem indiretamente ou não focam especificamente em desinformação. É o caso, por exemplo, de leis de proteção de dados, existentes em mais de 100 países e que teve como caso mais visível recentemente o Regulamento Geral da União Europeia (GDPR).

Na América Latina, ganharam força as propostas de resposta ao tema por meio da criminalização do discurso falso, especialmente no contexto da pandemia, quando foram aprovadas diversas leis e normas punindo com multa e cadeia pessoas que divulgassem mensagens enganosas sobre o coronavírus (Pita, 2021). Na região, assim como em outros países, há mais projetos de lei do que legislações aprovadas e intensas discussões no âmbito de sua tramitação, em geral pautada por argumentos que advogam pela urgência e pela rigidez das respostas.

No Brasil, já há uma série de leis que tratam do tema direta ou indiretamente. O Código Eleitoral (Lei nº 4.737 de 1965) elenca um tipo de delito, relacionado à difusão de conteúdo sabidamente inverídico. Já o Código Penal (Decreto-Lei nº 2.848 de 1940) define pena de dois a oito anos de cadeia para o delito de denunciação caluniosa, definido como "dar causa à instauração de inquérito policial, de procedimento investigatório criminal, de processo judicial, de processo administrativo disciplinar, de inquérito civil ou de ação de improbidade administrativa contra alguém, imputando-lhe crime, infração ético-disciplinar ou ato ímprobo de que o sabe inocente" (Brasil, 1940).

No arcabouço normativo brasileiro também há temas que podem ser utilizados de forma indireta em caso de desinformação, como os crimes contra a honra: calúnia, injúria e difamação. Quando o conteúdo enganoso se enquadra nessas hipóteses, como atentar contra a honra da pessoa, esses expedientes podem ser utilizados. O país também possui leis que incidem indiretamente no fenômeno da desinformação em sua lógica de funcionamento no tocante às plataformas, especialmente o Marco Civil da Internet (Lei nº 12.965), que define um modelo de responsabilização de plataformas, e a Lei Geral de Proteção de Dados (Lei nº 13.709), que fixa direitos e limites à coleta e ao tratamento de dados de cidadãos.

No Congresso foram apresentados dezenas e projetos de lei para tratar do tema da desinformação. Boa parte deles apontando para dois tipos de solução: 1) ou a criminalização da prática de produção e difusão, com sanções como multa e cadeia; 2) ou a transferência às plataformas digitais da prerrogativa para fiscalizar conteúdos e adotar medidas, como a exclusão de mensagens falsas. Contudo, o projeto que foi impulsionado na Casa foi o PL 2.630 de 2020 (Brasil, 2020), apelidado de "PL das *Fake News*". A proposta foi denominada como "Lei da Liberdade, Responsabilidade e Transparência na Internet" e foi aprovada pelo Senado Federal em 2020, entrando em discussão na Câmara dos Deputados a partir daquele ano, com novo fôlego em 2021.

O PL visou inicialmente a abordar a desinformação definindo-a e indicando condutas vedadas, como comportamentos inautênticos ou o uso de contas automatizadas sem identificação, além de incorporar obrigações de transparência. Ao longo de sua tramitação no Senado Federal em 2020, novos dispositivos foram sendo incluídos e retirados. A versão aprovada na Casa já não mencionava mais desinformação, depois de críticas de organizações da sociedade civil sobre os problemas da definição e a quem caberia a análise da verdade ou da falsidade dos conteúdos. O texto passou a conter uma série de dispositivos para combater o fenômeno, sem tratar expressamente deste tipo de conteúdo.

Permaneceu a vedação de práticas geralmente associadas à desinformação, como comportamentos inautênticos e uso de robôs. Também foram fixados limites para a atuação de autoridades públicas na internet. Foram estabelecidas obrigações de transparência, como relatórios acerca de medidas tomadas pelas plataformas para moderação de conteúdo e conteúdos vedados por suas políticas internas, como diretrizes da comunidade. Um dos pontos polêmicos da proposta previa a guarda da cadeia de mensagens em aplicativos e mensageiria (como WhatsApp) que cumprissem determinados requisitos de "viralização". Esta foi defendida por especialistas, mas criticada por outros especialistas e entidades da sociedade civil, como a Coalizão Direitos na Rede, por demandar uma coleta exagerada de dados, o que abriria espaço para ampliar a vigilância sobre os usuários (CDR, 2020).

Outro ponto polêmico do projeto, e que exemplifica a complexidade de tentar abordar a regulação do tema, dizia respeito à moderação de conteúdo. A redação aprovada no Senado trouxe regras de devido processo e obrigação de notificação do usuário quando houvesse medidas de moderação, com algumas exceções para determinados crimes (como pedofilia ou racismo) que permitissem uma retirada imediata dessas publicações. Mas previa algumas possibilidades de moderação com conceitos vagos, como pessoas "ofendidas". A Coalizão Direitos na Rede ponderou que os mecanismos de notificação e devido processo eram importantes, mas que não caberia definir exceções de notificação na lei, e sim em um código de conduta a ser elaborado e aprovado pelo Conselho de Transparência a ser criado pelo projeto.

Este órgão seria criado para definir diretrizes, estudos e elaborar o código de conduta como um instrumento normativo intermediário, passível de atualização periódica (a cada dois anos). O órgão foi desenhado, vinculado ao Congresso, com uma composição multissetorial com representação do Governo Federal, Congresso, Judiciário, órgãos de investigação, plataformas digitais, empresas de comunicação, pesquisadores e entidades da sociedade civil.

Em setembro de 2021, o presidente Jair Bolsonaro editou a Medida Provisória nº 1.068, alterando o Marco Civil da Internet e instituindo um novo regime de moderação de conteúdos para as plataformas digitais. Diferentemente da redação original do Marco Civil da Internet, segundo a qual as plataformas tinham prerrogativa de fixar suas regras e seriam responsabilizadas se não cumprissem decisões judiciais, a MP impediu que as plataformas moderassem conteúdo a não ser em caso de decisão judicial ou do que o texto classificou como "justa causa", um conjunto de hipóteses como nudez; prática e apoio à realização de crimes; recrutamento para organizações criminosas ou terroristas; prática e incitação de atos de violência, inclusive de caráter discriminatório; prática ou incitação de atos contra segurança pública e defesa nacional; comercialização de produtos impróprios ao consumo; e retirada de imagens de violação da privacidade pedidas pela pessoa.

A MP subordinou a atuação de moderação de conteúdo das plataformas à fiscalização de um órgão a ser designado. Caso este órgão avaliasse que a medida foi equivocada, poderia aplicar sanções à plataforma, como multa, suspensão temporária das atividades e proibição das atividades de coleta de dados. Em que pese a MP ter valorizado as decisões judiciais, na prática ela amarrou a atuação das plataformas para reduzir alcance, suspender ou excluir conteúdos em temas-chave, como a desinformação, inclusive sobre a pandemia, que vinha sendo derrubada por esses agentes.

Após a pressão da sociedade civil e de atores de diversos setores, a MP foi devolvida ao Executivo pelo presidente do Senado Federal, senador Rodrigo Pacheco. Já o PL 2630 foi objeto de um grupo especial na Câmara dos Deputados. No primeiro semestre, houve intensa movimentação e a matéria teve sua urgência colocada para votação no Plenário da casa. O projeto trazia pontos positivos já mencionados, como mecanismos de transparência, devido processo e obrigações para as plataformas. Mas incluía itens problemáticos, como a extensão da imunidade parlamentar para o ambiente da circulação de conteúdos nas plataformas digitais e um dispositivo mal formulado de remuneração de empresas jornalísticas por conteúdo utilizado por plataformas, uma demanda do empresariado de comunicação. Uma mobilização do governo Bolsonaro e das plataformas digitais fez com que a proposta de urgência, que aceleraria a análise da proposta em Plenário, fosse derrotada.

A expectativa de aprovação da proposta colocava como preocupação o enfrentamento da desinformação durante as eleições. O receio de diversos setores se concretizou, e o pleito de 2022 foi marcado pesadamente pela circulação de mentiras de todo tipo, em especial no 2º turno. Sem uma base legal e sem mecanismos para combater este fenômeno, coube ao Tribunal Superior Eleitoral (TSE) adotar medidas diversas, inclusive indo além das normas aprovadas pela instituição, para empregar instrumentos excepcionais de julgamento e sanção de conteúdos desinformativos durante o pleito, também em especial no 2º turno.

Com a vitória de Lula para seu 3º mandato, abriu-se uma nova janela de oportunidades para o tema, em especial pelo fato de o candidato eleito ter manifestado sua disposição de levar a cabo a agenda em sua nova gestão. O candidato em campanha e, depois, eleito, colocou por diversas vezes a importância de uma nova regulação para as plataformas digitais como um elemento fundamental à democracia. O tema ganhou ainda mais força diante de movimentos golpistas após as eleições. Diante da vitória de Lula, milhares de militantes bolsonaristas promoveram atos de tentativa de fechamento de estradas e atos questionando a vitória do candidato petista a partir de mentiras difundidas sobre supostas fraudes nas urnas.

Nos primeiros dias da gestão de Lula, em 8 de janeiro de 2023, manifestantes bolsonaristas, que até então estavam acampados em quartéis por todo o Brasil, avançaram sobre a Esplanada dos Ministérios e tentaram dar um golpe de Estado, organizado em sua maioria por redes sociais e transmitido por esses canais por horas, com uma reação pífia e extremamente atrasada desses agentes. O episódio deste dia reforçou os discursos da nova gestão acerca da necessidade de uma regulação das plataformas digitais. A agenda da regulação da desinformação ganhou força na nova gestão do Executivo Federal, capitaneada especialmente pelo Ministério da Justiça e pela Secretaria de Comunicação Social, que criou uma área especial para o tema das políticas digitais.

O tema voltou a ganhar fôlego no Congresso Nacional. O relator Orlando Silva (PC do B-SP), com apoio do presidente da Casa, deputado Artur Lira (PP-AL), passou a negociar o texto com diversos segmentos. O Governo Federal formulou uma longa proposta ao PL 2.630 (Cruz, 2023), calcada sobretudo na ideia de "dever de cuidado" formulada no Ato de Serviços Digitais (DSA, na sigla em inglês) aprovado pela União Europeia de 2023, e mencionando um órgão regulador independente. Silva acolheu parte relevante das propostas do governo, mas com limitações.

Entidades da sociedade civil como a Coalizão Direitos na Rede e a Sala de Articulação contra Desinformação (SAD) defenderam a importância da aprovação do projeto, embora ressaltando críticas pontuais (como a manutenção de regras sobre direitos autorais em plataformas digitais ou a imunidade parlamentar nesses espaços). Contudo, a frente de oposição de 2022 se rearticulou novamente, com os parlamentares de extrema-direita e ligados ao bolsonarismo, a bancada evangélica e um *lobby* extremamente agressivo das plataformas digitais. Esses conglomerados promoveram campanha pesada e conseguiram pressionar parlamentares (Weterman e Affonso, 2023) com ameaças e distorções, como ao falar que o projeto incentivaria a desinformação. O Google incluiu em sua página principal de buscas uma mensagem contra o PL. O Conselho Administrativo de Defesa Econômica (Cade) abriu uma investigação sobre possíveis práticas de abuso de poder econômico (Cunha e Pupo, 2023). No fim de abril, a Câmara votou a urgência da proposta por placar apertado. No dia dois de maio, o presidente da Casa, Artur Lira (PP-AL), colocou a proposta na pauta do Plenário, mas o relator, deputado Orlando Silva, retirou-a para continuar discutindo com as bancadas aperfeiçoamentos ao texto. A medida indicou falta de segurança sobre apoio suficiente para a aprovação e, mais uma vez, significou a perda de oportunidade para a aprovação do Projeto de Lei na Câmara dos Deputados.

Desafios à regulação da desinformação

A regulação da desinformação é uma tarefa bastante complexa, pois demanda equilibrar a promoção do acesso à informação e a um ambiente de debate público democrático e não tóxico com a liberdade de expressão. Esse esforço implica atacar as causas da lógica de funcionamento e que contribuem para facilitar e amplificar as práticas de produção e difusão de conteúdos desinformativos. Assim, uma abordagem regulatória deve tomar o caráter multifacetado do problema para oferecer soluções que ataquem as diversas causas e fatores.

Diversos agentes defendem que a adoção de iniciativas de verificação de fatos e de educação midiática são importantes. De fato, estas são respostas importantes, mas sozinhas são insuficientes para lidar com o problema. O mote de que "desinformação se combate com mais informação" é em parte verdadeiro, pois, por um lado, um ambiente plural e diverso é fundamental (e isso demanda uma reforma regulatória profunda nas comunicações brasileiras, por exemplo), mas, por outro, apenas indicar que o fortalecimento do jornalismo serviria é restrito, uma vez que no caso brasileiro os veículos tradicionais também se notabilizam por praticar desinformação.

Anteriormente, sugerimos que o problema da desinformação é composto de uma articulação entre um ambiente propício das plataformas digitais que estimula a circulação de mensagens enganosas e a ação de agentes políticos e econômicos que utilizam essas estratégias para vantagens de diferentes maneiras. Neste sentido, um primeiro aspecto a ser tratado por uma abordagem regulatória é o de agir sobre o modelo de negócio das plataformas. Um conjunto de mecanismos necessários envolve a transparência do funcionamento desses agentes, incluindo a monetização de conteúdos e, inclusive, os modos de funcionamentos de seus sistemas de processamento de dados, o que autores chamam de transparência algorítmica. Essas regras são relevantes para permitir tanto que os usuários entendam melhor como as informações chegam a ela quanto para que forças de investigação e entes públicos monitorem a atuação de grupos voltados à difusão dessas mensagens.

Um segundo rol de medidas deve atingir o modelo de coleta massiva de dados e criação de perfis. Uma abordagem mais tímida incluiria restringir as possibilidades de coleta e reúso de dados. Atualmente, a Lei Geral de Proteção de Dados (LGPD) permite uma série de hipóteses de uso de registros para finalidades diferentes daquelas para as quais a coleta foi feita, o que abre caminho para que se formem amplas bases e dados por quaisquer agentes com grande capacidade de coleta de dados (como as plataformas digitais), servindo como estímulo à um processo que chamamos de espiral da vigilância comercializada, em que esses agentes coletam mais dados para poder ter maior capacidade de previsão e personalização de serviços, que são ofertados impondo novas formas de coleta, reiniciando o ciclo (Valente, 2021).

Contudo, entendemos aqui que sem atacar a criação de perfis (*profiling*) para o direcionamento de anúncios e serviços dificilmente se quebra a engrenagem que motiva as plataformas a buscarem cada vez mais a vigilância não somente de seus usuários, mas do conjunto dos internautas (como por meio de mecanismos de *login* social). Embora essa seja a espinha dorsal do modelo de negócio das plataformas, é este recurso que propicia a capacidade de dano para as democracias e as sociedades. A desinformação em escala industrial e financiada não é propagada somente de forma orgânica, mas depende do impulsionamento e do patrocínio de publicações, cujo êxito está diretamente vinculado ao microdirecionamento.

Ainda no âmbito das plataformas, um outro aspecto que potencializa a circulação de desinformação é o caráter oligopolista desses agentes, que se constituem como monopólios digitais. Ao formar "jardins murados" controlados, os usuários ficam dependentes de suas regras internas. Cresce no mundo a preocupação com a falta de competição nesse setor e a necessidade de medidas para combater esse cenário. Entendemos aqui que para isso seria adequado estabelecer limites à concentração, inclusive obrigando a venda de subsidiárias, como no caso do Facebook com o Whatsapp e o Instagram, e do Google com o Android e o YouTube. Outra medida fundamental é a intercomunicação, para que usuários de diferentes redes possam se comunicar, evitando que indivíduos fiquem reféns de uma determinada plataforma.

Mas uma das principais polêmicas, como já apontado no caso do PL 2630, é exatamente qual o equilíbrio entre até onde as plataformas podem fazer moderação de conteúdo e a partir de que momento análise e sanções de conteúdos devem caber a um ente estatal, ou administrativo ou do Judiciário. Considerando que o cenário da desinformação é marcado por alto dinamismo, a questão da velocidade das reações se coloca como um desafio. Contudo, essa não pode justificar a defesa de repassar às plataformas a análise de conteúdos desinformativos, pois isso conferiria mais poder do que esses agentes já possuem para mediar o debate público. Em algumas situações, entretanto, a atuação mais ágil das plataformas é importante, como em vídeos de crimes como pedofilia ou assassinato.

Mas e onde tais casos não são tão evidentes? Como resolver? O debate do PL 2630 trouxe essa questão. Entendemos aqui que o poder das plataformas deve ser reduzido, e não aumentado. A problemática então passa a ser quem analisa e aplica sanções e a partir de quais regras. A definição dos requisitos e vedações em lei também seria problemática, uma vez que o processo legislativo tem uma lentidão. Uma saída seria recorrer a modelos já existentes de regulação intermediária, com órgãos reguladores com capacidade de agir. É a proposta do PL 2630 que cria um organismo com agilidade e que está na esfera pública, e não privada.

Mas ainda assim permanece o problema de como se avaliam conteúdos e práticas problemáticos. Entendemos que não se trata de trabalhar com uma conceituação ou proibição de desinformação em lei, mas de criar uma arquitetura em que normas infralegais possam disciplinar o tema, como um código de conduta. Um instrumento deste, por exemplo, pode prever respostas mais incisivas, como exclusão de conteúdos, em determinados temas e situações, como no caso da pandemia ou em eleições. Mas a regra geral deve ser a de evitar a exclusão de conteúdos durante análise, sob risco de violar a liberdade de expressão.

Ainda permanece o problema de quem define. Um caminho para isso é inspirar-se no exemplo do Comitê Gestor da Internet e dos desenhos institucionais participativos de mídias públicas em todo o mundo: contar com arranjos institucionais multissetoriais e democráticos nos quais diferentes segmentos estejam representados, especialmente aqueles dos usuários e da sociedade civil. Essa estrutura deve ter a prerrogativa de construir as normas e de monitorar as suas aplicações, bem como de aplicação de sanções.

Contudo, o Comitê Gestor da Internet não é uma agência reguladora e possui limitações para atuar enquanto tal. Por isso, é preciso pensar em um órgão regulador independente que tenha estrutura para implementar políticas, fiscalizar a legislação em vigor, atuar sobre casos específicos com medidas previstas na legislação e com poder sancionador administrativo. Dado o fato de que tal órgão atue diretamente com o debate público implica que ele tenha um desenho institucional com freios e contrapesos, não podendo ser controlado por nenhum Poder específico. Por isso, sua estrutura institucional deve ser fortemente participativa, de modo que diversos setores participem da tomada de decisões.

Esse papel deve ser complementar ao do Judiciário. Uma abordagem regulatória deve trazer suas principais diretrizes em lei, de modo que o órgão regulador possa aplicá-las a partir do código de conduta, mas que seja mantido o direito dos usuários e das instituições de recorrer à Justiça para fazer valer os seus direitos e para combater posturas abusivas e que violem garantias previstas na legislação, não somente em uma lei sobre desinformação, mas também naquelas associadas aos direitos humanos, especialmente à liberdade de expressão e ao acesso à informação.

Para equilibrar acesso à informação e liberdade de expressão, a abordagem regulatória deve trazer mecanismos de devido processo na moderação de conteúdos, começando com a exigência de critérios e políticas claras por parte das plataformas na moderação e nos conteúdos, o que não é uma realidade hoje. É preciso haver uma estrutura de avaliação com humanos, e não somente automatizada, e com regras claras de devido processo, para que uma pessoa que tiver uma publicação objeto de medida de moderação possa saber o porquê de uma eventual suspensão ou exclusão, possa recorrer dela e, em caso de uma punição equivocada, possa ter a reparação com alcance proporcional.

Por fim, é preciso lidar com a atuação dos agentes que produzem e difundem desinformação. Para isso, um caminho é que as forças de investigação e segurança possam apurar e desbaratar indústrias de conteúdos falsos. Para isso, não é necessário ampliar formas de vigilância, como está proposto no PL 2630. Mas é preciso instrumentalizar órgãos de investigação, como as polícias e o Ministério Público, com agentes e recursos suficientes para buscar os responsáveis por delitos.

Essas possíveis soluções regulatórias não são uma "bala de prata", assim como nenhuma resposta sozinha será suficiente para atacar o problema que tem um caráter multifacetado. Não por acaso, em todo o mundo legisladores, sociedade civil e outros atores procuram por saídas que contribuam para mitigar os efeitos da desinformação. É preciso trabalhar para que tais reações não acabem por gerar mais prejuízos à população. Com a eleição de Lula para um 3º mandato e seu compromisso de levar a cabo uma agenda de regulação de plataformas, o tema ganha ainda mais força a partir do início do seu mandato. O desafio do sopesamento de direitos ganha nova feição em um cenário agora não mais tensionado pelo bolsonarismo no comando do

Executivo. Os agentes políticos comprometidos com o campo democrático devem aprofundar este debate de modo a encontrar soluções equilibradas para esta complexa tarefa histórica.

Capítulo 9

O jornalismo e a regulação das plataformas digitais: direito de autor e antitruste

Patrícia Maurício e Beatriz Vilardo

As plataformas digitais despontaram no século XXI trazendo uma revolução no modo de as pessoas se comunicarem, de forma especial as plataformas que envolvem redes sociais. A internet veio com uma promessa de descentralização, de todos poderem falar para todos, mas, dentro do capitalismo, sabemos que a tendência é a de concentrar a propriedade nas mãos de poucos, e por isso o sistema capitalista exige regulação. A ideia de que haverá pequenos negócios concorrendo entre si e beneficiando o consumidor/usuário/cidadão não se transforma em realidade se o Estado não entra para separar aquela briga na qual os grandes abocanham os pequenos para ficar maiores ainda e dominar o bando. A luta, no contexto capitalista em que vivemos, é por dinheiro e poder.

Neste caminho de concentração, hoje temos um seleto grupo de plataformas norte-americanas dominantes (hegemônicas): Google, Facebook (rebatizado de Meta), Apple, Microsoft e Amazon, que, para chegar onde estão, saíram quebrando ou comprando concorrentes, especialmente os que tiveram boas ideias que essas empresas quiseram incorporar. Com isso, o lucro fica concentrado nas mãos de poucos, e também está nas mãos destes mesmos poucos o que Muniz Sodré chamou, já em 1977, de monopólio da fala. É um paradoxo, porque nas redes sociais, em tese, todos podem falar, mas está nas mãos desses grupos, através de seus algoritmos não divulgados, para quem as mensagens vão chegar nessas redes. A China emergiu como concorrente, com plataformas utilizadas exclusivamente em seu território e outras internacionais, como o TikTok, rede social de produção e visualização de vídeos curtos e dinâmicos, mas isso é detalhado no capítulo 15 deste livro.

A importância que a internet tem hoje para os brasileiros, em especial as plataformas digitais e, dentro delas, as redes sociais, é o que traz a necessidade de regulação, pois tanto poder exige responsabilidade, e a responsabilidade primeira de empresas no sistema capitalista é, como sabemos, dar lucro a seus donos, e todas as demais vêm depois. A autorregulação existente neste mercado oligopolizado foi se dando apenas por conta de ameaças de regulação por governos e ações judiciais impetradas por pessoas e empresas vítimas do abuso de poder por parte de plataformas.

Assim como os veículos de comunicação privados da indústria cultural, as plataformas se financiam principalmente pela venda de anúncios, só que elas conseguem ter acesso a uma quantidade imensa de dados dos seus usuários e, assim, vender anúncios mais caros, conforme explicado no capítulo 8. Para quem tem o aplicativo WhatsApp e perfil no Facebook, por exemplo, ambos pertencentes à mesma empresa (Meta), todas as conversas privadas são vasculhadas para saber quem você é e o que você quer. Dessa forma, chegam a você anúncios direcionados. Conversar pessoalmente com o celular ou computador ligados por perto também leva à captação de dados, que são tratados com base em algoritmos secretos de forma a dar lucro às plataformas.

O Brasil se destaca no papel de grande usuário dessas plataformas estrangeiras, sem ter as suas próprias e sofrendo prejuízo com isso. A hegemonia das plataformas norte-americanas faz com que o país gere para o exterior uma riqueza que poderia permanecer aqui, se formos pensar apenas do ponto de vista econômico no sistema capitalista. Nesse caso, cabe uma regulação antitruste, ou seja, que evite a concentração dessas empresas nas mãos de um número reduzido de pessoas/*holdings*. Neste capítulo, trataremos desta questão do ponto de vista da regulação antitruste, mas colocaremos também o foco na questão do direito do autor. O jornalismo, em especial, tem sofrido um baque financeiro por conta da hegemonia das plataformas, que utilizam seu conteúdo sem pagamento de direitos autorais, e lucram com isso. Sobre este tema, trataremos aqui mais especificamente do Google e do Meta, que chamaremos aqui de Facebook, como ainda é popularmente conhecida a empresa-mãe da rede social de mesmo nome.

Antitruste: reações no Brasil e no mundo

É sempre importante lembrar que na Constituição Federal do Brasil, o capítulo da Comunicação Social determina que "os meios de comunicação social não podem, direta ou indiretamente, ser objeto de monopólio ou oligopólio". Mas não é o que acontece com a *holding* Alphabet, dona do Google, do YouTube, do sistema operacional para celulares Android, do Gmail e muitos outros; e com o Facebook, dono do WhatsApp e Instagram, entre outros. De acordo com César Bolaño (2017), as plataformas são novos capitais oligopolistas seguindo uma lógica essencialmente financeira e garantindo a retomada da hegemonia norte-americana. E, embora não sejam brasileiras, elas atuam no Brasil para audiência brasileira e utilizando conteúdo de nosso país, portanto estão sob jurisdição brasileira – e, acredite, elas já usaram muito, no passado recente, o argumento de que eram sediadas nos EUA,[1] e por isso não precisavam cumprir a legislação dos outros países onde atuavam. Foi preciso haver muita luta judicial.

A concentração desses veículos de comunicação chegou a tal ponto que até mesmo nos Estados Unidos ela é questionada. Os CEOs das quatro grandes empresas de tecnologia, Sundar Pichai (Google), Jeff Bezos (Amazon), Tim Cook (Apple), e Mark Zuckerberg (Facebook) foram convocados para depor na subcomissão antitruste da Câmara dos Deputados americana em 29 de julho de 2020. Ao encerrar a audiência, o presidente do subcomitê, o deputado democrata David Cicilline, afirmou:

> Quando essas leis foram escritas, os monopolistas eram homens chamados Rockefeller e Carnegie. O controle do mercado lhes permitia fazer o que fosse necessário para esmagar negócios independentes e expandir seu próprio poder. Os nomes mudaram, a história é a mesma. (...) Isso precisa acabar. (...) Como disse um grande juiz da Suprema Corte Americana, Louis Brandeis, devemos fazer nossa escolha: podemos ter democracia ou ter a riqueza concentrada nas mãos de poucos, mas não podemos ter as duas.[2]

---

1 Hoje os usuários do Facebook de fora dos EUA e Canadá têm contrato com a subsidiária na Irlanda, por onde a empresa foge dos impostos norte-americanos.

2 Tradução nossa, editada de: https://cicilline.house.gov/press-release/cicilline-closing-remarks. Acesso em: 21/9/2021.

No Reino Unido, o duopólio de Google e Facebook terá fim muito em breve, no que depender da Autoridade de Competição e Mercados (CMA, na sigla em inglês). Em seu relatório final sobre plataformas online e publicidade digital, publicado em 1º de julho de 2020, ela faz um profundo diagnóstico sobre os efeitos produzidos pelas políticas das duas empresas, mesmo tratando as pessoas afetadas como consumidores, e não cidadãos, como era a tradição regulatória britânica antes do domínio do neoliberalismo no país. A CMA pediu ao governo a colocação de limites severos a ambas. Ela afirma que os serviços prestados pelas duas empresas são altamente valiosos para os consumidores, que dedicam um terço do seu tempo online em seus sites, o que leva o Google a ter mais de 90% do mercado de publicidade de buscas e o Facebook a ter mais de 50% do mercado de publicidade gráfica.

> O Google e o Facebook cresceram oferecendo produtos melhores que seus rivais. No entanto, eles agora estão protegidos por vantagens tão fortes – incluindo efeitos de rede, economias de escala e acesso inigualável aos dados do usuário – que rivais em potencial não podem mais competir em igualdade de condições. Essas questões são importantes para os consumidores. A fraca concorrência nas redes de busca e mídia social leva à inovação e à escolha reduzidas, e aos consumidores entregando mais dados do que gostariam. A fraca concorrência na publicidade digital aumenta os preços de bens e serviços em toda a economia e corrói a capacidade de jornais e outros de produzir conteúdo valioso, prejudicando a sociedade em geral. Os problemas que identificamos nesses mercados são tão amplos e autorreforçadores que nossos poderes existentes não são suficientes para resolvê-los. Precisamos de uma nova abordagem regulatória - que possa dar conta de uma série de preocupações simultaneamente, com poderes para agir rapidamente para lidar tanto com as fontes de poder de mercado quanto seus efeitos, e com um regulador específico que possa monitorar e ajustar suas intervenções à luz de evidências e mudanças nas condições de mercado. Portanto, recomendamos que o governo estabeleça um regime regulatório pró-concorrência para plataformas online (CMA, 2020: 5, tradução nossa).

Assim, em comunicado à imprensa no dia 27 de novembro do mesmo ano,[3] o governo britânico anunciou a criação da Unidade de Mercados Digitais (DMU) com o objetivo de introduzir e fazer cumprir um novo código para supervisionar o comportamento das plataformas que atualmente dominam o mercado – como Google e Facebook –, de maneira a oferecer aos consumidores mais escolha e controle sobre seus dados e garantir um tratamento justo para as empresas. O relatório da CMA citou exemplos como a DMU solicitar ao Google a abertura de dados a mecanismos de busca rivais e aspectos separados de seus negócios de publicidade de exibição aberta e de exigir que o Facebook aumente sua interoperabilidade com as plataformas de mídia social concorrentes e ofereça aos consumidores a opção de não receber publicidade personalizada. O novo órgão regulador foi lançado em abril de 2021, com poderes ainda limitados – pelo menos no início. A unidade não pode cobrar multas, por exemplo, até que seja aprovada pelo Parlamento a legislação que rege seu poder de fiscalização. Antes de a votação ocorrer, no entanto, o governo britânico lançou uma consulta pública.

No Brasil, o Conselho Administrativo de Defesa Econômica (Cade) publicou um documento, em agosto de 2021, para apresentar a jurisprudência da autarquia em processos de atos de concentração e investigação de condutas anticompetitivas que envolvem setores de serviços contratados por meio da internet. O documento afirma que, de uma forma geral, as plataformas digitais:

> seriam intermediárias que conectam dois ou mais grupos de usuários e se beneficiam de efeitos de rede diretos e indiretos. A expressão "plataforma online" tem sido usada para descrever uma gama de serviços disponíveis na internet, incluindo e-commerce, mídias sociais, mecanismos de busca, aplicativos, sistemas de pagamento, serviços que compreendem a chamada economia "colaborativa" e outros (Brasil, 2021: 8).

De acordo com o Cade:

> algumas plataformas podem gerar altos custos para que os usuários troquem de plataformas. Por exemplo, em uma rede social há custos de troca como a configuração de um novo perfil, *upload* de novos conteúdos,

---

3 "New competition regime for tech giants to give consumers more choice and control over their data, and ensure businesses are fairly treated", 27 nov. 2020. Disponível em: www.gov.uk. Acesso em: 13/9/2021.

uma nova comunidade de amigos ou seguidores. Esses custos podem incluir simplesmente se tornar familiar com a plataforma ou estar confiante com o uso dela. Quando esses custos não são facilmente transferidos, podem desencorajar os usuários a trocarem para outras plataformas, mesmo com o aumento dos preços, a queda da qualidade ou menos privacidade (Brasil, 2021: 13-14).

O Cade fez, até agora, julgamentos relativos à concentração e às condutas ilícitas nos segmentos de música digital, varejo online, turismo online, aplicativos de entrega de comida, mapas digitais, intermediação de transporte por aplicativo, redes sociais, vídeo sob demanda, venda online de ingressos, investimentos financeiros, publicidade online, busca e comparação de preços online e busca online, aplicativos de exercícios físicos e aplicativos de intermediação de serviços. Em relação à publicidade digital, claramente concentrada nas mãos do Google (que usa como intermediária sua própria empresa Google Ads) e Facebook, a conclusão do Cade, publicada no relatório de 2021, é a seguinte:

> Julgados do Cade (sendo que o último julgado nesse sentido data de 2015) manifestaram que o mercado brasileiro de comercialização de espaço virtual é pulverizado e possui grandes concorrentes, possuindo poucas empresas dominantes. Sendo assim, poucas empresas deteriam a possibilidade de exercer o poder de mercado. (...) Não foi identificado nenhum caso em que fosse identificada uma integração vertical suficiente para gerar preocupações concorrenciais (Brasil, 2021: 84-85).

No que diz respeito às redes sociais, o Cade nunca julgou um caso que considerasse problema concorrencial. E até hoje ele não julgou o caso da Associação Nacional de Jornais (ANJ) contra o Google, sobre o qual falaremos mais adiante.

As empresas jornalísticas brasileiras, os jornalistas, as plataformas e os direitos de autor

Relativamente recente, especialmente no que diz respeito à ciência jurídica, o direito autoral – ou *copyright* – consolidou-se no século XX, com foco especial no ramo da Cultura e no que dizia respeito à materialidade de suportes (Branco, 2011). Com o avanço das tecnologias, entretanto, especialmente da internet e dos recursos digitais, o processo de produção e distribuição de obras intelectuais, segundo Branco, foi redefinido. Se antes copiar um trabalho era algo impensável, pois requeria grande estrutura, equipamentos caros e supermodernos, tornando o reproduzir e o distribuir de obras (como livros, músicas, fotografias e filmes) praticamente impossíveis, hoje, tudo pode ser feito de maneira fácil e rápida – e até mesmo gratuita.

> [Antes,] o intermediário era não apenas indispensável como decidia o que poderia e o que não poderia circular. O papel do usuário era o de mero consumidor, nunca o de produtor de obras intelectuais. (...) Com o advento da internet e da cultura digital, as certezas foram abaladas, os intermediários tornaram-se muitas vezes dispensáveis (...) (Branco, 2011: 13-14).

Além dos avanços tecnológicos, do advento da internet e das novas facilidades de cópia de materiais, novas modalidades de reprodução foram sendo criadas, de forma a englobar áreas que não estavam previstas na primeira lei brasileira, voltada mais especificamente para o direito autoral no ramo cultural e de entretenimento.

Assim, foi publicada a Lei nº 9.610, de 19 de fevereiro de 1998, que altera, atualiza e consolida a legislação sobre direitos autorais e dá outras providências, abrangendo, portanto, novas áreas asseguradas pela lei no que diz respeito ao *copyright*. Essa lei, chamada Lei dos Direitos Autorais e Conexos, reconhece que as obras intelectuais são "criações do espírito, expressas por qualquer meio ou fixadas em qualquer suporte, tangível ou intangível, conhecido ou que se invente no futuro". Apesar de não citar diretamente a atividade jornalística, esta é incluída na chamada "criação do espírito", uma vez que todo trabalho jornalístico é trabalho intelectual (Artigo 302, parágrafo 1º da CLT e Decretos-Leis 972/69 e 83284/79).

Dessa maneira, os jornalistas – autores por natureza profissional – e/ou as empresas jornalísticas têm suas produções diárias, seja em coberturas específicas, seja em situações cotidianas, protegidas. No início do século XXI, houve notável proliferação de blogs de conteúdos noticiosos que replicavam não apenas textos integrais de sites jornalísticos, mas também fotos e vídeos de outros profissionais, trechos de documentários produzidos etc. Esses são apenas alguns exemplos dos vários encontrados no mundo digital, e, em muitos casos, inclusive, o blog reprodutor recebia financeiramente através de anúncios publicitários, utilizando-se de materiais copiados – e por vezes não creditados –, enquanto o autor da obra (escrita ou visual), não. A fim de conter essas e novas modalidades de ofensa ao *copyright*, devido à velocidade e à dinamicidade das atualizações tecnológicas, o conjunto de leis acerca do direito autoral já foi modificado algumas vezes.

A estimativa para o volume total de publicidade digital no mundo em 2023 é de US$626,8 bilhões,[4] o que equivale a 67,4% do total de gastos com publicidade (o que inclui, além do digital, rádio, TV, mídia impressa etc.), percentual que aumenta ano a ano. E mesmo antes da pandemia, em 2018, a estimativa era de que o Facebook abocanhasse 40% de toda a publicidade digital, e o Google, 12% (Maurício; Almeida; Soares, Jr., 2020).

O duopólio Google/Facebook vem fazendo um estrago nas empresas jornalísticas. O Google News foi lançado em inglês em 2002 e disponibilizado para o público geral em 2006. Google News ou Google Notícias é uma ferramenta do Google que reúne milhares de fontes de notícias ao redor do mundo. O recurso tem um fluxo contínuo e personalizável de artigos. Nenhum deles, entretanto, é produzido internamente. Ou seja, há um uso das matérias, cujos direitos pertenciam a terceiros, sem pagar direitos autorais e lucrando ao colocar anúncios nas páginas que os usuários abriam.

As ações judiciais começaram a pipocar, e citaremos alguns exemplos. Em 2005, a agência de notícias francesa France-Presse (AFP) entrou na Justiça contra o Google alegando que o Google News infringiu a legislação de direitos autorais ao incluir fotos, reportagens e manchetes da AFP sem permissão. Em 2007, as duas empresas fizeram um acordo de pagamento por conteúdo, mas ele acabou não dando certo e em 2009 o Google News parou de usar material da agência. Em 2007, a imprensa de língua francesa na Bélgica conseguiu na Justiça que o Google não publicasse suas matérias sem pagar direitos autorais. A reação do Google, em 2009, foi não apenas deixar de publicar conteúdo desses veículos, mas também eliminá-los da ferramenta de busca.

---

4 Pesquisa e-Marketer. Digital Ad Spending WorldWide, 2021-2026", 27 out. 2022. Disponível em: www.insiderintelligence.com/.

No Brasil, o jornal *O Globo* chegou a entrar na Justiça contra o Google, em 2012, ao perceber que a plataforma conseguia audiência e anúncios usando trechos de suas notícias sem pagar nada por isso. No mesmo ano, o jornal *O Globo* se retirou do Google News junto com outros 153 veículos impressos integrantes da Associação Nacional de Jornais (ANJ). O movimento foi acompanhado inclusive pela publicação de anúncios nos jornais em que Google e Facebook eram apontados como concorrentes. A partir de 2016, com o patrocínio do Google a alguns projetos, os jornais foram aos poucos retornando ao Google News, porque era uma forma de receber algum dinheiro, mesmo que de um dos causadores de seus problemas financeiros.

Tendo assumido seu papel de editor de notícias (alheias) no lugar dos editores tradicionais (jornais, rádio e TV), em 2018 o Google informava em sua página: "todos os sites incluídos no Google Notícias precisam seguir as diretrizes de qualidade do Google Notícias", e "os editores interessados em incluir os sites deles no Google Notícias podem solicitar a inclusão aqui. Não podemos garantir a inclusão da fonte, mas ficaremos felizes em analisá-la". A plataforma decide o que é ou não notícia, mas não conta para ninguém com quais critérios.

A ANJ voltou à batalha em 2019, e em março de 2021 publicou em seu site e na página de Opinião de *O Estado de São Paulo*[5] que havia solicitado ao Conselho Administrativo de Defesa Econômica (Cade) uma ampliação da investigação contra o Google, instaurada em 2019, visando à remuneração dos veículos de mídia.

> As Big Techs alegam que ajudam os veículos mediando o tráfego com o público, e que pagar pelos links das notícias violaria o princípio do livre compartilhamento que está na base do funcionamento da internet. O ponto polêmico é que as plataformas veiculam não apenas as manchetes e os links, mas também trechos das notícias.
>
> "O jornalista faz o trabalho de investigação, edição, monta o conteúdo e publica no jornal. O que o Google faz: escaneia tudo e já entrega uma parte dessa notícia na própria plataforma", disse ao jornal *Gazeta do Povo* o advogado da ANJ, Márcio Bueno. "Então os usuários muitas vezes nem

---

5   Disponível em: www.anj.org.br/o-google-no-cade/. Acesso em: 25/8/2021.

clicam na notícia, não visitam o site do jornal, e, com isso, o veículo não consegue monetizar."

Na Austrália, Google e Facebook ameaçaram inicialmente bloquear a veiculação de notícias. Na prática, o Google seguiu sua política de negociar acordos com as mídias. O Facebook chegou a cumprir a sua ameaça, mas logo negociou um acordo com o governo, que estabeleceu um mecanismo pelo qual as plataformas podem evitar os dispositivos mais leoninos da lei – como o de pagar pelos links – se, por meio de processos de arbitragem, elas acordarem remunerações que importem "uma contribuição significativa à indústria de notícias".

(...)

No Brasil, incluiu-se no Projeto da Lei de Liberdade, Responsabilidade e Transparência Digital na Internet, em trâmite no Congresso, um artigo prevendo a remuneração pelos conteúdos utilizados pelos provedores, com a exceção explícita dos links compartilhados pelos usuários.

Governos do mundo inteiro estão se mobilizando para promulgar seus próprios códigos, notadamente Canadá, Reino Unido e União Europeia. Para aplacar as pressões, tanto o Google como o Facebook têm negociado acordos bilionários em todo o mundo. Mas, como advertiu Bueno, "enxergamos essas parcerias com preocupação e ceticismo, porque em uma negociação com uma empresa do tamanho do Google há margem para termos e condições abusivos".

A assimetria entre as megamultinacionais de tecnologia e os veículos de mídia – tanto mais os locais – aponta a necessidade de uma cooperação multilateral entre governos e reguladores para estabelecer estruturas globais, nos termos, por exemplo, da regulação bancária ou da proposta de tributação digital da OCDE. Enquanto isso não acontece, é importante que legisladores e órgãos reguladores, como o Cade, atuem para equilibrar a balança e garantir a livre concorrência em suas jurisdições (ANJ, 2021).

O Google continua financiando projetos jornalísticos específicos de alguns veículos e jornalistas, mas, com toda a retórica que vem mantendo de querer ajudar o jornalismo, o que o Google realmente continua mantendo é a estratégia de dividir para dominar.[6] Em agosto de 2021, o site de notí-

---

6   Sobre as plataformas e sua relação com o jornalismo, ver Maurício e Saback (2020).

cias *Digiday*[7] informou que equipes de engenheiros, funcionários da área de anúncios e do Chrome do Google passaram a fazer reuniões mensais com um grupo seleto de cerca de 20 editores de publicações digitais para debater, entre outros possíveis temas, uma nova política de privacidade para os usuários. A News Media Alliance (que representa dois mil jornais dos EUA) protestou indignada, porque o encontro foi secreto e seletivo, apenas com 20 entre as grandes empresas de mídia do país, deixando de lado todas as demais publicações dos EUA (que dirá do mundo, acrescentamos nós). O Google nem informou às outras publicações sobre a reunião, antes ou depois, nem disse quem participou.[8]

O Facebook também usa a mesma estratégia de financiar projetos jornalísticos específicos. Quando queria estimular o uso de vídeo e a ferramenta Facebook Live, a plataforma pagou, por exemplo, ao *Globo*, Rádio Globo e rádio CBN pela produção desses vídeos ao vivo. Durante a pandemia, lançou uma espécie de concurso em que escolheu pequenas iniciativas jornalísticas para dar uma verba para um projeto de cada um. Pequenas gotas num oceano de recursos que tirou dos veículos jornalísticos, tanto da mídia tradicional quanto dos veículos nativos da internet.[9]

Google e Facebook têm gerentes específicos para trabalhar projetos com grandes veículos de imprensa no Brasil, fazendo reuniões nas redações. Além disso, ambos patrocinam eventos para discutir o futuro do jornalismo, capacitam profissionais, inclusive através de acordos com entidades representativas dos jornalistas, especialmente a Associação Brasileira de Jornalismo Investigativo, e se dispõem a desenvolver ferramentas que auxiliem a se apresentar melhor o conteúdo em suas redes. A maioria esmagadora dos veículos não é contemplada, mas a estratégia já serviu, em diversos momentos, para aplacar a ira dos veículos de imprensa contra essa hegemonia que, definitivamente, não os beneficia.

Em mais um movimento nesse xadrez político, em setembro de 2021 um manifesto assinado, entre outros, pela Sociedade Interamericana de Im-

---

[7] "Google is quietly meeting with a select group of publishers each month to talk Privacy Sandbox tech", *Digiday*, 16 ago. 2021.
[8] "Google Having Secret Meetings with Select Publishers about Privacy Sandbox", *News/Media Alliance*, 16 ago. 2021.
[9] "Facebook anuncia investimento em veículos e órgãos de imprensa brasileiros", *Tilt UOL*, 16 set. 2021.

prensa (SIP), Associação Mundial de Editores de Notícias (Wan-Ifra), News Media Alliance (Estados Unidos) e, no Brasil, pela Associação Nacional de Jornais (ANJ), pede a organizações e países das Américas a garantia de "condições para remunerações justas e razoáveis" aos meios de comunicação por parte de grandes plataformas, como Google e Facebook. O manifesto destaca que os meios de comunicação registram recordes de audiência nos últimos tempos, mas a maior parte das receitas de publicidade digital (mais de 80%) fica nas mãos das plataformas, que não produzem conteúdo.[10]

Os embates com as plataformas de comunicação não param ao redor do mundo. O exemplo mais recente ao fecharmos este livro era a chantagem feita por Google e Meta de retirar o serviço de notícias caso a Lei de Notícias Online fosse aprovada com regras para pagamento aos editores de notícias por seu conteúdo.[11]

Soluções para o financiamento do jornalismo no Brasil?

O chamado Projeto da Lei de Liberdade, Responsabilidade e Transparência Digital na Internet que a ANJ cita como saída para se remunerar é o PL 2630/20, também conhecido como PL das *Fake News*. As grandes empresas de Comunicação estão tentando incluir no PL, de autoria do senador Alessandro Vieira (Cidadania – SE), o pagamento de direitos autorais pelas plataformas. O projeto tem como objetivo instituir a Lei Brasileira de Liberdade, Responsabilidade e Transparência na Internet, alterando a Lei nº 10.703 de 2003 (que determinou o cadastramento dos celulares pré-pagos) e a Lei nº 12.965 de 2014 (o Marco Civil da Internet).

A Federação Nacional dos Jornalistas (Fenaj), porém, quer seguir numa linha diferente da ANJ. A pedido da Federação Internacional dos Jornalistas, a Fenaj está propondo um projeto de lei para criar uma taxa sobre as grandes plataformas digitais, a qual comporia o Fundo de Apoio e Fomento ao Jornalismo. Este fundo serviria para dar recursos tanto a empresas jornalísticas grandes quanto aos pequenos empreendimentos jornalísticos e aos próprios jornalistas que tiverem um projeto escolhido. Seus objetivos são apoiar: a

---

10 "Associações de imprensa das Américas cobram remuneração por plataformas digitais", *O Globo*, 23 set. 2021.
11 "Meta encerrará acesso a notícias para canadenses se nova lei for aprovada", *IstoÉ Dinheiro*, 13 mar. 2023.

criação de novos veículos de comunicação; a manutenção de projetos e veículos de comunicação em funcionamento; a formação e o aprimoramento dos jornalistas profissionais; a produção jornalística independente; projetos jornalísticos regionais; e projetos que busquem alternativas às plataformas hegemônicas.

Para criar a proposta a partir da base, a Fenaj, em conjunto com sindicatos de jornalistas, fez reuniões regionais no Brasil, via internet, com jornalistas e pesquisadores de jornalismo de universidades brasileiras. Para a presidente da Fenaj, Maria José Braga, esta proposta é, em primeiro lugar, "a reafirmação da importância do jornalismo como forma de conhecimento imediato da realidade, e, portanto, como essencial para o exercício da cidadania e da democracia".[12]

A ideia é taxar as plataformas com a Cide (Contribuição de Intervenção no Domínio Econômico), pela qual o dinheiro vai diretamente para o fundo de financiamento a que é destinada, ou seja, ela não vai para o orçamento do Governo Federal, o qual depois decide onde vai aplicar aquele dinheiro. O fundo passa a ser uma política de Estado, não do governo de cada momento. Para gerir os recursos, seria formado um Conselho Gestor do Fundo, com representantes do governo, empresas, jornalistas, da academia e da sociedade civil. A taxa vai variar de acordo com o faturamento de cada empresa, e os recursos seriam distribuídos por meio de editais. No manifesto em que lançou a proposta, a Fenaj[13] diz que:

> Os jornalistas, como segmento de trabalhadores da área, exigem que entre os critérios de distribuição dos recursos do Fundo (a serem fixados em lei) esteja contemplada a defesa de suas condições de vida e trabalho: o respeito ao vínculo empregatício, às convenções coletivas e aos pisos salariais, bem como às medidas de restrição às demissões imotivadas (Convenção 158 da OIT), de valorização da jornada legal de trabalho e de promoção da autonomia e do direito de consciência dos jornalistas. Deve ser igualmente contemplada nos critérios a serem estabelecidos a perspectiva de democratização dos meios de comunicação, com a efetiva proibição de monopólios no setor; a valorização do conteúdo local e re-

---

12 Debate com jornalistas da Região Centro-Oeste em 29/7/21. Disponível em: www.youtube.com/watch?v=lQx32dkiLEA.
13 "Manifesto pela taxação das grandes plataformas digitais, pelo fortalecimento do jornalismo e pela valorização dos jornalistas". Disponível em: https://fenaj.org.br/. Acesso em: 5/10/2021.

gional na produção jornalística; o fim dos chamados desertos de notícias (municípios onde não há nenhum veículo de comunicação local); e o respeito ao interesse público e à democracia como critérios norteadores da produção do Jornalismo brasileiro.

Existe ainda em tramitação no Congresso o PL 4255/20, que atualiza a Lei de Direitos Autorais (Lei 9.610/98), para que o titular de direitos de publicação de imprensa publicada por terceiros na internet possa, por meio de notificação ao provedor de aplicações de internet, requerer a remoção do conteúdo ou solicitar a remuneração pelo conteúdo divulgado. A ideia do projeto, abordada no capítulo 14, vem das mudanças nas legislações de direito autoral da União Europeia. É uma proposta que beneficiaria as grandes empresas de comunicação em primeiro lugar, e não os jornalistas, como se percebe nesta fala do senador Ângelo Coronel (PSD-BA):

> Nossa ideia é permitir que o dono de uma publicação na imprensa possa notificar os provedores e requerer a indisponibilização de publicação na internet, se ela for feita sem a sua autorização ou sem a remuneração devida pela publicação. É uma forma de garantir o direito da empresa, que detém a propriedade econômica daquela publicação.[14]

Tentativas anteriores de legislações para a Comunicação no Brasil nas últimas décadas invariavelmente esbarraram na oposição dos representantes das emissoras de rádio e televisão no Congresso, a chamada bancada da radiodifusão. Entre as propostas que não conseguiram vencer essa barreira estão a do Conselho Federal dos Jornalistas (uma espécie de OAB dos jornalistas) e a da Ancinav (autarquia que fiscalizaria todo o audiovisual, com base em leis e regulamentos). Como a proposta da Fenaj inclui as grandes empresas jornalísticas, é possível que não haja mais esse entrave.

O que todas essas propostas citadas acima tinham em comum era o objetivo de atender ao interesse público em primeiro lugar. Uma das coisas mais importantes para perceber se é o lucro ou o interesse público que é o objetivo maior de um órgão ou um veículo é saber quem o financia. Se é um financiamento direto do governo, pode atender a interesses específicos do

---

14 "Senado discute projetos para melhorar condições de trabalho de jornalistas", 24 maio 2021. Disponível em: www12.senado.leg.br/.

governo do momento. Se o empreendimento é privado e o financiamento é por anúncios, acaba-se nas mãos do índice de audiência, ou das métricas hoje tão utilizadas para definir a importância de uma matéria para o veículo. O público é tratado como consumidor, e não como cidadão (Leal Filho, 1997). O financiamento público como o proposto pela Fenaj, ou o financiamento direto pelo público, com um conselho gestor representativo da sociedade brasileira e de jornalistas, é o que para nós melhor atende ao jornalismo voltado ao interesse público.

Capítulo 10

Formação específica em jornalismo: um instrumento de regulação profissional

Leonel Aguiar

Transformações contemporâneas nas estruturas produtivas do capitalismo repercutem de maneira contundente nas estruturas organizacionais do mundo do trabalho, especialmente em relação aos mecanismos institucionais de regulação das práticas profissionais e da formação acadêmica nas universidades. No jornalismo, as tecnologias digitais modificaram profundamente as rotinas de produção da informação jornalística, resultando, consequentemente, em debates para adequar a formação do jornalista profissional a essas mudanças. Com foco na literatura especializada – construída metodologicamente a partir de uma pesquisa bibliográfica – e no método historiográfico para a contextualização social e política, analisamos um dos três episódios paradigmáticos[1] – escolhidos entre os temas: obrigatoriedade do diploma em jornalismo para o exercício da profissão;[2] formação específica em jornalismo; e instituição do Conselho Federal de Jornalismo ou dos Jornalistas[3] – envolvidos na cena contemporânea dos processos de globalização e flexibilização das relações

---

1 Esses três episódios aqui relacionados estão vinculados ao campo dos estudos da Economia Política da Comunicação, de acordo com as pesquisas relacionadas ao trabalho e formação profissional apresentados por Ramos e Santos (2007), Dantas (2007), Braga (2007), Rebouças (2005) e Bolaño (2000). Cf. Braga; Aguiar; Bergamaschi, 2014.
2 Ao analisar o recurso apresentado pelo Ministério Público Federal em conjunto com o Sindicato das Empresas de Rádio e Televisão no estado de São Paulo, o Supremo Tribunal Federal considerou, em sessão realizada no dia 17 de junho de 2009, que a exigência do diploma de jornalismo para o exercício da profissão é inconstitucional. A decisão do STF seguiu o parecer do MPF e encerrou a ação civil pública proposta, em outubro de 2001, pela Procuradoria Regional dos Direitos do Cidadão em São Paulo, que pedia a extinção da obrigatoriedade do diploma de jornalismo (Braga; Aguiar; Bergamaschi, 2014).
3 A proposta de criação do Conselho Federal de Jornalismo, órgão fiscalizador proposto pela Federação Nacional dos Jornalistas ao Ministério do Trabalho para substituir a atuação das delegacias regionais na concessão de registro profissional, foi rejeitada na Câmara dos Deputados em dezembro de 2004. Através de votação simbólica e atendendo ao acordo das lideranças partidárias, a proposta de autorregulamentação profissional apresentada pelo Poder Executivo em nome da Fenaj não chegou a ser debatida em Plenário (Brittos; Nazário, 2006).

capital-trabalho e da revolução digital proporcionada pelo avanço das tecnologias de informação e comunicação: a formação específica instituída pelas Diretrizes Curriculares Nacionais para os cursos de graduação em jornalismo (DCNsJor).

O campo jornalístico está no centro desse amplo processo de mudanças contemporâneas, sendo simultaneamente força transformadora e "objeto" em transformação. Em trabalho anterior, demonstramos como os avanços da tecnologia – com destaque para a revolução digital e os artefatos dotados de larga capacidade de processamento de informação – multiplicaram os fluxos de objetos técnicos que atravessam a sociedade contemporânea e induziram "a constituição de um campo de mediação generalizada, em cujo centro está instalada a própria tecnologia" (Aguiar, 2005: 86). É nesta perspectiva teórica que podemos afirmar que a generalização da mediação técnica acarretou transformações profundas nos modos de atuação das práticas produtivas, afetando evidentemente a formação acadêmica em jornalismo. A pesquisa demonstra que as DCNsJor podem ser pensadas como instrumentos de políticas públicas relativas ao jornalismo que intervenham positivamente nos processos de inserção e desenvolvimento profissional dos futuros jornalistas, aprofundando as perspectivas formativas críticas e atuantes em prol da democracia e dos direitos humanos.

A contextualização histórica aqui apresentada é fundamental para destacar a importância de uma formação crítica, pois o jornalismo é um instrumento político imprescindível para o avanço da democracia no país, já que a informação jornalística é um dos dispositivos simbólicos que produz as condições de possibilidade para que a sociedade aprimore sua capacidade de atuar politicamente. Acreditamos, portanto, que esse debate deve estar inserido no campo da Economia Política da Comunicação e nas formulações das políticas públicas do setor, conforme as definições da obra do sociólogo Vicent Mosco (1996), pois o ensino do jornalismo também se constitui em dispositivo de produção e distribuição de profissionais com capacitação de nível superior para as empresas, empreendimentos e demais setores sociais que lidam com as rotinas produtivas da informação jornalística. Neste sentido, devemos compreender o campo de estudos e pesquisas da Economia Política da Comunicação como o:

> (...) estudo das relações sociais, principalmente das relações de poder, que mutuamente constituem a produção, a distribuição e o consumo de recursos. A economia política, além disso, tende a se concentrar em um ponto específico das relações sociais organizadas em torno do poder ou de sua habilidade para controlar outras pessoas, processos e coisas, mesmo que enfrentando resistência (Mosco, 1996: 25).

Entendemos que esta perspectiva teórica para as pesquisas em Economia Política da Comunicação emerge da capacidade de realizar análises sobre os interesses políticos e econômicos que conformam e direcionam as mudanças tecnológicas e suas lógicas produtivas, apontando desafios à formação específica em jornalismo. Nesse aspecto, estudar essas mudanças e seus impactos sobre a formação profissional no campo do jornalismo implica em produzir uma tensão entre os valores impregnados na comunidade profissional e os pressupostos da formação do bacharel em Jornalismo em contraposição ao bacharel em Comunicação Social com habilitação em jornalismo.

Contexto histórico

Nas reflexões sobre os interesses políticos e econômicos que conformam e direcionam as mudanças tecnológicas, seus propósitos e lógicas produtivas, os impactos sobre a formação profissional e as possibilidades de inserção profissional no campo do jornalismo estão entre os assuntos relegados a segundo plano (Dib; Aguiar; Barreto, 2010). As transformações impostas pela digitalização da comunicação e da informação nos modos de produção e consumo modificam as áreas de atuação do jornalista, aprofundando o fosso entre a realidade profissional e os pressupostos da formação do bacharel em jornalismo.

> Deve-se pontuar que a discrepância entre as premissas que orientam a formação e a complexidade da vida social representa uma questão mais profunda, com reflexo na formação dos profissionais de todos os setores produtivos e não apenas na área da Comunicação ou no ensino de jornalismo. Esse fato tem origem principalmente nos princípios de organização dos saberes e das experiências no processo de ensino-aprendizagem que constituem o modelo de ensino, que tendem à dissociação. No caso

da formação específica para o jornalismo, essa contradição é agravada ao ser concebido como habilitação do curso de Comunicação Social, resultando no enfraquecimento da sua especificidade teórica, epistemológica, profissional e ética, conforme demonstram diversos autores e pesquisas (Dib; Aguiar; Barreto, 2010: 8).

Autores das Teorias do Jornalismo (Meditsch, 2008; Melo, 2004; Gomes, 2009) pensam a formação específica em jornalismo também enquanto projeto pedagógico que cria as condições de possibilidade para que o estudante universitário se inicie no processo de socialização dessa profissão e seja inserido nas práticas jornalísticas e nos valores da cultura profissional. A própria exigência de uma formação de nível superior específica em jornalismo para o exercício da profissão é um valor construído historicamente pela cultura profissional dos jornalistas e, neste sentido, cabe lembrar que as reivindicações por um curso superior de jornalismo aparecem por ocasião da criação da Associação Brasileira de Imprensa (ABI), em 1908. O I Congresso Brasileiro de Jornalistas, realizado em 1918, já chega a formular uma proposta de curso,[4] com duração de cinco anos e objetivo de "elevar o nível moral da profissão e manter rigorosa ética jornalística".[5] Portanto, é do ponto de vista histórico da constituição do campo jornalístico que discutimos a formação específica e as Diretrizes Curriculares Nacionais para os Cursos de Jornalismo (DCNsJor), aprovadas no dia 22 de fevereiro de 2013 pelo Conselho Nacional de Educação (CNE), instância normativa do Ministério da Educação (MEC).

Historicamente, a subordinação do Jornalismo como habilitação dos cursos de Comunicação Social se vincula aos confrontos políticos decorrentes do período pós-Segunda Guerra Mundial e aos resultados da conferência da Organização das Nações Unidas para a Educação, a Ciência e a Cultura (Unesco), realizada em Paris em 1948,[6] e à criação do Centro Internacio-

---

[4] Livro de autoria de um dos jornalistas presentes no congresso, *Revolução contra a imprensa*, de Dyonísio Silveira, relata, em suas quase 300 páginas, o que se passou no encontro. Lançado em 1932, o título faz referência à revolução que levou Getúlio Vargas ao poder.

[5] Transcrição de trechos do livro de Dyonísio Silveira feita por Alberto Dines: "1º Congresso Brasileiro de Jornalistas", *Observatório da Imprensa*, 3 out. 2001.

[6] Uma das principais recomendações da 1ª sessão extraordinária da 3ª Conferência da Unesco, realizada em 1948, é que seja dada uma atenção especial a formação dos jornalistas dos países (então denominados) do "Terceiro Mundo".

nal de Estudos Superiores de Jornalismo para a América Latina[7] (Ciespal) em 1960, com sede na Universidade Central de Quito, Equador. Durante todo o período[8] da chamada "Guerra Fria", a Unesco revela uma preocupação especial com a formação e o treinamento profissional dos jornalistas por acreditar que o jornalismo, enquanto uma instância da esfera pública, tem a capacidade de agravar ou atenuar os conflitos sociais, partidários e internacionais. Essa contradição – o jornalista (ou o comunicador social) enquanto "agente de transformação social" ou "agente de equilíbrio dos conflitos e tensões sociais" – passa a percorrer, no Brasil, as propostas curriculares[9] para a área. A Comissão de Especialistas que formulou as DCNsJor alerta para essa contradição.

> O Jornalismo é uma profissão reconhecida internacionalmente, regulamentada e descrita como tal no Código Brasileiro de Ocupações do Ministério do Trabalho. A Comunicação Social não é uma profissão em nenhum país do mundo, mas sim um campo que reúne várias diferentes profissões. É também uma área acadêmica que engloba diversas disciplinas específicas, como ocorre também em outras áreas das ciências aplicadas como, por exemplo, a da Saúde, que reúne em seu âmbito as profissões (e respectivas disciplinas) de Medicina, Odontologia, Enfermagem, Fisioterapia, etc. Desta forma, é inadequado considerar o Jornalismo como habilitação da Comunicação Social, uma vez que esta, como profissão, não existe, assim como não existe uma profissão genérica de Saúde (Comissão de Especialistas, 2009: 9).

Em 1961, a Conferência de Punta del Este conclui ser necessário um programa de "modernização" da educação universitária latino-americana que inclui, entre outros pontos, despolitizar o processo de ensino-aprendizagem e implementar o controle centralizado do sistema educacional. No decorrer de 1965, o Ciespal realizou quatro seminários sobre o ensino de

---

[7] A proposta de criação do Ciespal nasceu em 1959, durante a 10ª Conferência Geral da Unesco, realizada em Paris.
[8] Um documento desse período, datado de 1955, apresenta a proposta de um encontro internacional para o treinamento de jornalistas. Ver "International Expert Meeting on Professional Training for Journalism, Paris, 1956". Disponível em: https://unesdoc.unesco.org/.
[9] Sobre esse debate, ver as críticas e propostas da Abepec (Associação Brasileira de Ensino e Pesquisa da Comunicação) e da UCBC (União Cristã Brasileira de Comunicação) ao Parecer nº 1.203/77, que estabeleceu o currículo mínimo para os cursos de Comunicação Social e suas habilitações em Melo, Fadul e Silva (1979).

jornalismo na América Latina, um dos quais, no Rio de Janeiro, sob a coordenação de Celso Kelly, dirigente da ABI e professor com formação no próprio Ciespal. A Comissão de Especialista destaca o fato de que, após o golpe militar de 1964, esse programa liderado pelo Ciespal é posto em prática.

> No contexto da ditadura militar, o Brasil adota, como obrigatório, o modelo de ensino da Comunicação Social proposto então pela Unesco para o Terceiro Mundo, com a intenção de substituir todas as profissões do campo da Comunicação historicamente existentes (Jornalismo, Publicidade, Relações Públicas, Editoração) por uma "profissão de novo tipo", a de "Comunicador Polivalente". O aniquilamento das profissões consolidadas no campo era então justificado com o argumento de o Terceiro Mundo "não necessitar do jornalismo tal qual o existente nas sociedades desenvolvidas", mas sim de uma outra forma de Comunicação Social, voltada ao desenvolvimento econômico e educacional. Conforme o mesmo raciocínio, só uma vez alcançado este desenvolvimento, é que então se justificaria a existência do Jornalismo nas sociedades antes subdesenvolvidas. Tal formulação teórica foi evidentemente forjada no contexto da Guerra Fria, quando a maior parte das nações ao Sul do Equador se encontrava sob controle ditatorial e não podia admitir a existência de uma prática profissional da Comunicação baseada na liberdade de expressão, no direito à informação e na fiscalização do poder (Comissão de Especialistas, 2009: 10).

A política de controle centralizado foi expressa através do currículo mínimo, no qual se substituía o curso de jornalismo e a formação específica do jornalista pelo curso de Comunicação Social e por um novo tipo de profissional polivalente: o comunicador. Esse processo político foi encaminhado através de duas decisões nas instâncias ministeriais. A primeira foi o Parecer 984/65, elaborado por Celso Kelly a partir da proposta do Ciespal. Esse parecer indicava a abrangência das atividades dos jornalistas e a formação polivalente "de modo que se habilite ao exercício da profissão em qualquer dos ramos e, ainda, no campo das investigações específicas, no das relações públicas e no da publicidade" (Kelly, 1966: 76). A segunda decisão, aprofundando a ideia da formação polivalente, veio quatro anos depois com a Resolução 11/69, do Parecer 631 do MEC, de 6 de agosto de 1969, que determinou a implantação do curso de Comunicação Social com cinco habilitações: polivalente, jornalismo, publicidade e propaganda, relações públicas e editoração.

Ao analisar essa fase histórica de mudança de nomenclatura e objetivos dos cursos, Meditsch aponta um grave problema epistemológico: os cursos de Comunicação Social – "introduzido como estratégia política na Guerra Fria" (Meditsch, 1999: 4) – surgiram e permaneceram quase sempre separados das atividades profissionais. Essa ruptura acabou nutrindo um desprezo pela prática jornalística e produzindo diversos efeitos perversos, dentre os quais, "a violentação das expectativas dos estudantes que ingressam na universidade em busca da carreira profissional a que se sentem vocacionados" (Meditsch, 1999: 5).[10]

É fundamental analisar a formação em jornalismo a partir da contextualização do processo de profissionalização do jornalista – ou seja, a constituição de uma cultura profissional –, que, segundo diversos autores (Gomes, 2009; Traquina, 2005; Melo, 2004), possui vínculos estreitos com o processo histórico de construção das sociedades democráticas. Assim, é possível entender a história do jornalismo na democracia a partir de duas polarizações: na vertente econômica, a imprensa se torna, no século XIX, com a instituição da informação enquanto mercadoria, em um negócio empresarial; e, simultaneamente, na perspectiva política, a profissionalização dos jornalistas – resultado da comercialização da imprensa –, que implicou a disputa pela definição das notícias em função de valores éticos e normas deontológicas, que ressaltam o papel político da informação nas democracias.

Segundo Traquina, não só a expansão comercial dos jornais possibilitou a criação da carreira jornalística, como esse novo paradigma – produzir e fornecer informação para a sociedade – permitiu a emergência de valores que continuam sendo identificados com o jornalismo: "a notícia, a procura da verdade, a independência, a objetividade e uma noção de serviço público" (Traquina, 2005: 34). Mais do que elementos identitários que produzem os laços de interação com uma cultura profissional, esses valores também fundamentam a legitimidade social do jornalismo. Conforme aponta Wil-

---

10 A outra consequência dessa perversão é se tornarem "comunicadores sem mercado de trabalho e sem prática, só encontrando colocação na própria universidade como comunicólogo" (Meditsch, 1999: 5).

son Gomes, ainda que, na atualidade, só seja possível afirmar que o jornalismo vinculado ao princípio do serviço ao interesse público fique restrito aos temas políticos, a responsabilidade ética não deve desaparecer. "Verdade, honestidade, correção, lealdade, respeito, equilíbrio, justeza, imparcialidade são todos valores e princípios que devem orientar uma ética do jornalismo mesmo lá onde o serviço ao interesse público não fizer sentido nem tiver cabimento" (Gomes, 2009: 87).

Dois padrões de funcionamento acadêmico dos cursos já estão difundidos no início do século XX: de um lado, as escolas de jornalismo que funcionam de modo independente dentro das universidades, conforme estabelecido em Missouri a partir de 1908; de outro, os departamentos autônomos no interior das faculdades de ciências sociais e humanas, tal como a universidade de Wisconsin implantou em 1904. Foi o padrão da escola independente – especialmente a da Universidade de Missouri, que tinha em sua grade curricular, simultaneamente, disciplinas teóricas específicas e disciplinas da prática profissional, como a disciplina "Jornal-laboratório" – que serviu de base para a proposta de criação do curso superior de jornalismo apresentado pelo I Congresso Brasileiro de Jornalistas, realizado em 1918, no Rio de Janeiro, pela ABI. Contudo, os primeiros cursos de jornalismo[11] do país só começaram a funcionar em 1947, em São Paulo,[12] e, no ano seguinte, na Universidade do Brasil, na cidade do Rio de Janeiro. Ao contrário da reivindicação original da categoria, os cursos de jornalismo foram implantados dentro de faculdades de filosofia, acarretando uma grade curricular com a predominância de disciplinas de formação cultural geral, sem contemplar um equilíbrio com as disciplinas de formação profissional.

> A inserção das novas unidades educativas nas faculdades de filosofia atrofiou-as ainda mais, se considerarmos o modelo em que foram inspiradas – o modelo norte-americano. No caso brasileiro, a ausência de uma estrutura universitária reduziu as opções de uma formação extra-

---

11 Em 1946, o Ministério da Educação definiu as diretrizes pedagógicas para o ensino de jornalismo e fixou sua estrutura curricular.
12 Somente em 1958, com o Decreto 43.839, passou a ser permitido o ensino de jornalismo em instituição autônoma, surgindo a Faculdade de Jornalismo Cásper Líbero. Esse curso de jornalismo, criado em 1947 e geralmente visto como o primeiro do país, funcionava junto à Faculdade de Filosofia, Ciência e Letras de São Bento/PUC. No Rio de Janeiro, o curso de jornalismo também era na Faculdade Nacional de Filosofia.

profissional, limitando-se às disciplinas pseudoeruditas das faculdades de filosofia; por outro lado, a retração do setor empresarial, rejeitando os novos jornalistas, seja por preconceito social, seja por inabilitação técnico-cultural, condicionou a orientação pedagógica, que privilegiou os conhecimentos teórico-operacionais da profissão, aliados a noções superficiais e ultrapassadas sobre questões histórico-literárias (Melo, 1979: 34).

Marques de Melo (2004) enxerga em dois diferentes modelos acadêmicos das universidades norte-americanas mais uma outra polêmica que permanece no ensino de jornalismo no Brasil. Enquanto a Universidade de Missouri adotou o modelo da graduação, formando basicamente repórteres – visando, como mercado de trabalho, aos jornais de médio e pequeno porte –, a Universidade de Columbia[13] implementou, em 1912, o modelo da pós-graduação, objetivando preparar editores e analistas para a grande imprensa, com diplomados em outras áreas de conhecimento.

É a partir desse contexto histórico e social que a Comissão de Especialistas[14] recebeu do MEC a tarefa de discutir o ensino de jornalismo – polarizado entre a formação específica *versus* a formação como habilitação em Comunicação – no contexto das transformações vividas pela sociedade brasileira contemporânea e visando ao fortalecimento da democracia. O relatório[15] da comissão propõe ao MEC que as Diretrizes Curriculares Nacionais para o Curso de Jornalismo sejam desmembradas das Diretrizes Curriculares Nacionais para a área de Comunicação Social e suas habilitações.[16]

---

13 Joseph Pulitzer, que em seu célebre ensaio de 1904, *A escola de Jornalismo*, defendia a formação superior em jornalismo realizou uma doação de dois milhões de dólares para a Universidade de Columbia.

14 A comissão foi instituída pela Portaria nº 203/2009 do MEC e composta pelos seguintes membros: José Marques de Melo (presidente, Universidade Metodista de São Paulo), Alfredo Eurico Vizeu Pereira Junior (Universidade Federal de Pernambuco), Eduardo Barreto Vianna Meditsch (Universidade Federal de Santa Catarina), Lucia Maria Araújo (Canal Futura), Luiz Gonzaga Motta (Universidade de Brasília), Manuel Carlos da Conceição Chaparro (Universidade de São Paulo), Sergio Augusto Soares Mattos (Universidade Federal do Recôncavo Baiano), Sonia Virgínia Moreira (Universidade do Estado do Rio de Janeiro).

15 A comissão foi instalada em fevereiro de 2009 e, entre outras tarefas, realizou três audiências públicas no país e ouviu entidades da área da Comunicação. O relatório de 26 páginas foi entregue ao MEC no dia 18 de setembro de 2009 e pode ser lido em: http://portal.mec.gov.br/dmdocuments/documento_final_cursos_jornalismo.pdf.

16 As DCNs para a área de Comunicação foram estabelecidas pela Resolução CNE/CES 16/2002. É o único caso de diretrizes formuladas para uma área, pois a Lei 9131/1995 estabelece em seu artigo 9 que as diretrizes devem ser formuladas para os cursos. O curso de Cinema e Audiovisual foi desmembrado das DCNs da área de Comunicação pelo CNE através da Resolução nº 10/2006.

> Trata-se de um desafio para os cursos de graduação plena, cuja autonomia curricular constitui imperativo para a reciclagem dos seus projetos pedagógicos, restaurando a identidade do jornalismo sem abdicar de sua inserção histórica na área da comunicação e de sua natureza acadêmica como ciência social aplicada (Comissão de Especialistas, 2009: 14).

O relatório destaca ainda que, no plano internacional, a Unesco reviu seu erro político e reconheceu a importância do jornalismo para o desenvolvimento social e a consolidação da democracia, passando a recomendar a formação específica de nível universitário e não mais uma mera habilitação atrelada à área da Comunicação. Em 2007, essa nova proposta curricular[17] da Unesco foi apresentada e aprovada no I Congresso Mundial de Ensino de Jornalismo, realizado em Cingapura, após processo de consulta global por um período de dois anos. O documento da Unesco mostra o vínculo entre o jornalismo e o desenvolvimento da democracia, apontando para a importância política de uma melhor qualificação do ensino do jornalismo e o equilíbrio entre as disciplinas teóricas e as disciplinas práticas na proposta curricular apresentada.

> Os currículos estão direcionados à formação de estudantes para a prática do jornalismo. Eles não foram concebidos para preparar os estudantes para estudos acadêmicos sobre como pessoas e organizações se comunicam por meio da mídia de massa. Durante o curso, incluímos a realização de trabalhos com o intuito de auxiliar os alunos a entender o contexto em que se exerce a profissão, abarcando a história e as formas diferentes pelas quais os meios de comunicação se organizam e atuam na sociedade. Pretendemos, igualmente, preparar os estudantes para que sejam críticos a respeito do seu próprio trabalho e em relação ao de outros jornalistas. Nosso modelo, porém, não inclui disciplinas de estudos de comunicação de massa ou estudos de cinema, estudos da informação, relações públicas ou publicidade, já que consideramos que estes devem ser oferecidos separadamente (Unesco, 2010: 7).

No Brasil, esse movimento de retomada do estudo específico do jornalismo foi marcado pela criação do Fórum Nacional de Professores de Jor-

---

17 "Modelo curricular da Unesco para o ensino do jornalismo". Disponível em: https://unesdoc.unesco.org/.

nalismo[18] (FNPJ) – atualmente denominada Associação Brasileira de Ensino do Jornalismo (Abej) – e da Associação Brasileira de Pesquisadores em Jornalismo[19] (SBPJor), assim como pela instituição do Programa Nacional de Estímulo à Qualidade da Formação em Jornalismo,[20] proposto pela Federação Nacional dos Jornalistas (Fenaj) e formulado conjuntamente pela Associação Brasileira das Escolas de Comunicação (Abecom), Associação Nacional de Programas de Pós-Graduação em Comunicação (Compós), Executiva Nacional dos Estudantes de Comunicação (Enecos) e Sociedade Brasileira de Estudos Interdisciplinares da Comunicação (Intercom). Todas essas iniciativas, na avaliação da Comissão de Especialistas, não representam um rompimento com a área acadêmica maior da Comunicação e sim "a sua revitalização, pelo fortalecimento de sua diversidade e dos vínculos com as práticas sociais e culturais que a originaram, justificando sua existência" (Comissão de Especialistas, 2009: 14).

Ao apresentar a fundamentação sobre as diretrizes propostas, o relatório da Comissão assume a perspectiva da multidisciplinariedade teórica sobre o jornalismo. Ou seja, entende que existe uma disputa teórica e política dentro do campo sobre o seu fazer e saber jornalísticos. Desse modo, a partir das visões advindas das teorias construcionistas, estruturalistas e interacionistas, é possível apontar que o relatório abrange a definição do jornalismo em seus novos e múltiplos papéis sociais, ainda que não exatamente com essa nomenclatura.

> Numa profissão em que a liberdade de informar constitui requisito essencial e numa atividade em que a independência editorial representa fundamento basilar e em que os valores do interesse público se tornam vetores determinantes das decisões cotidianas, as razões das escolhas têm de resultar evidentemente da consciência cívico-social. A ética que interessa à sociedade e ao jornalismo é aquela definida e sintetizada na

---

18 O I Encontro Nacional de Professores de Jornalismo ocorreu em 1995, no Congresso Nacional da Intercom realizado em Aracaju.
19 Em novembro de 2003, durante o I Encontro Nacional de Pesquisadores em Jornalismo, realizado na Universidade de Brasília (UnB), foi criada a SBPJor. Os 94 sócios fundadores aprovaram os estatutos da SBPJor e foi eleita a primeira diretoria.
20 O referido programa começa a ser formulado no Congresso Extraordinário dos Jornalistas realizado em 1997, em Vila Velha/Espírito Santo. Além das cinco entidades que elaboraram o programa, em 2002, o FNPJ também passou a assinar o documento. A lista das entidades que assinaram o documento pode ser consultada na página 2 da versão do ano de 2008 do documento. Ver em: www.fenaj.org.br/educacao/programa_qualidade_ensino_2008.pdf.

Declaração Universal dos Direitos Humanos. É o ideário de um mundo a construir e o compromisso politicamente assumido de construí-lo. É, também, o referencial cultural mais avançado e sábio a que o jornalismo e os jornalistas se devem ater, na relação crítica com a realidade próxima a transformar (Comissão de Especialistas, 2009: 7).

Em 2013, o Conselho Nacional de Educação (CNE) do MEC, através da Câmara de Ensino Superior (CES), emitiu o Parecer CNE/CES 39/2013 aprovando o relatório da Comissão de Especialistas. O texto do parecer lembra que a Comissão realizou três audiências públicas. No Rio de Janeiro, foram consultados representantes da comunidade acadêmica: professores, estudantes, pesquisadores e dirigentes de cursos e departamentos de ensino e pesquisa em jornalismo. No Recife, a audiência contou com a participação da comunidade profissional, representada pelas organizações sindicais ou corporativas, enquanto, em São Paulo, manifestaram-se as lideranças e os representantes da sociedade civil organizada: advogados, psicólogos, educadores, religiosos, dentre outros representantes. Conforme aponta o parecer, além das audiências públicas, os interessados tiveram oportunidade de encaminhar, em consulta pública no portal do MEC, recomendações para a Comissão de Especialistas, recolhendo também as propostas de empresários, profissionais renomados, líderes estudantis, docentes e pesquisadores. Em 27 de setembro de 2013, a Resolução nº 1 do MEC instituiu as Diretrizes Curriculares Nacionais para o curso de graduação em jornalismo.

Não há espaço, no escopo desta pesquisa, para avançar na direção da análise dos seis eixos de formação apresentados no documento oficial das DCNsJor. Cabe ressaltar que a matriz curricular do curso de jornalismo do Departamento de Comunicação da PUC-Rio atende aos seis eixos de formação propostos nas DCNsJor, conforme resumiremos em seguida.[21] O eixo de fundamentação humanística é constituído por disciplinas que visam a capacitar o aluno para o exercício profissional do jornalismo a partir de uma perspectiva transdisciplinar que abrange as áreas das Ciências Sociais e das Ciências Humanas. O eixo da fundamentação específica apresenta o solo epistemológico do jornalismo para que o aluno adquira a competência em

---

21 Sobre o Curso de Jornalismo da PUC-Rio, ver: www.jornalismo.com.puc-rio.br/.

conceituar o jornalismo e suas práticas, assim como ter conhecimento sobre a cultura jornalística.

Já o eixo da fundamentação contextual objetiva ofertar disciplinas que conectam o jornalismo à área da Comunicação, incluindo o curso de Estudos de Mídia do Departamento de Comunicação da PUC-Rio, e áreas conexas como Informática, Estética e Economia Política. O eixo de formação profissional visa a fundamentar o conhecimento teórico e prático sobre o jornalismo, oferecendo disciplinas que familiarizem os estudantes com os processos de gestão, produção, métodos e técnicas de apuração, redação e edição jornalística. O eixo de aplicação processual trata dos suportes e das práticas jornalísticas e seu objetivo é capacitar o aluno com ferramentas técnicas e metodológicas para realizar o trabalho multimídia, privilegiando o jornalismo digital em rede. O eixo de prática laboratorial é constituído por disciplinas que representam a ação pedagógica de integração entre teoria e prática jornalísticas em atividades laboratoriais de perspectiva multimídia inovadora e experimental.

As análises empreendidas na literatura consultada permitem concluir que a formação específica de nível universitário para o exercício da profissão de jornalista é essencial para garantir o direito ao desenvolvimento de uma esfera pública democrática na sociedade brasileira contemporânea, caracterizada pela complexidade. As sociedades complexas requerem qualificações profissionais e formações acadêmicas específicas para suas diversas profissões. Com o jornalismo profissional, não pode ser diferente, pois o campo jornalístico configura-se como lugar de produção de um tipo de informação e de uma linguagem bem característica – a notícia e a reportagem – por ser amplamente acessível aos mais diferentes setores da sociedade.

A contextualização histórica apresentada possibilita concluir que a formação acadêmica específica em jornalismo para o exercício da profissão não é, como muitos pretendem fazer crer, um cerceamento à liberdade de expressão e de opinião, pois a qualificação específica é um instrumento político de garantia do interesse público por informações de melhor qualidade jornalística, produzidas com responsabilidade social e parâmetros éticos. O que impede a livre e irrestrita divulgação de pensamento dos diversos segmentos sociais são os interesses econômicos e/ou políticos dos conglomerados midiáticos e das empresas jornalísticas. Nesta perspectiva, cabe ressaltar que as DCNsJor, apesar de vinculadas à formação do jornalista profissional, apontam para a questão contemporânea das práticas jornalísticas que são exercidas pelo público[22] nos ambientes interativos proporcionados pelas mídias digitais.

No cenário das práticas de democracia contemporânea, o jornalismo deve ser entendido, principalmente, como um lugar de produção de conhecimentos singulares sobre a dinâmica imediata da realidade social e um campo de mediação discursiva dos interesses, conflitos e opiniões que disputam o acesso à esfera pública nas sociedades democráticas. Para que tal cenário se consolide e continue avançando, a formação desses profissionais deve atentar para o envolvimento nas questões que permeiam as políticas públicas de comunicação.

Podemos concluir, a partir da análise crítica empreendida na literatura especializada, que o processo de fabricação da informação jornalística configura-se como um espaço público de lutas micropolíticas no qual diversas forças sociais, políticas e econômicas disputam, pela construção discursiva, a produção de sentido sobre a realidade social. No âmbito da Economia Política da Comunicação, é imprescindível uma política pública de comunicação que garanta a qualidade acadêmica da formação específica em jornalismo. Por essa perspectiva, os setores organizados da sociedade brasileira, representados na Comissão de Especialistas do MEC, avançaram ao recomendar uma formação profissional centrada na ética, na capacidade crítica e na competência técnica. Certamente, quem mais vai desfrutar da produção de informação jornalística de qualidade em prol da democracia e dos direitos humanos realizada por profissionais oriundos de cursos com projetos pedagógicos com formação específica em jornalismo é a sociedade brasileira.

---

22 Sobre a conceituação dessas práticas – qualificadas como jornalismo participativo, colaborativo, cidadão, cívico e *open source* – e análise de algumas experiências em curso da produção jornalística feita por quem não exerce a profissão de jornalista, ver Aguiar; Barsotti, 2014.

Capítulo 11

A regulação do trabalho jornalístico

Gabriela Ferreira

A crise dinâmica e multiforme pela qual passa o jornalismo, diante de gigantes da tecnologia assumindo funções editoriais e dominando o mercado de anúncios, tem trazido discussões não só sobre as bases deontológicas da profissão, mas em relação à sua regulação em termos de trabalho. Com a migração de grande parte dos anunciantes para as plataformas digitais, as empresas de comunicação brasileiras têm perdido recursos, e, diante do enxugamento das redações, jornalistas estão mais expostos à exploração, a um cansaço extremo, em meio a uma crise de credibilidade jamais experimentada pelos profissionais da área. Pretendo discutir aqui como a falta de um órgão regulador, a não obrigatoriedade do diploma para exercer o jornalismo e a flexibilidade nas leis trabalhistas promovem um cenário de grande fragilidade e instabilidade para os profissionais do campo.

Quando, no fim de agosto de 2021, o presidente Lula, em pré-campanha pelo país, afirmou que considerava importante trazer de volta ao debate a regulação da mídia, a reação foi imediata. Nas manchetes dos principais jornais do país, jornalistas e colunistas atacaram o discurso, dizendo que Lula deu "um tiro no pé", numa "tentativa de controle da imprensa", ou que a fala do ex-presidente "soa como tentação autoritária". Em um editorial, a *Folha de S.Paulo* disse não compreender se o plano de Lula seria o de combater monopólios (medida que o jornal afirma apoiar), ou intervir sobre conteúdos, o que seria inadmissível, segundo a publicação. O editorial continua afirmando que a Constituição já oferece clareza sobre o que é relevante para a atividade jornalística, e que profissionais e veículos estão sujeitos ao rigor da lei em caso de condutas abusivas ou delituosas. O jornal *O Globo* seguiu a mesma linha. Em um artigo de opinião, um colunista afirma que já viu diversos argumentos contra a liberdade de expressão, sendo o do ex-presidente o mais abjeto. O colunista afirma que Lula já tinha tentado "censurar a imprensa" com a criação de um Conselho Federal de Jornalismo, que, de acordo com a opinião, seria um "órgão de óbvia inspiração soviética".

O projeto de lei ao qual se referem os jornais foi elaborado pela Federação Nacional dos Jornalistas (Fenaj), e enviado ao Congresso em 2004. A proposta foi rejeitada na Câmara dos Deputados em dezembro do mesmo ano, através de votação simbólica, depois de um acordo de lideranças e sem qualquer debate público, segundo a Fenaj. O problema de as empresas conduzirem a opinião pública contra a criação de um órgão unificador está não apenas na parte financeira, uma vez que não interessa a um mercado oligopolizado a sua regulação econômica, mas porque a regulação afetaria também o conteúdo. Como explica Maurício (2015), seria mais difícil para os grandes grupos controlarem as agendas e fazer manobras que possam distorcer informações a favor de seus interesses.

> A grande oposição feita até hoje à regulação do conteúdo pelas empresas de comunicação se baseia no argumento distorcido de que regulação é censura. Os veículos não querem que o governo (não importando que democraticamente eleito e com base em leis) diga a eles o que podem ou não dizer, pois isso seria contrário à liberdade de expressão. A máxima corrente entre jornalistas de que no Brasil não existe liberdade de imprensa, mas sim liberdade de empresa – já que é a empresa que decide o que diz, em diversos casos inclusive torcendo a realidade para defender seus interesses – se aplica exemplarmente a esse caso. Não havendo um controle social, uma regulação por parte da sociedade, a empresa de comunicação é quem decide, muitas vezes fazendo valer a lei do mais forte. E o uso do argumento do cerceamento à liberdade de expressão é a forma de convencer a opinião pública a rejeitar as propostas de regulação do setor (Maurício, 2015: 139).

Para Brittos e Nazário (2011), a mídia se utilizou do silêncio para esconder este lado importante do debate: a observação do produto jornalístico, que, segundo os autores, se trata do legado de informações assimiladas pela sociedade. Numa postura pouco democrática, a mídia criou um cenário contundente de que a criação do Conselho Federal de Jornalismo significava "cerceamento de liberdade", usando massivamente esta expressão para tratar do tema, "o que acarreta uma fixação por parte dos receptores de que o fato gira em torno somente do risco da iniciativa da Fenaj, considerada ditatorial" (Brittos; Nazário, 2011: 77).

Como os liberais brasileiros entendem a comunicação como uma atividade privada e não como serviço público que pode ser concedido à iniciativa privada, como apontou Maurício (2015), os empresários do ramo não querem ter sua fatia do bolo repartida no mercado, tampouco seria interessante munir cidadãos e jornalistas com direitos de reivindicar excessos dessas empresas. Como o setor está sob regulamentação de um emaranhado de leis, a confusão também é atrativa. E sendo a maioria das empresas de comunicação no Brasil privadas, o jornalista fica sujeito a dançar conforme aquela música, evitando certos temas e argumentos, dando ênfase ao que é de interesse do grupo ao qual está vinculado. E este profissional não tem um órgão ao qual possa recorrer no caso de um abuso neste sentido. Só que no discurso da imparcialidade e da objetividade jornalísticas, do qual as empresas se valem, é o próprio profissional que tem que arcar com as decisões que lhe são impostas, e paga o preço da descredibilização.

Outro fator que atuou contra o *status* do papel social do jornalista foi a decisão do Supremo Tribunal Federal, em 2009, pelo fim da obrigatoriedade do diploma para exercer a profissão. O recurso analisado pelo STF tinha sido apresentado em 2001 pelo Ministério Público Federal em conjunto com o Sindicato das Empresas de Rádio e Televisão no estado de São Paulo, alegando que a obrigatoriedade do diploma não é compatível com a Constituição de 1988, que cita a liberdade de manifestação do pensamento, sendo o jornalismo, segundo o argumento, uma profissão puramente intelectual. Por oito votos a um, o diploma passou a não ser mais uma exigência. O relator Gilmar Mendes afirmou, na ocasião do voto, que danos a terceiros não são inerentes à profissão de jornalista e não poderiam ser evitados com diploma, além do argumento de que as notícias inverídicas são grave desvio de conduta e problemas éticos não encontram solução na formação do curso superior. Ainda segundo Mendes, o Decreto-Lei 972/69, que regulamentava a profissão, tinha sido instituído no período militar com a finalidade de afastar do jornalismo intelectuais contra o regime. Apenas o ministro Marco Aurélio acreditava que a formação profissional era importante para realizar uma atividade que repercute de modo geral em todos os cidadãos. Paradoxalmente, no mesmo ano em que o STF julgava inconstitucional a obrigatoriedade do diploma superior em jornalismo, foram apresentadas ao Ministério da Educação as primeiras diretrizes curriculares para o curso de jornalismo no Brasil, uma vez que as existentes previamente referiam-se ao curso de Comunicação Social e davam orientações a várias de suas habilitações, entre as quais, o jornalismo (Lopes, 2012).

Para Aguiar, Braga e Bergamaschi (2014), a hesitante regulamentação do diploma, que durou quase uma década, e a declaração de sua inconstitucionalidade, fragilizam o jornalismo como categoria, e lhe impõe, simbolicamente, perda de *status* social. Os autores argumentam que aos jornalistas é dada por lei confiança única na sociedade, o sigilo da fonte, para que, como mediador social, o jornalista possa chegar o mais perto possível da "verdade dos fatos", o que torna clara sua importância social. Roseli Fígaro (2014) acredita que o jornalismo, como forma política e mercadoria, precisa preparar profissionais que tenham a dimensão da responsabilidade, e que embora o jornalismo seja uma atividade eminentemente política, não pode arrogar-se o papel de neutralidade, de vigilante sacerdotal do esclarecimento. No entanto, a autora afirma que a profissionalização do setor não conseguiu colocar ainda claramente essa discussão como central na formação do jornalista.

Para falar sobre as bases deontológicas do jornalismo, Roseli Fígaro (2014) cita Ciro Marcondes, que afirma que o primeiro jornalismo, de 1789 à metade do século XIX, foi o da "iluminação", ou seja, momento em que o combate ao "obscurantismo" era armado com o "esclarecimento" da informação. A autora traz ainda a demarcação feita por Marcondes sobre a trajetória ascendente dos interesses comerciais na profissão no final do século XIX, invertendo o caráter de mercadoria do campo: o valor de troca (os anúncios que sustentam a empresa) passaram a superar o valor de uso (a utilidade social da notícia). E quando as empresas de comunicação se tornam impérios comerciais, essa tendência se agrava, estando então o discurso jornalístico submetido aos interesses privados ao mesmo tempo que se propõe a contribuir com a democracia e os direitos dos cidadãos. No caso brasileiro, a pluralidade de opinião fica comprometida quando apenas quatro grupos de comunicação controlam mais de 70% do mercado de mídias nacionais, segundo dados de 2018 do Media Ownership Monitor Brasil, da ONG Repórteres Sem Fronteiras, que acendeu o alerta vermelho para o sistema de mídia brasileiro. O levantamento apontou para uma imprensa com "alta concentração de audiência e de propriedade, alta concentração geográfica, falta de transparência, além de interferências econômicas, políticas e religiosas", sendo o Brasil, entre os países pesquisados, o que apresenta o cenário mais grave de riscos ao pluralismo. Segundo o relatório (2018), cinco grupos ou seus proprietários individuais concentram mais da metade dos veículos: nove pertencem ao Grupo Globo, cinco ao Grupo Bandeirantes, cinco à família Macedo (considerando o Grupo Record e os veículos da Igreja Universal do Reino de Deus, ambos do mesmo proprietário), quatro ao grupo de escala regional RBS e três ao Grupo Folha. Além disso, 21 dos grupos ou seus acionistas têm atividades em outros setores econômicos, como educação, agropecuária, energia, transportes, infraestrutura e saúde, com destaque para o Grupo Globo (Mom-Brasil, 2018).

A concentração de mídia no Brasil acontece mesmo não sendo permitido pela Constituição Federal haver monopólio ou oligopólio no setor de comunicação. Assim sendo, quando um jornalista poderá, por exemplo, explorar as raízes da desigualdade social brasileira nas suas reportagens, se não há interesse, por parte das diretorias das companhias, de que a distribuição de renda de fato aconteça? E mais do que isso, o que as empresas fazem é se apropriar da profissionalização dos jornalistas para agendar os seus interesses, usando-os como capital simbólico. No caso do jornalismo, não são os jornalistas que têm uma jurisdição sobre como fazer, são as empresas que têm essa jurisdição. Elas se apropriam com manuais de redação, rotinização dos processos etc., um "ritual estratégico" (Moretzsohn, 2013) para legitimar uma espécie de consenso, uma objetividade, como se houvesse nos conteúdos uma isenção de intencionalidades, método que ajuda ainda a evitar processos judiciais. É o que Moretzsohn chama de "jornalismo de mãos limpas" (2013: 187): o jornalista consulta suas fontes, "relata os fatos", e lava as mãos. E ainda há, entre os profissionais, a ideia de que a imprensa é o "quarto poder", assentada na "simplificação do princípio de objetividade, tomada aqui em seu viés positivista, traduzido na corriqueira ideia de que 'os fatos falam por si', escondendo todo o processo de produção jornalística" (Moretzsohn, 2013: 119). Para a "assepsia" da reportagem, o jornalista "ouve os dois lados", faz uso das aspas, usa informações da fonte, quase como se esse protocolo o eximisse da distinção entre "fato" e "opinião", e mais que isso, que as técnicas o desobrigassem de responsabilidade pelo que está ali descrito. Não é difícil de entender o motivo pelo qual jornalistas e empresas sofrem acusações de manipulação ou intencionalidades diante de determinadas coberturas, numa atitude de descredibilização da imprensa, que só cresceu junto com a polarização política.

Diante de uma situação de fragilidade em relação à matéria que se está assinando, os jornalistas não têm a quem recorrer. Se é uma orientação editorial que lhes causa desconforto, o mais comum é o jornalista dizer que não vai assinar determinada reportagem. Há, portanto, uma dificuldade de se defender da própria empresa, uma vez que os profissionais não contam com um órgão regulador capaz de lhes dar proteção, e também não contam com os sindicatos da categoria, cada vez mais esvaziados. Em uma pesquisa que entrevistou 2.731 jornalistas realizada em parceria com a Fenaj, Mick e Lima (2013) constataram que dos 145 mil jornalistas profissionais brasileiros, apenas 25,2% eram sindicalizados em 2012, número que, após a reforma trabalhista, deve ser ainda muito menor. Fica claro, segundo Macambira,

> que o desmonte da proteção trabalhista é um rio que deságua na desestatização da proteção social. A excessiva flexibilização das formas de exploração do trabalho e a precarização das relações laborais provocam, sobretudo, a exposição dos trabalhadores a condições mais precárias, seja no aspecto salarial, seja no aspecto do próprio exercício da atividade laboral, resultando em queda de arrecadação de contribuições previdenciárias em adição aos maiores índices de infortúnios (doenças, acidentes, desemprego etc.), que lhes acometem (Macambira, 2020: 183).

A fraca adesão aos sindicatos está entre os itens que fragilizam a coletividade da categoria, principalmente após o fim da contribuição sindical obrigatória, estabelecida em 2017, com a reforma trabalhista. Dessa forma, ficou proibido o desconto de um dia de salário por ano da folha do trabalhador, ao mesmo tempo – e não por acaso – que, para contribuir, passou a ser necessária toda uma burocracia, que envolve entregar ao empregador uma autorização individual com nome, cargo, setor, CPF, CTPS e PIS, além da assinatura do trabalhador. A "Lei da Reforma Trabalhista" (LTR) – Lei nº 13.467, de 13 de julho de 2017", foi aprovada de maneira acelerada, para "desburocratizar" e "modernizar" o trabalho e em busca de "segurança jurídica", nos discursos das elites políticas e econômicas do país. Após um controverso processo de impeachment que destituiu a ex-presidente Dilma Rousseff do poder em agosto de 2016, a recessão foi usada para, no apagar das luzes, o governo de Michel Temer encaminhar um projeto de lei à Câmara dos Deputados que alterava uma das mais importantes legislações sociais do Brasil. Pesquisas brasileiras apontam que os reflexos da aprovação estão na informalidade, na retirada dos direitos, na precarização do trabalho e no desemprego. Segundo o Instituto Brasileiro de Geografia e Estatística (IBGE), em 2019, 41,6% dos trabalhadores brasileiros, o equivalente a 39,3 milhões de pessoas, trabalhavam na informalidade.

> É uma desconstrução de direitos historicamente conquistados e um deslocamento do poder do Estado e dos sindicatos na perspectiva de transferir ao conjunto dos trabalhadores os riscos e as incertezas inexoráveis da dinâmica do mercado. Como tal, a reforma reúne uma série de dispositivos que alteram o trabalho na periferia do capitalismo para, via intensificação da exploração, garantir a continuidade do processo de acumulação de capital (Buarque; Krein, 2021: 21).

Em termos do trabalho jornalístico, a exploração e a precarização do trabalho estão expressas no acúmulo de funções, na flexibilização dos contratos, na terceirização de funções importantes e no desemprego. Nas empresas de comunicação, houve um grande esvaziamento das redações. Embora não haja dados nacionais acerca de demissões e contratações na imprensa brasileira, a agência de jornalismo Volt Data Lab calculou 2.327 demissões de jornalistas de 2012 até agosto de 2018, sendo 45% do total em jornais impressos. Nas empresas de mídia em geral, os cortes chegaram a 7.817 no período. Para quem escapou das demissões, há uma sobrecarga de trabalhar em pequenos grupos com demandas cada vez maiores, uma cobrança intensa em relação à velocidade de produção em um ambiente de incertezas em relação ao seu próprio cargo, além dos altos níveis de competitividade não só entre profissionais de outros veículos (quem vai dar o furo ou quem vai publicar em primeira mão determinada notícia), como entre os jornalistas de uma mesma redação (pois há cada vez menos vagas). O profissional passou ainda a escrever ou gravar matérias para outros veículos do mesmo grupo de atuação. Por exemplo, um repórter de TV também passou a informar os ouvintes da rádio daquele mesmo conglomerado, ou a escrever textos para o site, e, em algumas vezes, acumulando todas essas funções:

> Ou seja, há um aumento na extração do que Marx (2013) chama de mais-valia relativa com consequências para a qualidade do trabalho jornalístico. Os trabalhadores da notícia passam a produzir notícias sobre o mesmo tema para meios diversos, principalmente se trabalham em conglomerados midiáticos, e a serem responsáveis por mais pautas no decorrer do dia. Somadas a estas transformações laborais há a importância que as métricas de audiência em tempo real vêm exercendo sobre os critérios de noticiabilidade (Figueiredo, 2019: 20).

Com o avanço das Tecnologias da Informação e da Comunicação (TICs), há um disciplinamento e um barateamento da mão de obra, que segundo Huws (2017), permite às empresas expandirem sem comprometer custos fixos e forças permanentes de trabalho. No livro *Comunicações em tempos de crise,* Helena Martins (2020) cita um texto de Luciano Coutinho no qual ele lista tendências, no início dos anos 1990, que estão presentes atualmente, como o peso crescente do complexo eletrônico; o novo paradigma da produção com automação integrada flexível; a revolução nos processos de trabalho; novas bases de competitividade; a globalização como aprofundamento da internacionalização e as alianças tecnológicas. Ou seja, mudanças nas comunicações e na cultura alteraram todo o paradigma econômico, que, com a centralização e a concentração de capitais, favoreceram as fusões de empresas, acarretando um conglomerado de (poucas) empresas midiáticas. E no capitalismo de plataforma não há espaço para a concorrência. Assim, as reportagens passaram a ser acessadas principalmente a partir das redes sociais, numa plataformização do conteúdo jornalístico, o que gera constantemente embates entre empresas de tecnologia e jornalísticas, incluindo processos judiciais por uso indevido de conteúdo. Segundo pesquisadoras de Economia Política da PUC-Rio (Maurício; Gabrig, 2020), hoje o Google tem acordos com a mídia tradicional para incluir reportagens no Google Notícias e seleciona veículos para parcerias com ajuda financeira. Um nível de concentração de mercado e recursos impressionante até para um mercado oligopolizado como o do jornalismo no Brasil.

Um dos problemas, segundo os investigadores de Columbia (Bell; Owen, 2017), é que o modelo de negócios das plataformas incentiva a "viralidade" – o conteúdo que as pessoas querem compartilhar –, algo sem nenhuma correlação com a qualidade jornalística. A estrutura e a matemática das plataformas incentivam a disseminação de conteúdo de pouca qualidade, além de favorecer a disseminação de notícias falsas, o que tem provocado inúmeras discussões a respeito da responsabilidade das plataformas. De qualquer maneira, o jornalismo sério acaba ficando à deriva num sistema que preza a escala. E mais do que isso: de posse de uma quantidade imensa de dados de navegação e informações pessoais dos usuários, as empresas de tecnologia passaram, a partir dos cliques e das pesquisas, a determinar também o que a audiência iria ver e consumir, definindo, por exemplo, os melhores formatos para publicar uma reportagem numa decisão editorial. O público passou a ter conteúdo personalizado por meio de métricas e algoritmos, essenciais para o processamento inteligente na economia digital, numa dinâmica que, segundo Valente (2020), afeta não só a economia ou a cultura, mas outros âmbitos de sociabilidade, prevendo ou modulando comportamentos dos usuários, organizações e outros setores.

Os jornalistas passaram a produzir sob uma aceleração da produção com definição de públicos, e a trabalhar também com métricas, uma vez que é possível reunir mais dados para comercialização, além de desempenhar tarefas para diferentes veículos de um mesmo grupo de comunicação. Como afirmou Bolaño (2016), há um

> apagamento das fronteiras entre as diferentes especialidades jornalísticas, com o repórter executando, por exemplo, a função de fotógrafo. As atividades próprias do jornalista vão-se, assim, de um modo geral, esvaziando, sendo simplificadas, enquanto outras, antes ligadas a áreas como a informática, ganham relevância e passam a fazer parte das ferramentas intelectuais que o jornalista é obrigado a dominar. O resultado é um amplo processo de desqualificação e requalificação, em detrimento do instrumental crítico, anteriormente vinculado à formação desses profissionais. Os limites à subsunção do trabalho intelectual vão sendo assim rompidos, o que, diga-se de passagem, não garante a rentabilidade ou a competitividade (Bolaño, 2016: 95).

Em um levantamento divulgado no início de setembro de 2021, o Reuters Institute for the Study of Journalism (RISJ, na sigla em inglês) apontou que o Brasil, entre quatro localizações pesquisadas, foi o país onde 78% dos entrevistados afirmaram acreditar que as organizações de notícias tentam esconder seus próprios erros: 78%. A taxa é de 64% no Reino Unido, 59% nos EUA e 55%, na Índia. Entre os brasileiros, apenas 20% acreditam que as empresas de jornalismo estão dispostas a reconhecer seus equívocos. A pesquisadora responsável pelo estudo afirmou que chamou a atenção o fato de os brasileiros terem opiniões negativas sobre a imprensa com mais frequência do que cidadãos de outros países. Quase a metade dos entrevistados brasileiros (44%) acham que os jornalistas comumente provocam, de forma intencional, para chamar a atenção para si mesmos, e 43% acreditam que profissionais da imprensa frequentemente tentam manipular o público – as taxas são as mais altas encontradas entre os países pesquisados. Ao mesmo tempo, 36% dos brasileiros acreditam que jornalistas comumente são pagos pelas suas fontes, ficando atrás só da Índia, com 37%.

Num resumo do estudo, o Reuters Institute afirma que há uma crise de confiança nas notícias em algumas partes do mundo. Os pesquisadores argumentam que as mudanças sobre como as pessoas acessam e usam notícias podem gerar confiança onde ela não é merecida, permitindo a disseminação de informações duvidosas. Essa lacuna de confiança, de acordo com o texto, entre as notícias em geral e as acessadas através de plataformas podem diminuir a confiança dos veículos "por associação", uma vez que as pessoas estão navegando em ambientes com informação de todo tipo, incluindo desinformação.

E se o jornalista então trabalha voltado para a customização de um público-alvo e não mais para o interesse público, preso às rotinas sob alto controle, sobrecarregado, além de ele estar mais suscetível ao erro jornalístico e à descredibilização, sobra pouco ou nenhum espaço para a reflexão das conjunturas onde está inserido. Com cada vez menos proteções trabalhistas, um trabalho precarizado e sem um órgão que possa regular os abusos exploratórios frequentes, o trabalhador precisa enfrentar sozinho as transformações que alteram suas dinâmicas produtivas, e aí já sabemos de que lado esta corda arrebenta.

PARTE III
Estudos de caso

Capítulo 12

Ausência do Brasil na regulação mundial do 5G

Raquel de Queiroz Almeida, Patrícia Maurício e Carmem Petit

O capitalismo industrial do século XIX marcou o início da internacionalização do capital produtivo, que deu origem às empresas transnacionais. Os países ocidentais investiram na expansão da infraestrutura de redes de comunicação, o que preparou terreno para uma economia internacional mais integral e um mercado mundial unificado. Esse processo levou algumas empresas de comunicação a ocuparem uma posição dominante no mercado, como a britânica Eastern Telegraph Company, que monopolizou quase metade das redes de cabo do mundo por um longo período. No final do século XX, houve um novo rearranjo da economia global e as tecnologias da informação e da comunicação passaram a ter papel central na reestruturação do sistema capitalista. As tecnologias da informação e da comunicação (TICs) se tornaram o motor do crescimento neste novo momento da acumulação de capital, juntamente com a reinserção da China no capitalismo global (Schiller, 2008).

É nesse contexto que surge a quinta geração de rede de internet móvel, ou 5G. Essa tecnologia, que surge em seguida ao 4G e nos nossos telefones celulares, traz uma revolução na comunicação, não só por transferir mais dados pelo ar em velocidades mais rápidas,[1] mas também por ter mais estabilidade e uma latência mais baixa, ou seja, um tempo de resposta muito menor após uma instrução recebida pelo sistema. É por essas características que o novo padrão permite que um cirurgião faça uma cirurgia a distância, porque praticamente não haverá diferença de tempo no envio e no retorno dos dados. Com luvas especiais, ele poderá ver a réplica de seus movimentos em tela de altíssima definição no corpo do paciente. Outro tipo de aplicação

---

1   A velocidade do tráfego de dados nas redes do 5G poderá ser até 50 vezes maior do que as alcançadas no 4G hoje, que entregam uma velocidade média de conexão de, aproximadamente, 45 Mbps. A expectativa é que o 5G possa alcançar até 10 Gbps de velocidade.

é na conexão de objetos de controle automatizados em indústrias e cidades inteligentes. Na chamada Internet das Coisas (IoT, na sigla em inglês), máquinas poderão conversar com máquinas de forma massiva. Em relação ao monitoramento das cidades, sistemas como os de tráfego poderão dar maior precisão às necessidades de ajustes em sinais de trânsito e iluminação. Nas plantas industriais, o controle de estoques e processos de logística de entrega poderá enviar dados em tempo real de volume e condições dos produtos. Na agricultura, sensores alertam imediatamente sobre a necessidade de água ou substratos em alguma área das plantações. O número de máquinas rodando 5G conectados simultaneamente por quilômetro quadrado deve superar a casa de um milhão, segundo estimativas de especialistas no setor de telecomunicações. Hoje, o 4G trabalha com cerca de quatro mil objetos conectados neste mesmo perímetro.

Vale lembrar que a voz e os dados são transmitidos pelo ar, através do sinal emitido e recebido por antenas, em caminhos que são como avenidas de sinais. Explicando de forma nada técnica, a voz e os dados são transformados em sinais que são transportados nessa frequência até os aparelhos (celulares, laptops, computadores de carros e outros equipamentos), onde são decodificados novamente em voz ou nos arquivos de dados que foram enviados.

Este capítulo trata não apenas das regras estabelecidas no Brasil para esta tecnologia, mas também do que não está sendo estabelecido e que faz muita falta aos brasileiros e ao Brasil como nação, além da subserviência ativa em que o país vem se colocando – o velho "complexo de vira-lata" do jornalista Nelson Rodrigues.[2] Mas, para contar essa história, primeiro vamos cortar caminho pela China para chegar aos EUA e voltar para o Brasil. Boa viagem!

Briga de cachorro grande

A China é um dos grandes polos de inovação em TICs, líder mundial em patentes de comunicação digital e vice-líder em tecnologia da computação, atrás apenas dos EUA. Desde 2004, o país asiático se tornou o maior exportador de TICs do mundo e, em 2006, o maior fabricante dessas tecnologias.

---

2   "Por 'complexo de vira-latas' entendo eu a inferioridade em que o brasileiro se coloca, voluntariamente, em face do resto do mundo" (Rodrigues, [1958] 1993).

A globalização de empresas chinesas do setor levou o país para uma batalha mundial pela liderança tecnológica. A Huawei é a empresa que mais registra patentes em todo o planeta, e terminou o ano de 2020 com mais cem mil patentes ativas em 5G.

Mas a Huawei não largou na frente na corrida pelo 5G. As primeiras pesquisas para o desenvolvimento do novo padrão tecnológico foram lideradas pela coreana Samsung, em 2008. Logo em seguida, entraram investimentos do Reino Unido e da União Europeia, Índia e Israel em modelo de consórcio, do Japão e, somente, em 2013, da chinesa Huawei. Hoje ela está entre as principais fornecedoras de sistemas e equipamentos 5G para as operadoras de telecomunicações, junto com a ZTE (também chinesa), Nokia (finlandesa), Samsung (coreana) e Ericsson (sueca).

Fundada em 1987 em Shenzhen, local considerado o Vale do Silício da China, a Huawei é um gigante do setor das telecomunicações. Sua criação vem na esteira do estímulo dado pelo governo chinês naquela década para impulsionar a criação de empresas exportadoras, formando uma zona de empresas que se integrariam ao mercado global, mantendo-se o Estado comunista. Em relação à produção e à venda de telefones celulares mundial, a companhia chinesa está em segundo lugar, atrás apenas da líder sul-coreana Samsung e à frente da americana Apple. É a maior fornecedora de equipamentos para redes de telecomunicações do mundo desde que ultrapassou a sueca Ericsson em 2012.

Wen (2020) analisou a Huawei como um microcosmo da economia digital em evolução da China e apontou a empresa como elo fundamental para a reintegração do país asiático ao capitalismo digital global. A empresa entrou pesadamente em equipamentos para a tecnologia 5G, mas essa ascensão da China num mercado que vai gerar negócios tão lucrativos incomodou a ainda primeira potência mundial, os Estados Unidos. Para se ter uma ideia, a empresa finlandesa de equipamentos de telecom Nokia anunciou que seu lucro líquido ajustado de 2020 aumentou 12 vezes, para US$450 milhões, impulsionado pelas vendas crescentes de seus equipamentos de rede 5G,[3] e a chinesa Huawei, mesmo com enfrentamentos geopolíticos para a expansão dos negócios relacionados à nova tecnologia especialmente na América do Norte, viu sua margem de lucro crescer e superar os 11% no mesmo perí-

---

3   "Nokia vê crescimento com 5G conforme nova estratégia deslancha", *Tilt UOL*, 29 abr. 2021.

odo.⁴ Por isso, não é de se estranhar que exista uma grande disputa sobre quem vai vender tecnologia 5G para o mundo.

Em maio de 2019, o então presidente norte-americano Donald Trump decretou estado de emergência na área de tecnologia dos EUA, alegando querer evitar que empresas estrangeiras consideradas suspeitas (resumindo, as chinesas, e mais objetivamente a Huawei) entrassem na área de infraestrutura tecnológica americana. Ele dizia que a China poderia usar a Huawei para espionar os EUA, assim como qualquer outro país que comprasse tecnologia 5G da empresa.

Trump mandou o Google, empresa americana, tirar seu sistema operacional Android dos celulares fabricados pela Huawei, os quais estavam sendo vendidos a um preço extremamente baixo para o alto nível tecnológico oferecido. O Facebook anunciou que sairia dos celulares da empresa, e aplicativos e serviços do Google também não rodariam mais nos celulares novos a partir de agosto de 2019. Mas o tiro saiu pela culatra porque, com isso, a Huawei começou a desenvolver um sistema próprio para substituir o Android no futuro, e o Google não gostou disso, já que a empresa americana deixaria de ter acesso aos dados dos usuários desses celulares para vender anúncios direcionados. Em junho de 2019, Trump resolveu recuar, apenas para voltar à carga no ano seguinte⁵. Nessa briga, sobrou até para a filha do criador da Huawei e diretora da empresa, que foi presa no Canadá a pedido dos EUA, num bafafá internacional que não vamos detalhar aqui, mas que pode ser acompanhado em inúmeras reportagens e em artigos acadêmicos (Maurício; Almeida; Soares Jr., 2021).

A situação não mudou com o governo de Joe Biden.⁶ Em fevereiro de 2021, um mês após sua posse, o porta-voz do governo reiterou que o conglomerado chinês era uma ameaça à segurança dos Estados Unidos e seus aliados, por ser um fornecedor de equipamentos de telecomunicações não confiáveis. O governo Biden seguiu suspendendo licenças para compras da companhia chinesa. Os EUA também pressionam seus aliados e parceiros

---

4 "Huawei registra diminuição de 16,5% da receita no primeiro trimestre de 2021", *Minha Operadora – Economia e Negócios*, 30 abr. 2021.

5 "FCC officially designates ZTE and Huawei as national security threats", 1º jul. 2020. Disponível em: www.telecoms.com/.

6 O governo Biden, que se segue a Trump, mantém os mesmos interesses de evitar que a China cresça e ultrapasse os EUA como potência. Ver "Gestão Biden mantém Huawei como ameaça à segurança dos EUA", *Teletime*, 28 jan. 2021.

comerciais. Um exemplo é o Reino Unido, que a princípio compraria equipamentos chineses, depois o governo chegou a proibir comprar da Huawei e, ao final, foi liberada a compra apenas de partes menos relevantes, como os equipamentos da rede de acesso (antenas e rádio 5G, entre outras).

Huawei e a padronização internacional

Observando o impacto das sanções dos EUA contra empresas chinesas de tecnologia, especialmente a Huawei, percebe-se que a gigante das TICs tem se mostrado uma forte adversária, ao investir no desenvolvimento de uma marca nativa de processadores e de um ecossistema digital (Jaisal, 2020). A renovação da infraestrutura global de telecomunicações abre espaço para um salto substancial no processo de reorganização de poder e de riqueza entre as grandes potências. A China não apenas previu esta oportunidade como se preparou para ela (Majerowicz, 2019) e o Estado chinês tem papel preponderante no incentivo ao desenvolvimento tecnológico.

A guerra tecnológica entre EUA e China tem impulsionado um maior ativismo estatal, com o objetivo de reduzir a dependência do país por tecnologias centrais na nova ordem econômica global. Esta perspectiva, denominada tecnonacionalismo, vincula a inovação tecnológica à segurança nacional, à prosperidade econômica e à estabilidade social. A China assumiu a liderança no desenvolvimento de 5G por meio de investimentos agressivos e fortes apoios estatais (Kim; Lee; Kwak, 2020; Capri, 2020; Diegues; Roselino, 2021).

Nas duas últimas décadas, a China tem trabalhado para transformar padrões chineses de TICs em padrões internacionais. Sob o princípio do tecnonacionalismo, Kim, Lee e Kwak (2020) analisam tentativas da China de desenvolver seus próprios padrões para tecnologias de TIC: WAPI (padrão nacional chinês para tecnologia própria de criptografia de rede local sem fio), TD-SCDMA (padrão chinês de tecnologia de telecomunicações móveis de terceira geração [3G]) e 5G. Nos três casos, os autores identificam características do tecnonacionalismo: empoderamento do Estado, orientação para o crescimento e conexão global. No caso do WAPI, os esforços de padronização internacional não alcançaram a meta, mas o governo determinou que a tecnologia fosse adotada internamente em todos os dispositivos móveis e que as empresas relacionadas deveriam suportar o padrão. Já o TD-SCDMA chegou a ser comercializado na Índia, no Vietnã e em alguns países africanos, embora a China ainda fosse o principal mercado. Com esta segunda tentativa, a China tornou-se mais confiante com o padrão nativo. Para o desenvolvimento do 5G, a abordagem da China está centrada na criação de direitos de propriedade intelectual, com base na capacidade técnica aprimorada de suas empresas, e a Huawei é a líder desta iniciativa. Até março de 2021, ano do leilão do 5G no Brasil, a Huawei detinha 530 famílias de SEPs (Standard Essential Patents) principais, o equivalente a 18,3% do total, enquanto Nokia e Samsung vinham atrás, com 14,6% e 12,9%, respectivamente.[7] Essas patentes tratam de aspectos essenciais de produtos padronizados e permitem o fluxo de dados entre aparelhos diversos, sem que haja incompatibilidade (Faria, 2014). Se, anteriormente, os padrões vinculados à China eram tecnicamente periféricos e com menos peso global, agora a situação caminha em outra direção no caso do 5G (Kim; Lee; Kwak, 2020).

Também sob a perspectiva do tecnonacionalismo, Diegues e Roselino (2021) ressaltam que a disputa geopolítica em torno dos padrões de telecomunicações 5G são o caso mais emblemático dos esforços do Estado chinês para difundir internacionalmente padrões definidos localmente. Os autores acreditam que é nos serviços inteligentes, associados à inteligência artificial e big data (em que empresas como Huawei e ZTE se destacam) que estão as maiores potencialidades de desenvolvimento chinês dentro da economia digital. Mas a expansão dessas tecnologias depende fortemente da importação de semicondutores[8] de alta performance, mercado dominado pela holandesa ASML, a taiwanesa TSMC, a americana Qualcomm, a sul-coreana Samsung e a britânica ARM, e esse seria o ponto frágil da estratégia chinesa em busca de liderança na chamada indústria 4.0. A Huawei tem uma subsidiária de semicondutores – a HiSilicon –, fundada em 1991, capaz de desenvolver chips avançados, que vem sofrendo com as sanções impostas pelos EUA.

---

7   "Huawei or Samsung: Leader in 5G declared Standard Essential Patents (SEPs)?", 15 mar. 2021. Disponível em: https://techblog.comsoc.org/.
8   Semicondutores são matéria-prima para chips usados em smartphones, veículos, videogames, computadores, e são considerados fundamentais para a chamada indústria 4.0, voltada para Internet das Coisas e dispositivos 5G.

O tão esperado leilão de 5G no Brasil e suas exigências

Depois de adiamentos e muitas discussões acerca dos valores e formatos de oferta das quatro faixas de frequência, o leilão do 5G no Brasil aconteceu em novembro de 2021, e a nova rede de conexões já estava em funcionamento em todas as capitais brasileiras em outubro de 2022, se espalhando em seguida para cidades grandes e médias.[9] Os maiores vencedores do leilão foram as principais operadoras do Brasil no momento: Claro, Vivo e Tim. Mas a surpresa foi a entrada de outras empresas pouco conhecidas nacionalmente. As empresas que já atuavam em telecomunicações são a Algar Telecom (empresa privada brasileira com sede em Uberlândia, anterior ao sistema Telebras, que comprou faixas no valor de R$64,7 milhões), Brisanet (provedor de internet a TV por assinatura no NE e NO que quer ser a quarta operadora do país, e comprou frequências de 5G no NE e CO por R$1,3 bilhão), Cloud2U (do grupo Greatek, de equipamentos de recepção de internet e TV, pagou R$405,1 milhões por 5G nos estados do Rio de Janeiro, Espírito Santo e em parte de Minas Gerais), Neko Telecom (do mesmo acionista da Surf Telecom, que atua em todo o Brasil e pagou R$ 8,4 bilhão para conectar o interior de SP) e Fly Link (ISP com sede na cidade de Uberlândia e outras cinco cidades do Triângulo Mineiro, que pagou R$900 mil pela faixa de 26GHz para oferecer serviço de banda larga fixa sem fio).

Interessante notar que as demais empresas que venceram o leilão são ligadas a fundos de investimento, mostrando a financeirização do setor. No consórcio Unifique-Copel, que adquiriu frequências na Região Sul por R$73,6 milhões, a Unifique é uma operadora de Santa Catarina que está presente em 150 municípios nos três estados do Sul do país, mas a Copel Telecom, antiga unidade da companhia estadual de energia do Paraná, foi comprada pelo fundo de investimentos Bordeaux. O polêmico empresário Nelson Tanure, que foi sócio da Oi, é um dos controladores do Bordeaux. Ele participou de uma das mais acirradas disputas de preço no leilão do 5G, e, depois de 14 *rounds* com a Iniciativa 5G, derrotou esse que era um consórcio dos pequenos provedores de internet. A Sercomtel, que arrematou a licença dos estados de São Paulo e da Região Norte do país pelo valor de R$82 milhões, também foi comprada pelo fundo de Tanure, que tem foco em internet

---

9   A previsão de chegada do 5G a todos os municípios brasileiros é 2026.

rural. Já a Winity foi criada pelo fundo de investimentos Patria/Blackstone, que tem sede nas Ilhas Cayman, em 2020, apenas para alugar frequências às operadoras. O fundo investiu R$1,4 bilhão em 5G.

Um ponto de disputa e de debates na elaboração do edital foi a questão da arrecadação do leilão à União. Chegou a ser anunciado que não haveria arrecadação, mas por fim ficou decidido que do valor total, que ficou em R$47,2 bilhões, R$4,8 bilhões seriam desembolsados pelas empresas vencedoras para pagamento das outorgas (direito de explorar comercialmente o 5G) ao governo.[10] Os vencedores do leilão também assumiram contrapartidas, como levar internet a escolas públicas e a estradas que não tinham sinal, de forma geral em 4G. A Anatel lidera grupos para regular e acompanhar esses investimentos. A autarquia já havia anunciado que revisaria, após a realização do leilão, as regras de exploração do espectro de forma a garantir que a chegada do novo padrão não gere inoperância em outros serviços e faixas,[11] como os que atendem a áreas remotas e rurais ou àqueles com menor interesse comercial.

Enormes disputas políticas envolvem as decisões internacionais sobre a implantação do 5G, disputas essas que também se refletiram no Brasil. A batalha pela liderança desse processo, que não é apenas um grande desenvolvimento tecnológico para benefício da humanidade, mas também está relacionado ao lucro para grupos e empresas privadas, no Brasil veio no rastro da guerra comercial entre China e Estados Unidos. Ao longo de meses, o governo de Jair Bolsonaro, aliado de primeira hora de Trump nos ataques nas relações internacionais à China, repetiu a mesma estratégia de ataques à Huawei, seguindo os passos do então presidente americano. Foram vários os incidentes diplomáticos ao longo de 2020 e 2021.

Apesar de considerados ilegais pela auditoria do Tribunal de Contas da União (TCU), que analisou o edital do leilão, o governo Bolsonaro conseguiu manter duas exigências para excluir a participação da Huawei. A primeira foi a criação de uma rede de conexão específica para a Região Amazônica, o Projeto Amazônia Integrada e Sustentável (Pais), a pedido dos órgãos

---

[10] Fontes: "Anatel: Leilão do 5G resulta em R$ 4,8 bilhões de arrecadação para o Tesouro", *UOL Economia*, 9 nov. 2021; "Anatel homologa leilão do 5G e termos serão assinados até 3 de dezembro", *Teletime*, 23 nov. 2021; "Leilão da tecnologia de quinta geração alcança R$ 47,2 bilhões", 5 nov. 2021, publicado em: www.gov.br/anatel/pt-br/.

[11] "Espectro para 5G e 6G estão no planejamento de estudos da Anatel até 2028", *Teletime*, 17 jun. 2021.

militares. A segunda foi a construção de uma rede de infraestrutura fechada, exclusiva para atender aos órgãos da esfera pública federal. Chamada de Rede Segura, o governo definiu que esta estrutura seria de fibra ótica fixa, com criptografia, com alcance em todo o território nacional onde houver órgãos públicos federais. Apenas no caso específico do Distrito Federal esta rede também seria móvel.

Esta última exigência do governo será financiada pelas operadoras que compraram as faixas, e está orçada em torno de US$2,5 bilhões. Foi inserida com o único objetivo de pacificar a questão com a Huawei. Depois de vários ataques do governo Bolsonaro à empresa que questionava sua governança e transparência, e de ser anunciada como impedida de fornecer soluções para a rede privativa que atenderá ao Executivo federal, a Huawei anunciou não ter interesse na prestação desse serviço. As operadoras não se opuseram a pagar por essa rede.

Nessa briga de cachorro grande, o Brasil nem late nem morde

O governo Jair Bolsonaro se declarava nacionalista, e o então presidente da República não cansava de repetir seu slogan "Deus acima de todos, Brasil acima de tudo".[12] Porém, o que seu governo praticou foi uma subserviência ativa aos interesses das outras potências, especialmente os Estados Unidos, mas também a China, mesmo que contrariamente ao que o ex-presidente afirmava. Bolsonaro concordava publicamente com os ataques feitos por Trump à China, e a atacava também, às vezes de forma chula e ofensiva, sem levar em conta que o país asiático é o maior parceiro comercial do Brasil desde 2009. Essa realidade acabou fazendo com que ele voltasse atrás e permitisse que as empresas privadas comprassem equipamentos de quem quisessem. Como já dito acima, Bolsonaro conseguiu apenas criar uma bolha, uma rede só para o Governo Federal em que equipamentos chineses não poderiam entrar. Seria para rir se não fosse de chorar, porque, se for por medo de espionagem, o governo americano, através da NSA, já espionou até os e-mails da então presidente Dilma Rousseff, e não há por que não fazer isso de novo.

Hoje não podemos contar nem mesmo com uma operadora de telefonia móvel e de dados nacional, com a venda da parte móvel da Oi para as três

---

12   Inspirado pelo lema nazista "Alemanha acima de tudo".

concorrentes: a Vivo é da Telefónica, da Espanha; a Claro é do conglomerado de comunicação do mexicano Carlos Slim; e a TIM (acrônimo de Telecom Italia Mobile) é, obviamente, da Telecom Italia.[13] Estas empresas cuidam da transmissão de internet móvel, e também de boa parte da transmissão por cabo no Brasil.

O governo também privilegiou, no edital, essas grandes operadoras de telecomunicações estrangeiras instaladas no Brasil. Mas não sem resistência. Um grupo de 421 provedores de internet regionais se reuniu para formar um consórcio para participar do leilão e ter um espaço no espectro de frequências para o 5G. A chamada Iniciativa 5G Brasil, que perdeu a disputa do 5G para o já citado fundo de Tanure, conta com uma base de mais de 6 milhões de clientes em dois mil municípios brasileiros.[14] Esses provedores nacionais, que atendem principalmente ao interior do país, divulgaram um comunicado criticando o edital do leilão:

> (...) o texto aprovado acaba, em suas entrelinhas técnicas, por colocar em vantagem as operadoras de grande porte – pois estas já têm operação em pleno funcionamento –, abrindo assim um horizonte de equívocos semelhantes aos já vistos no Brasil quando da chegada das redes 3G e 4G, às quais o interior do país teve acesso tardiamente (ou ainda não teve) em comparação com as capitais.[15]

A Anatel não acatou os pedidos da Iniciativa 5G Brasil que colocaria as empresas brasileiras em igualdade de condições com as estrangeiras no leilão.

Se formos pensar apenas em termos de custos para o Brasil, os equipamentos da Huawei sairiam mais baratos do que os dos demais fornecedores estrangeiros e com a mesma qualidade, ou seja, gastaríamos menos dinheiro e sairiam menos dólares das nossas reservas cambiais. Isso sem falar que Bolsonaro deixou de usar o Banco dos Brics para fazer as trocas comerciais com a China nas próprias moedas dos dois países, o que faria com que apenas o que sobrasse de saldo para um dos países pagar seria em dólar, a moeda

---

13 Até o fechamento deste capítulo, essa compra ainda não tinha sido aprovada pelo Conselho Administrativo de Defesa Econômica (Cade), órgão que fiscaliza as empresas para evitar monopólios e oligopólios, mas as operadoras já estavam com praticamente tudo organizado para o fechamento do negócio.
14 "Iniciativa 5G Brasil fecha com 421 provedores para leilão do 5G", *Teletime*, 5 out. 2021.
15 "Iniciativa 5G critica versão final do edital e fala em 'inconsistências técnicas'", *Teletime*, 27 set. 2021.

usada desde a Segunda Guerra Mundial para as trocas internacionais. Foi ataque atrás de ataque do seu governo à soberania nacional.

Aquilo de que precisamos, e que deveria ser expresso em leis e regras, é incentivar uma política industrial para tecnologia de ponta nacional, para que o Brasil não precise estar à mercê de brigas entre outros países, e submetido de várias formas a um país ou a outro. Precisamos incentivar não apenas a indústria, mas também a produção de conhecimento no país, incluindo as pesquisas nas universidades. O Brasil, ao não ter empresas de tecnologia nesta área, nem mais operadoras de telecomunicações nativas, não tem participação alguma na padronização internacional da rede móvel 5G. O ITU (International Telecommunications Union) é a agência da Organização das Nações Unidas (ONU), que define os requisitos e as recomendações para o desenvolvimento da tecnologia no mundo, e o 3GPP (Third Generation Partnership Project), criado em 1998 pelo órgão padronizador da União Europeia e de alguns outros países (Anatel não incluída) para a transição do 2G para o 3G, reúne as empresas produtoras de tecnologia para especificar e coordenar o desenvolvimento de padrões técnicos para o atendimento dos requisitos e recomendações definidos pelo ITU (Chaves, 2021). No Brasil, apenas seguimos essas especificações.

Mattelart (2006) explicita que a dita sociedade da informação, nascida a partir da junção de computadores e telecomunicações, foi a saída que o capitalismo encontrou para a primeira crise do petróleo, portanto uma saída para a crise do capitalismo e da governabilidade das grandes democracias ocidentais. O 5G e a ampliação potencial de conectividade trazida por ele apresentam-se, como foi com a chegada da internet, acompanhados de dezenas de metáforas de progresso, como crescimento econômico, liberdade e democratização de acesso à informação (Zuazo, 2018). Para os EUA, após a queda do muro de Berlim, a hegemonia nesta área é fundamental para que o país se mantenha como a superpotência global – lugar que a China vem disputando palmo a palmo. Abrir mão de protagonismo e manter-se alheio a esse processo parecem ser mais uma vez o pior e mais tortuoso caminho a adotar. Pagamos muito caro por dependermos de tecnologia e equipamentos desenvolvidos em outros países. Pagamos em dólares e em empregos de qualidade, que poderiam estar sendo gerados aqui, onde não faltam cérebros e mão de obra para ocupar essas vagas.

Capítulo 13

Depois da lei do audiovisual na Argentina: passa o tempo e nada muda

Santiago Marino

Os meios de comunicação, como atores sociais, políticos e econômicos, estiveram no centro do debate público na América Latina durante as duas primeiras décadas do século XXI. A intensidade das mudanças implementadas pela ação do Estado no sistema gerou esse processo, acelerado pela centralidade que a convergência tecnológica consolidou. No caso da Argentina, aquela questão se acelerou a partir de 2008. Assim, a dinâmica do seu mercado e o desenvolvimento que a mudança tecnológica tem condicionado constituem um processo muito significativo na história da comunicação e cultura do país.

A Lei dos Serviços de Comunicação Audiovisual (LSCA) 26522/09, que aqui definiremos operacionalmente como "lei de meios audiovisuais",[1] constituiu um marco muito particular na história da regulação do sistema de mídia na Argentina. E foi o auge de um período político muito intenso, no qual se desenvolveram os governos de Néstor Kirchner (2003-2007) e Cristina Fernández de Kirchner (2007-2015). Seu texto permite identificar que o objetivo central era democratizar o sistema de meios de comunicação, uma vez que a) estabelecia limites à concentração de propriedade; b) propunha novas condições de produção de conteúdos audiovisuais; e c) criava uma agência reguladora com maiores níveis de representação de setores políticos, tirando-a da órbita do governo. Tais elementos foram eliminados por decreto no começo da gestão de Mauricio Macri (2015-2019).

O sistema de mídia argentino é caracterizado por seus altos níveis de concentração geográfica (a maioria dos meios opera a partir da capital do país, Buenos Aires) e econômica, e pela participação relativamente alta de

---

1 Nota das organizadoras: No Brasil, ela ficou conhecida como Lei de Meios.

capital estrangeiro. À época da aprovação da lei, o principal *player* do sistema era o Grupo Clarín, que controlava metade do mercado de TV por assinatura (extenso na Argentina), o canal de TV aberta mais assistido e outros canais em todo o país (de um total de aproximadamente 50); o jornal com maior número de exemplares vendidos no país e os três mais importantes nas capitais provinciais, juntamente com a empresa fornecedora de papel-jornal (em parceria com outro jornal, *La Nación*) e um terço do mercado de provedores de internet, entre outros negócios.

Neste capítulo, apresenta-se e desenvolve-se uma abordagem do panorama argentino, visto que se entende que se trata de um dos temas que requerem extensos estudos e exemplificam um dos casos centrais de um período muito dinâmico da região. Este trabalho apresenta uma análise – sob uma perspectiva crítica do estudo das políticas públicas de comunicação – do processo que consolida a LSCA em suas facetas regulatórias, as ações a serem implementadas a partir de suas definições, a discussão judicial em torno de seus principais aspectos e as consequências da um processo intenso entre sua sanção em 2009 e o fim do mandato de Macri em 2019.

Para isso, em primeiro lugar, são apresentados os antecedentes do período e os aspectos centrais da lei. Em segundo lugar, é oferecida uma caracterização das etapas em que se divide desde a aprovação até o final do segundo mandato de Fernández de Kirchner. Lá, serão analisadas detalhadamente a questão do julgamento iniciado pelo Grupo Clarín e a decisão do Supremo Tribunal Federal que resolveu o caso. Em terceiro lugar, são identificadas as medidas implementadas até 2019. Para completar, são identificados os aspectos pendentes, as características presentes e ausentes da lei nas conclusões, que procuram colocar-se como questões para uma abordagem que deve continuar.

Antecedentes e destaques da lei de meios audiovisuais

Por vários motivos que ainda estão sendo discutidos em profundidade desde 2008, o governo de Cristina Fernández de Kirchner e os grandes grupos de comunicação (principalmente o Grupo Clarín) têm um confronto muito visível. O pico do conflito ocorreu após a aprovação da LSCA, que possibilitou a transição para uma mudança de lógica no modo de discussão e sanção, estabeleceu limites à concentração da propriedade dos meios de comunicação e propôs novas condições na produção dos conteúdos audiovisuais.

Uma abordagem abrangente para seu desenvolvimento nos permite afirmar que a LSCA foi um divisor de águas na tradição regulatória, embora não pudesse escapar do contexto ou da incidência de fatores de política, a partir dos quais sua aplicação foi enviesada (Marino: 2016) e seus efeitos são pouco ou nada percebidos no sistema de mídia argentino. No entanto, é possível sistematizar um conjunto de elementos que materializam a ideia de que a LSCA foi um aspecto distintivo e implicou uma mudança de paradigma na regulamentação da radiodifusão sonora no país. Uma série de elementos que sustentam esta tese são descritos e analisados a seguir:

a) Processo de ampliação da participação no debate e sanção

Parte do que é mais relevante gerado a partir da discussão por uma nova regulamentação na Argentina é que, por iniciativa do Poder Executivo Nacional (PEN), a partir da apresentação do Projeto de Lei, foi gerado um conjunto de espaços de discussão – os chamados então Fóruns Cidadãos – para que diferentes atores, direta ou indiretamente ligados ao tema, dessem conta de suas posições e levantassem críticas e apoio ao texto que seria encaminhado em agosto de 2009 ao Congresso Nacional. No total, foram 24 Fóruns realizados em todo o país. Juntamente com as contribuições feitas de diferentes formas, geraram mais de 15 mil opiniões sobre o texto. O resultado foi o acréscimo de cerca de 50 modificações – embora nenhuma delas essenciais – ao projeto original.

b) Ampliação da representação dos setores envolvidos na questão da comunicação audiovisual nos órgãos criados pela LSCA

A LSCA pode ser destacada pela criação de instituições cuja integração foi planejada representativa e certamente diversa, conforme estabelecido nos artigos. É claro que, no momento de sua execução, a questão da prática política prevaleceu sobre a organizacional. E que esse aspecto coexiste com a tradicional falta de institucionalidade no país e no setor em particular, e com isso os impactos e as mudanças alcançados por esses novos organismos poderiam ter sido significativos. Mas eles se depararam com a dívida sistemática da questão das instituições e agências de controle e execução na Argentina.

No que se refere ao desenho institucional, a lei criou a Autoridade Federal de Serviços de Comunicação Audiovisual (AFSCA), que seria composta por sete membros. O presidente e um diretor seriam indicados pelo PEN, três diretores indicados pela Comissão Bicameral de Fomento e Fiscalização da Comunicação Audiovisual do Congresso Nacional e os três restantes pelo Conselho Federal de Comunicação Audiovisual (Cofeca), outro órgão criado pela norma. A Cofeca foi justamente outra novidade relevante. Estabeleceu a possibilidade de participação na discussão sobre aspectos centrais das políticas de comunicação de representantes das províncias, empresas, meios de comunicação sem fins lucrativos, povos indígenas, meios de comunicação públicos, sindicatos de trabalhadores da mídia e universidades nacionais. Por sua vez, a criação da Defensoria Pública, do Conselho Consultivo do Audiovisual e da Infância e do Conselho Honorário dos Media Públicos foram avanços institucionais num país sem tradição neste domínio ao nível da comunicação. Ou seja, um conjunto amplo e plural de instâncias que possam dar maior visibilidade e participação à sociedade no desenvolvimento das políticas públicas de comunicação. Os resultados de sua efetiva materialização foram díspares.

c) Expansão da representação política no órgão de fiscalização da LSCA

Dado que a norma estabelecia que o conselho de administração da AFSCA fosse composto por membros de origens e espaços políticos e públicos diversos, isso implicou a geração de novos mecanismos, como a participação de partidos políticos de oposição com presença no Congresso na regulamentação da mídia. Em qualquer caso, o AFSCA não funcionou plenamente da forma representativa que a lei estabelece, por razões políticas e outros aspectos.

d) Limites de concentração

A inclusão de uma série de limites foi um aspecto central. Estas materializaram-se nas quantidades máximas de licenças (24 para operar TV por cabo, 10 para radiodifusão aberta), de domínio do mercado (35%) e na proibição de propriedade cruzada, tanto entre o setor das telecomunicações e audiovisual quanto na operação de TV aberta e paga na mesma área de cobertura. A participação de 35% no mercado foi estabelecida por lei como um limite máximo que um participante do sistema poderia controlar. Na TV aberta seria a audiência potencial, na TV paga em relação ao número total de clientes. Além disso, a norma proibia a emissora licenciada de também ter sinais de TV paga. Mas deixou alguns aspectos pendentes.

e) Concessão de licenças a novos *players*

Como foi afirmado acima e em trabalhos anteriores (Marino, 2016) na área da legalidade do setor comunitário e sem fins lucrativos, o que a LSCA avançou não é efetivamente verificado em sua aplicação de forma abrangente. De fato, existe um atraso no desenvolvimento de um plano técnico nacional de frequências, o que teria facilitado a implementação, e no papel, da reserva de 33% do espectro declarado, bem como a atribuição de licenças de modo massivo.

f) Audiências públicas de conteúdos de interesse cultural

Este mecanismo, estabelecido no Capítulo VII da LSCA, implica o reconhecimento do direito de acesso a conteúdos de relevante interesse para os cidadãos. À semelhança do resto do regulamento, a verificação da sua aplicação está longe de ser exaustiva. Ou seja, novamente neste ponto se identifica a expansão da inclusão cidadã, que ainda está a meio caminho de se concretizar em ações.

Claro, um dos problemas centrais é que vários dos aspectos positivos permaneceram na letra fria da lei, sem se materializar.

Os períodos de sua aplicação enviesada, julgamento e decisão

Com a norma sancionada, sua aplicação foi irregular e enviesada, por diversos motivos, estratégias e atores. Três etapas podem ser reconhecidas no período, a saber:

a) a primeira, que se chamará "aplicação enviesada por causas externas", ocorreu entre novembro de 2009 e dezembro de 2011;
b) a segunda "de aplicação enviesada por causas combinadas", com início em dezembro de 2011 – a partir do início do segundo mandato de Cristina Fernández de Kirchner – e até a decisão do Supremo Tribunal de

Justiça da Nação (CSJN) em outubro de 2013 em relação ao processo judicial iniciado pelo Grupo Clarín;

c) a terceira, de "adequação (e aplicação enviesada)", que se desenvolve a partir dessa decisão judicial e mantém características das anteriores.

Na primeira etapa, a aplicação foi impedida por uma série de elementos e atores externos aos agentes estaduais responsáveis pela execução das políticas com base na nova lei. Esses atores, que atuam no ambiente específico da regulação e do mercado, combinaram um somatório de elementos, entre os quais se destacam: a atuação dos grupos concentrados (principalmente do Grupo Clarín) para judicializar a questão, por meio de representações que encontraram eco em alguns tribunais e obtiveram decisões favoráveis aos seus interesses; as ações protelatórias de alguns setores da oposição política e de sua contraparte judiciária; a estratégia de deslegitimação por parte dos partidos políticos com representação no Congresso, materializada na não indicação de seus representantes na Comissão Bicameral, AFSCA, RTA e outros; a contribuição do Poder Judiciário para essas estratégias, dada certa morosidade da ação (CSJN) e das medidas cautelares (diferentes câmaras); somado à falta de capacidade e decisão política do Governo Nacional.

Na segunda fase, após as eleições gerais de 2011, o governo alterou a sua estratégia, tal como alguns partidos (UCR e FAP). A responsabilidade na aplicação limitada da norma cabe ao governo como ator principal, em segundo lugar aos grupos concentrados e do Judiciário e, em terceiro lugar, à incapacidade dos partidos de oposição de mudar a situação.

Como se pode ver, os fatores se alternam, prevalece a redução governamental da regra ao "pacote Clarín",[2] foram mantidas as ações dos setores judiciais que atrasaram as decisões sobre as medidas cautelares que suspenderam a aplicação da lei ou de alguns artigos, enquanto a oposição mudou sua estratégia, mas não conseguiu gerar efeitos.[3] Este último aspecto foi resolvido no final de 2012, quando o Poder Executivo nomeou o deputado Martín Sabbatella[4] para presidente da AFSCA, o qual solicitou a formação

---

2 Ou seja, a cada um dos aspectos do novo que afetam a configuração do Grupo Clarín, fundamentalmente no que diz respeito aos limites à concentração de propriedade, via impedimentos à propriedade cruzada de licenças e aos limites ao domínio do mercado, as que foram julgadas judicialmente pelo próprio Grupo como inconstitucionais.
3 Como estabelecer a Bicameral e nomear seus diretores na AFSCA.
4 Em substituição a Santiago Aragón.

da Comissão Bicameral e a nomeação de diretores pela segunda e terceira minorias. Assim, foram indicados Marcelo Stubrin (pela UCR) e Alejandro Pereyra (pela FAP), o qual foi contestado por diversas entidades e não foi nomeado ao longo do período, até que se designou para esta vaga, em 2013, o deputado Gerardo Millman (MC).

O processo de judicialização: "Avenida Clarín"

Nesse percurso e em meio a uma disputa também discursiva, assistimos a sessões que pareciam definidoras e finalmente não o foram. A partir da suposição de Sabbatella e de sua decisão de que a data de vencimento da liminar (7 de dezembro) se aplicava aos demais grupos, que teriam que se adequar aos novos limites, o governo iniciou uma campanha denominada "7D" na qual, por meio de uma série de spots, cartazes, publicidade nas vias públicas e do programa Futebol para Todos, espalhou-se a ideia de que nessa data a lei entraria em vigor e o Clarín teria que se desfazer de sua mídia.

Essa campanha foi mais uma das ações que se sobrepõem como jogadas em um jogo de xadrez, embora com três atores intervenientes: o governo, o grupo Clarín e diferentes instâncias judiciais: sala 1 em Cível e Comercial, Contencioso Administrativo e Tribunal Supremo Tribunal da Justiça da Nação (CSJN). Em maio de 2012, o julgamento da CSJN determinou que em 7 de dezembro expirou o prazo de 36 meses durante o qual o Grupo Clarín estava dispensado de se ajustar aos novos limites de concentração. Na quinta-feira, 6 de dezembro, a Câmara 1 de Assuntos Cíveis e Comerciais prorrogou a medida cautelar e anulou a campanha governamental sobre o "7D". Dias depois, em 14 de dezembro, o desembargador do Contencioso Administrativo, Horacio Alfonso, se pronunciou a favor da constitucionalidade dos artigos denunciados pelo Clarín e solicitou que a medida cautelar fosse novamente suspensa.

Em 16 de abril de 2013, os juízes da Câmara 1 declararam os artigos inconstitucionais, em uma decisão pouco debatida e muito criticada por diversos especialistas em liberdade de expressão.[5] Em 14 de junho, declararam admissível o recurso interposto pelo Estado nacional, Afsca, Cablevisión SA e Grupo Clarín AS, e remeteram o caso à Corte para decidir sobre o mérito

---

5   Veja mais em "Sobre el fallo de la Cámara en el caso Clarín", *Página 12*, 14 maio 2013.

da questão. Em agosto de 2013, a CSJN convocou audiências públicas sobre o assunto, com a peculiar participação do *amicus curiae,* que defendeu as posições de um e de outro dos concorrentes, e não como amigos "do Tribunal". E, finalmente um dia, o processo judicial foi concluído.

O julgamento, constitucionalidade e depois

Depois de quase quatro anos, o processo judicial foi concluído e finalmente a CSJN decidiu no caso iniciado em 2009 pelo Grupo Clarín contra o Estado para declarar os artigos 41, 45, 48 e 161 da LSCA inconstitucionais. Sua decisão estabeleceu uma sentença sólida e bem argumentada, com citações à Comissão Interamericana de Direitos Humanos, aos Relatores para a Liberdade de Expressão da OEA e da ONU, à Comissão Europeia de Direitos Humanos, a constitucionalistas como Owen Fiss (que haviam sido citados por ambas as partes nas Audiências Públicas convocadas pelo Tribunal) e ampla doutrina jurídica.

Uma primeira leitura permite avaliar que as Audiências Públicas foram fundamentais para a CSJN, e até mesmo a atuação dos contendores naquele fórum, cujo resultado "discursivo" implicou uma defesa precária do Grupo Clarín e sua impossibilidade de demonstrar que, ao ser afetada sua "lucratividade", o Direito à Informação e sua Liberdade de Expressão também seriam afetados. O texto cita várias vezes o que foi exposto nessas conferências. E mostra claramente que a norma não pretende atingir os interesses do Clarín em particular, mas sim estabelecer um marco regulatório equitativo para todos os atores do sistema.

Com a decisão, um complexo processo judicial culminou, com reviravoltas, inexplicáveis atrasos e chicanas de advogados com poderes nas trincheiras da mídia, até que o mais alto tribunal reverteu a decisão da Câmara Cível Federal, que havia acatado quase todas as reivindicações do grupo multimidiático. Em seu texto, os juízes tiveram o cuidado de dar curso às demandas relacionadas à gênese dos famosos 21 pontos em que grande parte da lei de meios audiovisuais se baseou. O Tribunal aludiu ao fato de que o uso dos meios de comunicação públicos como ferramenta do governo e a discricionariedade e falta de transparência dos órgãos de controle são tão negativos para a liberdade de expressão quanto a concentração de propriedade.

Os juízes deixaram aberta a porta para cenários complexos no futuro se os atuais mecanismos de alocação desigual e discricionária do padrão de publicidade oficial forem mantidos (independentemente de ser uma ferramenta saudável para promover a diversidade), ou o tratamento para grupos relacionados ao governo, e a gestão governamental dos meios de comunicação públicos, que, convém lembrar, são do Estado e não da Casa Rosada. Assim como em decisões recentes sobre questões paralelas, como a decisão "de ratificar a impossibilidade de as empresas de telefonia (fixa e móvel) prestarem serviços audiovisuais, a pedido da Associação Argentina de Televisão a Cabo (ATVC), em 4 de junho de 2014".[6]

Como apresentamos com Sebastián Lacunza à época:

> Embora seja surpreendente e inesperada, a decisão que endossava a constitucionalidade da lei já era conhecida antes do plano técnico de frequências, aspecto fundamental na distribuição e na realocação do espectro radioelétrico. Ou seja, um claro sinal de que a decisão dos juízes não resolve mais do que o contencioso central que o Grupo Clarín iniciou semanas após a aprovação da lei, em seu objetivo de atrasar a aplicação até uma mudança no cenário político.[7]

Essa decisão teve efeitos de curto prazo (sobre a estrutura do mercado de mídia) e de longo prazo (sobre a forma como o sistema de mídia é regulado). Em segundo lugar, a reação da empresa foi a apresentação de um Plano de Adaptação, que implica a divisão do grupo em 6 unidades, das quais as 2 mais importantes ficarão nas mãos dos atuais proprietários do Grupo e as restantes seriam vendidas a pessoas não vinculadas. Tanto este plano como o das demais empresas que ainda não haviam sido aprovados foram avaliados pela Autoridade de Execução. E enquanto alguns ainda estavam pendentes, o do grupo principal do país foi aceito como válido, e durante 2014 teve que se materializar em compras, fusões e transações de diferentes tipos para sua adequação final. No final das contas, isso não aconteceu, porque, após a decisão da Suprema Corte, o governo de Cristina Fernández manteve a disputa com o Clarín. E quando Mauricio Macri assumiu a presidência, eli-

---

6 "O Supremo Tribunal Federal rejeita que as empresas de telefonia forneçam serviços audiovisuais", 4 jun. 2014. Disponível em: www.martinbecerra.wordpress.com/.
7 Lacunza, S., Marino, S., "Una encrucijada para dos: Clarín y el Gobierno", Ámbito, 1º nov. 2013.

minou – como se verá adiante – os limites à concentração e acabou com o questionamento.

Enquanto isso, a fase de "aplicação enviesada por causas combinadas" manteve uma série de pendências que se somaram aos aspectos que a lei não resolveu. Veremos os aspectos mais importantes, como a garantia da reserva do espectro, a concessão de licenças a operadores sem fins lucrativos em que o espectro está saturado por emissores comerciais, a concepção do Plano Técnico de Frequências para conhecer o mapa do espectro e a prestação de contas dos resultados do censo de 2010 para descobrir quantos transmissores existem e quantas frequências estão disponíveis. Por outro lado, persiste o atraso na abertura para concessão de licenças a cooperativas de várias cidades que possam oferecer de imediato o serviço de televisão por cabo com ótimas qualidades e a preços mais competitivos que os operadores comerciais, especialmente nas cidades onde existe um grupo oligopolístico. Por fim, mas não menos importante, é central a elaboração de especificações exclusivas para o setor que as denomina de organizações sem fins lucrativos, que prestem contas de seus vínculos com as comunidades que integram, que endossem e reconheçam seu capital social, e ainda sem resposta.

Mudanças na legislação na gestão de Mauricio Macri

Desde sua posse, Mauricio Macri insiste na reforma da estrutura regulatória herdada. Ele aprovou uma série de decretos que foram validados pelo Congresso. Tudo começou com a criação do Ministério das Comunicações. Mas ele não o consolidou com uma Lei de Comunicações, como ele e seus funcionários haviam prometido.

A gestão da coalizão política Cambiémos (Mudemos) herdou um sistema de mídia concentrado geográfica e economicamente com alta incidência de capital estrangeiro que apresentava uma centralização muito marcada na produção de conteúdo (e definição de temas) em Buenos Aires. E avançava no crescimento de modelos de acesso para públicos cada vez mais exclusivos. Suas medidas possibilitaram o aprofundamento dessa divisão.

Em relação à lei de meios audiovisuais, o Decreto 267 foi o coração das transformações aplicadas desde dezembro de 2015. Criou a Agência Nacional de Comunicações (ENACOM), que substituiu as extintas AFSCA (meios audiovisuais) e AFTIC (telecomunicações). Excluiu a TV a cabo da regulamentação do audiovisual e permitiu a venda de licenças de rádio e TV aberta. Além disso, criou uma comissão para elaborar um projeto de lei. Seu trabalho foi interrompido.

Poucos meses depois, o Decreto 1340/17 completou a tarefa. Ele definiu um caminho de convergência que não resolveu o choque de interesses, apesar das tentativas de satisfazer todos os contendores. Permitiu às empresas de telecomunicações fornecer TV paga (cabo, mas não satélite) desde janeiro de 2018 em cidades com mais de 80 mil habitantes. Por sua vez, o Grupo Clarín pôde oferecer serviços de telefonia móvel.

No entanto, a modificação central do sistema partiu da autorização que este governo ofereceu para a expansão do Grupo Clarín através da fusão entre a Cablevisión e a Telecom. Como afirmou oportunamente Martín Becerra (2018), "a assembleia aumentou a força gravitacional do Grupo Clarín no mercado de comunicações, impulsionada por sinais governamentais que o vêm fortalecendo".

Em síntese, a LSCA foi aprovada após vários meses de discussão na esfera pública e a realização de fóruns que possibilitaram instâncias de participação cidadã. Durante sua passagem pelo Congresso, foram feitas alterações no texto original. E após a sua sanção, seguiu-se um processo judicial que atrasou – juntamente com as más decisões da administração governamental – a sua plena aplicação. E terminou em outubro de 2013, com a decisão do Supremo Tribunal Federal que endossou a constitucionalidade da norma de forma abrangente.

Estava inserida em uma tradição de regulação historicamente benéfica aos interesses privado-comerciais. E em um sistema de mídia fortemente concentrado em sua estrutura de propriedade, centralizado na geração de conteúdo, e com relevante participação de capital estrangeiro. O período de 2009 a 2015 expôs um hiato notável entre os seus objetivos principais e os seus resultados concretos.

As medidas implementadas pela coalizão pareciam basear-se em duas ideias. Uma era que o desenvolvimento das TICs democratizaria o sistema e expandiria o acesso à mídia. A outra, que a competição seria a forma de expandir os serviços. Ambas foram complementadas com a promessa de promulgar uma lei convergente, que nunca se materializou. A questão é que a cada passo o governo contradisse as ideias e quebrou a promessa. Adotou medidas "temporárias" com efeitos significativos que beneficiaram os grandes operadores. Depois da saga de decretos com que a administração modificou a LSCA, estruturou-se a promessa da transição para uma regulação dinâmica que contempla o desenvolvimento tecnológico e comercial. Enquanto o processo regulatório foi interrompido, a oferta tornou-se dinâmica. Mas isso é tema para outras pesquisas.

Capítulo 14

Austrália e França contra o duopólio das redes

Beatriz Vilardo e Diogo Maduell

O modelo de negócios do jornalismo foi abalado severamente quando a principal fonte de renda dos meios de comunicação, os anúncios, preferiram novas maneiras de anunciar na internet. Em vez de aplicar seus investimentos de publicidade nos meios tradicionais (TV, rádio, revista e jornais impressos) ou mesmo diretamente nos sites desses veículos, os anunciantes escolheram migrar para sistemas de anúncios mais baratos e considerados como mais eficientes, de propriedade de grandes empresas de internet. Alphabet (dona do Google e do YouTube) e Meta (dona do Facebook, Instagram e WhatsApp) oferecem sistemas relativamente acessíveis a qualquer um que queira anunciar em suas plataformas. Juntas, as duas empresas já chegaram a concentrar mais da metade de toda a publicidade online no mundo. Outra questão é que esses gigantes da tecnologia ainda usam links e conteúdos jornalísticos em suas plataformas sem nenhuma contrapartida financeira para as empresas produtoras de notícias.

Agindo individualmente ou em associações de classe, empresas de jornalismo tentam contornar a crise empenhando-se em entrar em acordos com as chamadas Big Techs e até mesmo aplicando ações judiciais contra elas. A briga é desigual e está tomando proporções cada vez maiores, com medidas cada vez mais duras. O conflito entre plataformas digitais e as empresas de jornalismo se acirrou especialmente em alguns países. Consideramos relevante analisar os casos da Austrália e da União Europeia, principalmente a França.

A briga das produtoras e editoras de jornalismo com as plataformas digitais na Austrália teve início mais intenso em 2017. Mas foi somente em 2021 que se tornou mais publicamente debatida ao redor do mundo e estourou a guerra com as Big Techs, sobrando, para a população, os resquícios de pólvora.

Para contextualizar o poder econômico de Alphabet e Meta, precisamos ter a dimensão da quantidade de usuários de suas redes. Precisamos também saber que nessas plataformas "a simples existência de usuários interagindo entre si faz com que se torne um ambiente interessante para negócios (Silva, Montenegro e Almeida, 2020: 27-28). O Facebook (que também é dono do WhatsApp, com mais de 2 bilhões de usuários, e do Instagram, com mais de 1 bilhão de usuários)[1] terminou 2020 com 2,8 bilhões de contas ativas. Juntas, as três plataformas da rede somam mais de 3 bilhões de usuários ativos no mundo.[2] Uma receita – tanto para a conquista e a manutenção do monopólio, quanto no que diz respeito à monetização – garantida.

Só no último trimestre de 2020, o grupo faturou 28 bilhões de dólares, um aumento de 23,8% em relação ao mesmo período do ano anterior.[3] Seguindo os mesmos passos de significativo crescimento, a Alphabet, rede dona do Google e do YouTube, registrou, no primeiro trimestre de 2021, uma receita de 55,3 bilhões de dólares, 34% maior do que no mesmo período de 2020.[4]

Em 2022,[5] as empresas diminuíram seus gastos com publicidade. O YouTube teve uma queda de 2% de receita de propagandas, no último trimestre deste mesmo ano, que não foi tão positivo para as Big Techs. Apple, Microsoft, Alphabet, Amazon e Meta perderam, juntas, US$3,901 trilhões em valor de mercado. Juntas, também, demitiram 40 mil funcionários em janeiro de 2023.[6]

Se por um lado as Big Techs experimentam um ano de queda de receita, por outro, já podemos considerar que o jornalismo tem intimidade com crises de audiência e financeira. No Brasil, a tendência de queda na circulação já existe há cinco anos. De 2021 para 2022, enquanto grandes jornais apresentam diminuição de 16% na circulação do impresso, o aumento digital é pouco expressivo, de apenas 2,9%.[7] Em 2017, o número de edições impres-

---

1   Dados da própria plataforma. Disponível em https://about.fb.com/br/ e https://about.instagram.com/pt-br/about-us. Acesso em: 26/8/2021.
2   Idem.
3   "Facebook fica mais perto de 3 bilhões de usuários ativos e receita cresce em 2020", *Exame*, 27 jan. 2021.
4   "Receita da Alphabet, dona do Google, cresce 34%, e bate US$ 55,3 bilhões", *Exame*, 27 abr. 2021.
5   "'Big Techs' perdem quase US$ 4 trilhões em valor de mercado em 1 ano", *G1*, 5 jan. 2023.
6   "'Big Techs' já demitiram 40 mil em 2023; total no setor é de 100 mil, segundo levantamento", *G1*, 31 jan. 2023.
7   "Assinaturas digitais crescem, mas ritmo é o menor desde 2018", *Poder 360*, 31 jan. 2023.

sas era de 963 milhões de exemplares. Em 2022, foram impressas apenas 41% desse total, 394 milhões.[8]

É importante frisar, entretanto, que enquanto a balança das Big Techs sobe e a do jornalismo desce, um dado chama a atenção. De acordo com o *Digital News Report* (2021), no Brasil, 63% das pessoas têm as redes sociais como fonte de notícias, enquanto 61% as consomem pela TV e apenas 12% as leem em jornais impressos.

O fim do romance: pivô australiano

Cenário parecido é encontrado na Austrália, palco principal da briga entre as Big Techs e as produtoras de notícias. Como dito no início do capítulo, a luta começou em 2017, quando o primeiro-ministro da Austrália, Hon Scott Morrison, instruiu a Comissão Australiana de Competição e Consumo (ACCC, na sigla em inglês), órgão regulador do país, a realizar um inquérito público sobre as plataformas digitais. O objetivo deste inquérito era analisar a relação das redes sociais e dos sites de busca com a concorrência nos mercados de comunicação e publicidade, em particular no que se refere ao fornecimento de notícias e aos conteúdos jornalísticos.

Um ano depois, a ACCC lançou o relatório preliminar sobre Google, Facebook e notícias e publicidade australianas, que estabeleceu 11 recomendações prévias. No documento, foi reconhecido que o Google detém importante poder de mercado em pesquisa online, publicidade e no mercado referente a notícias; enquanto o Facebook possui o mesmo poder em relação a mercados de mídia social, publicidade gráfica e também no mercado referente a notícias online.

O relatório aponta que as empresas de mídia tradicional perderam receita de publicidade para as plataformas digitais, fato que dificulta a capacidade dessas mídias de monetizar o jornalismo, com isso, ameaçando a viabilidade de um jornalismo de qualidade. Além, também, de questionar o alcance e a confiabilidade das notícias disponíveis no Google e no Facebook, a princípio, entendendo que os consumidores sofrem um risco potencial de bolhas, filtros e de notícias menos confiáveis nas plataformas digitais.

---

8 "Jornais impressos: circulação despenca 16,1% em 2022", *Poder 360*, 31 jan. 2023.

O presidente da ACCC, Rod Sims, afirmou:[9]

> Organizações como o Google e o Facebook são mais do que meros distribuidores ou meros intermediários no fornecimento de notícias na Austrália; eles desempenham cada vez mais funções semelhantes às dos negócios de mídia, como seleção, curadoria e classificação de conteúdo. No entanto, as plataformas digitais enfrentam menos regulamentação do que muitas empresas de mídia. A ACCC considera que a forte posição de mercado de plataformas digitais como Google e Facebook justifica um maior nível de supervisão regulatória.

A versão final do relatório foi publicada no dia 26 de julho de 2019, contendo 23 recomendações que incluem o direito da concorrência, proteção ao consumidor, regulamentação da mídia e direito da privacidade, decorrentes do crescimento das plataformas digitais. Nela, foi apontado, dentre outras coisas, que Google e Facebook dificultam a capacidade de empresas – particularmente as jornalísticas – de competir em publicidade, mídia e outros mercados, uma vez que, na Austrália, um terço dos investimentos em publicidade é destinado ao duopólio; que os consumidores não são adequadamente informados sobre a maneira e o destino da coleta de seus dados; e que a sociedade australiana, como outras ao redor do mundo, foi afetada pela desinformação e por uma crescente desconfiança em relação às notícias.

Em consequência aos apontamentos estabelecidos no relatório, foi elaborado um projeto de lei para conter as problemáticas, cujos principais objetivos eram a promoção da competição equilibrada de negociação entre essas plataformas e empresas de mídia de notícias, a proteção da privacidade e a análise contínua das plataformas digitais. Ele estabelecia, entre outras coisas, que as Big Techs deveriam oferecer subsídios direcionados para apoiar o jornalismo local de cerca de AU$50 milhões por ano.

As gigantes da tecnologia reagiram negativamente. O Google chegou a anunciar que tiraria seu site do ar na Austrália, e o Facebook ameaçou retirar todos os conteúdos de notícias da plataforma.

No final de junho de 2020, entretanto, o Google anunciou que pagaria por conteúdos jornalísticos e lançaria o Google News Showcase. O progra-

---

9   "ACCC releases preliminary report into Google, Facebook and Australian news and advertising", 10 dez. 2018. Disponível em: https://www.accc.gov.au/.

ma, com prazo inicial de três anos, disporia de um bilhão de dólares para serem acordados com mais de 500 produtoras e editoras de jornalismo no mundo, e financiaria notícias de qualidade, pagando pelos conteúdos geralmente exclusivos para assinantes em sites de notícias. Além disso, o programa incentivaria o jornalismo via áudio e vídeo.

Em 31 de julho de 2020, um rascunho do Código de Negociação Obrigatório de Mídias Noticiosas e Plataformas Digitais foi lançado para consulta pública na Austrália. Nesse rascunho, ABC e SBS foram excluídas por serem financiadas pelo contribuinte (posteriormente, entretanto, as emissoras públicas foram acrescentadas). Na semana seguinte, Google e News Corp fecharam acordo para o pagamento de notícias. No primeiro momento, além da Austrália, Brasil e Alemanha entraram no acordo com o site de buscas.

No mesmo dia, a Câmara dos Representantes da Austrália aprovou o Código de Negociação da Mídia de Notícias, o qual prevê que as partes negociem o pagamento por uso de notícias nas plataformas das Big Techs, podendo realizar acordos individuais ou coletivos. Não havendo consenso, o governo australiano fica responsável por nomear um árbitro, que decidirá a oferta mais razoável. Caso as Big Techs quebrassem qualquer acordo, poderiam receber multa de até 10 milhões de dólares australianos (o equivalente a US$7,4 milhões).

Além disso, a legislação exige que as empresas de tecnologia, caso mudem os algoritmos de busca de maneira que afete a ordem dos conteúdos exibidos, comuniquem aos meios de comunicação com antecedência, e que os dados de consumidores obtidos a partir da leitura das notícias em suas plataformas sejam compartilhados.

O Facebook emitiu um comunicado assinado por Will Easton, diretor-geral da empresa na Austrália e na Nova Zelândia, afirmando que a proposta de lei australiana interpreta mal a relação entre a plataforma e as empresas jornalísticas que a usam para compartilhar conteúdos noticiosos.[10] De acordo com Easton, a rede social também busca apoiar organizações jornalísticas em dificuldade, em especial os jornais locais, e, por isso, oferece ferramentas e treinamentos gratuitos para essas empresas. Entretanto, considera que a

---

10 Fonte: https://about.fb.com/br/news/2020/08/atualizacao-sobre-as-mudancas-dos-servicos-do-facebook-na-australia/. Acesso em: 27/8/2021.

decisão da ACCC vai na contramão desse objetivo, uma vez que os maiores beneficiários destes relacionamentos, ainda de acordo com o comunicado, são os *publishers*, não o Facebook, cujos conteúdos noticiosos não representam fonte de receita significativa.

> Organizações de notícias na Austrália e em outros lugares optam por postar notícias no Facebook justamente por esse motivo, e incentivam seus leitores a compartilhá-las em plataformas sociais para ampliar a audiência de suas histórias. Isso, por sua vez, permite que elas vendam mais assinaturas e publicidade. Nos primeiros cinco meses de 2020, enviamos 2,3 bilhões de cliques do Feed de Notícias do Facebook para sites de notícias australianos sem nenhum custo – um tráfego adicional estimado em 200 milhões de dólares australianos para *publishers* no país.
>
> O que Easton esqueceu de falar, entretanto, é que os algoritmos do Facebook não priorizavam as publicações dessas empresas, que precisavam pagar para terem seus conteúdos visíveis a grande parte do público que curte as respectivas páginas.

Assim, seguindo a ameaça anterior, o Facebook restringiu os conteúdos de notícias nacionais e internacionais no maior país da Oceania, que amanheceu com todas as páginas jornalísticas e links de notícias bloqueados. Páginas do governo australiano, serviços de utilidade pública, como informações sobre ameaças de incêndios florestais e ciclones – comuns naquele período do ano – e de saúde – em plena pandemia da Covid-19 – não foram poupados.

No Facebook, o primeiro-ministro australiano criticou: "as ações do Facebook de hoje, cortando informações essenciais sobre serviços de saúde e emergência, foram arrogantes e decepcionantes. Isso apenas confirma a preocupação que um número cada vez maior de países está expressando sobre o comportamento das Big Techs, que se acham superiores aos governos e acima das leis".[11]

Entre princípios e cifrões

De acordo com a própria rede social,[12] "os princípios são aquilo que defendemos. São crenças muito fortes que temos, e tomamos decisões complexas

---

11 "Facebook 'unfriends' Australia: uproar as news pages go dark", *Reuters*, 17 fev. 2021.
12 Disponível em: https://about.fb.com/br/company-info/. Acesso em: 27/8/2021.

em nome delas". Assim, seguem os cinco pilares que movem o Facebook, de acordo com seu blog:

- Dar voz às pessoas – As pessoas merecem ser ouvidas e ter uma voz, mesmo quando isso significa defender o direito de pessoas de quem discordamos.
- Criar conexão e comunidade – Nossos serviços ajudam as pessoas a se conectar, e, quando eles estão no seu melhor, aproximam as pessoas.
- Servir a todos – Trabalhamos para tornar a tecnologia acessível a todos, e nosso modelo de negócios é baseado em publicidade online para que nossos serviços possam ser gratuitos.
- Manter as pessoas seguras e proteger a privacidade – Temos a responsabilidade de promover o que acontece quando pessoas se unem, assim como de mantê-las seguras e evitar que causem danos umas às outras.
- Promover oportunidade econômica – Nossas ferramentas oferecem condições iguais para que os negócios cresçam, criem empregos e fortaleçam a economia.

Com o bloqueio das páginas e links noticiosos, entretanto, pelo menos dois dos cinco pilares foram quebrados.

Easton justificou que, nos últimos três anos, o Facebook e o governo australiano trabalharam juntos para tentar encontrar uma solução que fosse justa para ambos os lados, e que reconhecesse como os serviços funcionam na realidade – o que, nas entrelinhas, significa reconhecer que o Facebook é o que menos sai ganhando nessa relação, uma vez que as notícias representam menos de 4% do conteúdo visto pelos usuários da rede. Ele alegou que, só em 2020, a plataforma gerou 5,1 bilhões de referências gratuitas aos *publishers* australianos, o equivalente a AU$407 milhões.[13]

> O jornalismo é imprescindível para uma sociedade democrática e é por isso que construímos ferramentas gratuitas dedicadas a apoiar empresas de mídia em todo o mundo a inovarem para sua audiência digital.
> (...) Trabalhamos extensamente por regras que pudessem encorajar a inovação e a colaboração entre plataformas digitais e empresas de mídia.

---

13 Fonte: https://about.fb.com/br/news/2021/02/mudancas-no-compartilhamento-e-visualizacao-de--noticias-no-facebook-australia/. Acesso em: 27/8/2021.

Infelizmente, essa lei não faz isso, mas busca penalizar o Facebook por um conteúdo que não tomou, tampouco pediu.

Em comunicado posterior, Nick Clegg, vice-presidente de Assuntos Globais e Comunicação do Facebook afirmou que, apesar de ter parecido um ato abrupto, a atitude foi a última solução encontrada pela rede social, que precisou ser realizada para não ficar em desacordo com a lei. Clegg disse que a decisão não foi fácil, mas foi necessária e reconheceu o erro ao bloquear conteúdos que não deveriam ter sido bloqueados, mas frisou que "isso foi revertido rapidamente".[14]

Para reforçar o tamanho da crise financeira no jornalismo – nesse caso, especificamente o australiano – e da influência das redes sociais para o maior alcance das notícias, recorremos novamente ao relatório do *Digital News Report* da Reuters Institute de 2021.

> [O ano de] 2020 foi um dos anos mais difíceis da história do jornalismo australiano. Mais de 150 jornais foram encerrados ou suspensos - em parte como resposta à Covid-19. A Austrália também foi destaque por causa das medidas do governo para introduzir um "código de negociação da mídia de notícias" obrigatório como uma forma de redefinir a relação entre as plataformas de tecnologia e o jornalismo (2021: 130).

De acordo com o relatório da Reuters Institute de 2023, as redes sociais são fontes de notícias para 45% das pessoas que consomem notícias na Austrália, contra 19% dos jornais impressos. Desde 2016, quando representava 38% das fontes de notícias, o meio impresso perdeu quase a metade da preferência do público.

Em 23 de fevereiro de 2021, cinco dias após os bloqueios, o Facebook anunciou a restauração dos conteúdos de notícias, que se concretizou dois dias depois, no mesmo dia em que a legislação final foi aprovada por ambas as casas do Parlamento australiano.

Um dia antes, a rede social se comprometeu a pagar US$1bi por notícias nos próximos três anos ao redor do mundo (seguindo o caminho do Google).

---

14 Fonte: https://about.fb.com/br/news/2021/02/a-historia-real-sobre-o-que-aconteceu-com-noticias-no-facebook-na-australia/. Acesso em: 27/8/2021.

Os resultados dessa movimentação política surtiram efeito, de acordo com uma reportagem[15] de Bill Grueskin, professor da Columbia Journalism School. Ele aponta que as empresas de mídia receberam cerca de 200 milhões de dólares australianos como resultado da legislação local, quatro vezes mais do que se previa num estudo inicial.

Em novembro de 2022,[16] Rod Sims, agora ex-presidente da ACCC, disse que quase todas as empresas de mídia qualificadas fecharam acordos com o Google. E que o Facebook fechou acordos de licenciamento com editores que empregam a maioria dos jornalistas australianos. Ele também apontou que a Country Press Austrália, uma afiliação de 160 pequenas publicações regionais, recebia, possivelmente, "o maior pagamento por jornalista empregado". Sims rejeitou a ideia de que o Código de Negociação de Mídia em seu país beneficiou principalmente grandes editoras.

Paul Deegan, presidente e CEO da News Media Canada, pondera que as grandes organizações recebam quantias maiores porque a Austrália tem "um dos mercados de mídia mais concentrados do mundo".[17] Mas também destaca um acordo que 24 veículos menores fecharam com o Google graças aos poderes de barganha coletiva sustentados pelas novas regras.

Ainda assim, depois de um ano de vigência da nova legislação, o governo australiano publicou um balanço com pontos positivos e um compilado de críticas. Entre elas, as de que para se eleger ao acordo com o Google, a empresa jornalística deve ter um faturamento superior a 150 mil dólares australianos. Esses termos deixam de fora os pequenos produtores de notícias. E, mesmo quem atinge o piso mínimo, precisa alocar tempo e recursos para entrar no processo sem as garantias de que vai ser contemplado no acordo, como aconteceu com algumas empresas. Outros pontos delicados citados no balanço são a falta de transparência nos acordos, já que são firmados em sigilo entre empresas privadas; a falta de transparência dos algoritmos e também a falta de avisos prévios sobre mudanças nos algoritmos, que deixam as empresas ainda mais desprevenidas sobre o funcionamento das plataformas; a falta da obrigação de investir recursos em pautas de interesse público; e

---

15 "Australia pressured Google and Facebook to pay for journalism. Is America next?", *Columbia Journalism Review*, 9 mar. 2022.
16 Idem.
17 "Everything to know about Canada's Online News Act hearings", *Columbia Journalism Review*, 18 nov. 2022.

finalmente, a assimetria criada entre quem são os contemplados no acordo e os não contemplados, esses último em desvantagem de competição (Comitê Gestor da Internet no Brasil [CGI.br], 2023).

Pairando acima dos acertos e do que ainda precisa ser melhorado, o relatório da Reuters Institute de 2023 alerta que muitos desses acordos duram de três a cinco anos, e que, uma vez terminados, Meta e Alphabet possam novamente pressionar para interromper essa injeção de dinheiro.

Mesmo assim, o caso australiano é considerado um divisor de águas. Isso porque deve moldar a relação das duas empresas em vários países – e elas sabem disso. Como apontou o jornal inglês *Financial Times*: "A primeira regulação do mundo, a qual foi elaborada para conter o domínio do Facebook e do Google no país [Austrália], forçou as duas empresas a fechar acordos de licenciamento com produtoras de notícias. Reino Unido e União Europeia estão considerando regulamentações semelhantes".[18] O Canadá também se movimentou[19] para implementar a sua própria versão da lei: Online News Act, ou projeto de lei C-18. Enquanto ainda tramitava pela Câmara dos Comuns e pelo Senado, repetindo o que já parece ser um protocolo, a Meta declarou que poderia ser forçada a bloquear o compartilhamento de notícias em sua plataforma. Três meses depois, quando a lei foi aprovada, a empresa emitiu um comunicado confirmando que notícias não estariam mais disponíveis para usuários no Canadá de Facebook e Instagram. Menos de um depois, foi a vez de a Alphabet seguir o mesmo caminho. Divulgaram que tomaram a difícil decisão de remover links de notícias dos resultados de busca e também dos produtos News, Discover e que não trabalhariam com o Google News Showcase.

União Europeia e França: plataformas de infomediação dominam as notícias

A União Europeia, e principalmente a França, se mostram muito atuantes nas tentativas de equilibrar e regular a relação entre as Big Techs e as empresas de jornalismo, além de tentar mitigar o impacto dessa relação na sociedade.

---

18 "Australia passes law to make Big Tech pay for news", *Financial Times*. Acesso em: 16/8/ 2021.
19 "Canada imitates Australia's news-bargaining law, but to what end?", *Columbia Journalism Review*, 16 mar. 2023.

Smyrnaios[20] nos lembra que a internet e toda a conexão entre computadores foram originalmente criadas para ser um serviço público. Toda a infraestrutura de rede que permitiu o crescimento de *start-ups* de tecnologia foi fundada com milhões de dólares do governo dos Estados Unidos. Hoje, um oligopólio de empresas privadas se apoderou desse espaço público, concentrando responsabilidades sociais e políticas de escala global nas mãos de poucos, sem nenhum controle democrático.

Uma importante função que tais empresas assumiram é a de infomediação. O termo é definido como a capacidade de empresas de tecnologia de reorganizar o mercado de notícias online agregando, editando e distribuindo conteúdo de terceiros (Rebillard; Smyrnaios, 2010; Smyrnaios, 2018). Além de assistirem a uma perda de verba publicitária sem precedentes, os veículos tradicionais de jornalismo também viram o conteúdo que produziam sendo veiculado em agregadores de notícias, como o Google News, sem receber por isso.

Em 2005, a agência de notícias francesa France-Presse (AFP) entrou na Justiça contra o Google alegando que o Google News infringiu a legislação de direitos autorais ao incluir fotos, reportagens e manchetes da AFP sem permissão. Em 2007, as duas empresas fizeram um acordo de pagamento por conteúdo, mas ele acabou não dando certo e, em 2009, o Google News parou de usar material da agência (Maurício; Gabrig, 2020: 119).

Esse roteiro se repetiu na Bélgica em 2007, quando o conteúdo da agência foi retirado até mesmo dos resultados de busca. O Google também deixou de mostrar determinados conteúdos jornalísticos em 2013 na Alemanha. Uma lei aprovada previa que veículos podiam escolher cobrar pela publicação de notícias no Google. Quem quis cobrar deixou de ser exibido, restringindo o alcance dessas notícias. Na Espanha, depois de uma ação semelhante que exigia pagamentos de direitos autorais, a divisão local do Google News chegou a ficar fechada de 2014 até 2022.[21] Teria o *blackout* jornalístico do Facebook em 2021 se inspirado nessas reações do Google a investidas jurídicas por *copyright*?

---

20 "Nikos Smyrnaios on the Internet oligopoly and its political implications", *Greek News Agenda*, 19 abr. 2019.
21 "Google News vuelve a España ocho años después de su cierre", *El País*, 22 jun. 2022.

Situações como essas não pararam de se repetir ao longo dos anos em diversos países, e na União Europeia houve tantas reclamações e questões judicializadas que os legisladores acabaram por alterar a legislação de direitos autorais para regulamentar o compartilhamento e a reprodução de conteúdo jornalístico produzido por empresas de mídia e veículos de comunicação, como jornais, sites de notícias e canais de TV. O projeto de lei começou a ser debatido em 2016 e foi aprovado em 2019 (Maurício; Gabrig, 2020: 119).

Os Estados-Membros tiveram dois anos (até junho de 2021) para transpor as novas regras para a legislação nacional. Segundo o Parlamento Europeu, que pretendia atualizar as leis sobre direito autoral, o objetivo do projeto é "garantir que criativos (por exemplo, músicos e atores), jornalistas e produtores de notícias se beneficiem do mundo online e da internet como eles fazem com o mundo offline".[22]

> As plataformas de internet não se interessavam em fazer acordos com autores e artistas porque não eram consideradas responsáveis pelos conteúdos carregados pelos utilizadores. Ao prever a responsabilidade das plataformas, a diretiva aumenta a pressão para que estas celebrem acordos de concessão de licenças com os titulares de direitos, que deverão receber uma remuneração adequada pela utilização das suas obras ou outro material protegido.[23]

As entidades Aliança Europeia de Agências de Notícias e Associação Europeia de Editores de Jornais são aliadas na disputa pelo pagamento de conteúdo noticioso na Europa. Isso teve início nos anos 2000, mas em 2019 o Parlamento aprovou a lei de direitos autorais que obriga Facebook, Google e YouTube a pagarem pelo compartilhamento de foto, título e um pequeno trecho das notícias. Esse foi o mesmo ano em que a ACCC publicou o relatório final sobre Google, Facebook e notícias e publicidade australiana. A reação do Google foi informar que então exibiriam apenas título e o link

---

22 "Artigo 13 e diretriz de direitos autorais na internet aprovados na Europa: o que isso significa?", *G1*, 27 mar. 2019.

23 "Parlamento Europeu aprova diretiva sobre os direitos de autor", 26 jun. 2019, publicado em www.europarl.europa.eu/news/pt/.

para a matéria, o que não foi aceito pelo governo da França, já que essa configuração geraria menos cliques para os jornais.

Tal conduta nas negociações levou Isabelle de Silva, presidente da Autoridade de Concorrência Francesa, a dizer em 2020 que o Google diria algo como "estou oferecendo a você um contrato pelo qual você me dá todos os seus direitos sem remuneração".[24] A aprovação da lei obrigava que o Google chegasse a um acordo com editoras e agências de notícias sobre as taxas de remuneração. Mas, até julho de 2021, isso não foi feito e o órgão francês de defesa de competição multou o Google em 500 milhões de euros por não cumprir a ordem judicial. Se a empresa não apresentasse um plano de pagamento em dois meses, até setembro de 2021, poderia levar nova multa de 900 mil euros por dia.[25]

Assim, inicialmente, o Facebook firmou acordos individuais com os jornais *Le Monde* e *Le Figaro* sobre remuneração justa de notícias.[26] Menos de um mês depois, o acordo foi feito com a Alliance for the General Information Press (Apig), que reúne quase 300 grupos de notícias nacionais, regionais e locais. Em março de 2022, o Google se viu obrigado a entrar em acordo com a Apig, sem divulgar o valor exato das compensações. E também espera assinar um acordo semelhante com outro grupo de mídia francês, o SEPM, no futuro.[27]

Depois de três tentativas, em junho de 2022, uma quarta versão da proposta da Alphabet finalmente foi aceita pela Autoridade de Concorrência da França, colocando um fim no processo que se iniciou em 2019.

Financiamento desigual gera desunião da classe

Essa decisão nos tribunais franceses abrange todos os produtores de conteúdo jornalístico no país. Ao longo dos anos, Google e Facebook têm criado programas de financiamento de veículos jornalísticos para arrefecer ações judiciais como a francesa. Como esses programas são gerenciados pelas Big

---

24 "Justiça da França manda Google negociar com editoras pagamento por uso de conteúdo", *G1*, 8 out. 2020.
25 "França multa Google em 500 milhões de euros por não ter negociado remuneração para imprensa", *G1*, 13 jul. 2021.
26 "Facebook agrees to pay French media outlets for their content after months of copyright talks", 21 out. 2021. Disponível em: www.euronews.com/next/.
27 "'Neighbouring rights': Google agrees new deal to pay French publishers for news content", 3 mar. 2022. Disponível em: www.euronews.com/next/.

Techs, elas podem gerar pagamentos e condições diferentes de acordo com o tamanho do veículo. Em linhas gerais, Google prefere negociar com veículos individualmente do que com associações e grupos. Preterir acordos coletivos enfraqueceria todo o mercado e especialmente as empresas menores. Segundo Smyrnios,[28] isso mudou na França nos últimos anos: "Eles estão muito mais unidos contra o Google. Mesmo quando a empresa fez um movimento para tentar dividi-los e colocou um programa para pagar *publishers* que assinassem acordos, mas não todos".

A falta de uma estratégia comum aos produtores de notícias era visível no lançamento do Google News, com alguns deles vendo que o Google ganharia dinheiro nas suas costas. Outros, como o *Le Nouvel Observateur*, viam o Google News como uma oportunidade de gerar mais tráfego para seus sites (Smyrnaios; Rebillard, 2019: 39).

Apesar de negociar sobre os *copyrights* das agências Associated Press em 2006 e AFP em 2007, o Google não divulga detalhes dessas transações para não encorajar novos acordos. Assim, vai se configurando um método de aproximação a determinados atores do negócio do jornalismo em detrimento de uma compensação financeira coletiva.

> Assim como nos Estados Unidos, o Facebook age na mesma linha, pagando a um seleto grupo de produtores franceses (TF1, *Le Monde, Le Figaro, Le Parisien*) para gerar massa crítica do Facebook Live e Instant Article. A ideia é convencer outros produtores de notícias a aderir a esses serviços sem a compensação financeira (Smyrnaios; Rebillard, 2019: 40, tradução nossa).

Big Techs modelam a linguagem jornalística sem contrapartida justa

Em meados dos anos 2000, um gerente do grupo Lagardé comentou que sua empresa se tornaria uma formiga em comparação ao elefante Google, e que seriam escravizados para estar nesse canal de distribuição (Smyrnaios; Rebillard, 2019: 40). Nessa época, o grupo investiu em profissionais e em tecnologia para melhorar a indexação dos seus conteúdos no Google através de SEO (Search Engine Optimization). Era o princípio do processo

---

28 "Quem paga essa conta?", *Tilt UOL*, 11 set. 2020.

de mudança na formatação das reportagens para garantir algum terreno nos mecanismos de busca e nas redes sociais. Os programas Google News Lab de 2015 e Facebook Journalism Project de 2017 incentivaram que os jornais seguissem suas regras de escrita para que as notícias ganhassem visibilidade em seus respectivos serviços. A submissão era tamanha que chegou ao ponto de o chefe da equipe de criação para Snapchat do *Le Monde* admitir em 2016 que recebiam sugestões de profissionais deste aplicativo: "o importante é que, quando se trata de conteúdo editorial, nós sempre temos a palavra final. Mas é claro que eles nos davam conselhos sobre como nos adaptar à plataforma. E sempre fomos muito receptivos" (Smyrnaios; Rebillard, 2019: 44, tradução nossa).

O caso da França confirma que os infomediadores impactam profundamente o jornalismo ao mudar as práticas jornalísticas, controlando a visibilidade dos conteúdos e definindo valores do mercado. As Big Techs afirmam que sua contrapartida é levar público aos sites dos jornais e suas notícias. Mas, de 2016 para 2017,

> Editoras francesas diminuíram suas receitas com publicidade online em 2% enquanto o mercado geral cresceu: 92% deste crescimento corresponde a mecanismos de busca (dominados pelo Google) e às redes sociais (dominadas pelo Facebook) (Smyrnaios; Rebillard, 2019: 45, tradução nossa).

Portanto, faz-se urgente e necessária a regulamentação das plataformas digitais no que diz respeito ao *copyright*, especialmente o jornalístico. E os exemplos de Austrália e França podem servir como jurisprudência para decisões em tribunais em outros países. Neles, tanto os grandes veículos quanto os menores e regionais, conquistaram juridicamente compensação financeira através de organizações coletivas e do apoio de agentes políticos. Caso contrário, os *publishers* mundo afora estarão fadados à crescente diminuição das receitas – em casos extremos, mas já existentes, e até mesmo ao fechamento dessas editoras jornalísticas –, fato que influencia diretamente a qualidade das notícias veiculadas, tanto em relação ao conteúdo como ao processo de produção dele. Enquanto não forem regulamentadas, a tendência é que sigamos a ditadura das Big Techs.

Linha do tempo

- 4/12/2017 – governo australiano instrui a ACCC a realizar um inquérito público sobre o impacto das plataformas digitais na concorrência nos mercados de serviços de mídia e publicidade.
- 10/12/2018 – ACCC (Australian Competition & Consumer Commission) lança relatório preliminar sobre Google, Facebook e notícias e publicidade australiana.
- 26/7/2019 – relatório final é publicado.
- 9/4/2020 – França manda Google pagar empresas de mídia por uso de conteúdo.
- 20/4/2020 – governo australiano anuncia que instruiu o ACCC a desenvolver um código de conduta obrigatório para lidar com os desequilíbrios do poder de barganha entre as empresas de mídia de notícias australianas e o Google e o Facebook.
- 25/6/2020 – Google anuncia que vai pagar por conteúdos jornalísticos.
- 31/7/2020 – um rascunho do código obrigatório foi lançado para consulta pública na Austrália.
- 8/10/2020 – Justiça da França manda Google negociar com editoras pagamento por uso de conteúdo.
- 24/11/2020 – código australiano sofre mudança e inclui as emissoras públicas (ABC e SBS) no pagamento de notícias pelo Google e Facebook.
- 22/1/2021 – Google assina acordo de remuneração com mídia francesa por uso de conteúdo.
- 17/2/2021 – Google e News Corp fecham acordo para pagamento de notícias.
- 17/2/2021 – Câmara dos Representantes da Austrália aprova projeto do governo australiano (o Código de Negociação da Mídia de Notícias) que obriga as Big Techs como Google e Facebook a pagarem pelo conteúdo jornalístico australiano exibido em suas páginas.
- No mesmo dia, o Facebook emitiu um comunicado afirmando que a proposta de lei australiana interpreta mal a relação entre a plataforma e os editores que a utilizam para compartilhar seus conteúdos jornalísticos e anuncia restrições para compartilhamento e visualização de notícias no país.

- 18/2/2021 – Facebook bloqueia páginas noticiosas de toda a Austrália (incluindo páginas do governo australiano e de saúde – em plena pandemia).
- 23/2/2021 – Facebook anuncia que vai restaurar os conteúdos de notícias.
- 24/2/2021 – Facebook se compromete a pagar US$1bi por notícias nos próximos três anos (seguindo o caminho do Google).
- 25/2/2021 – os conteúdos noticiosos são restaurados no Facebook.
- No mesmo dia, a legislação final foi aprovada por ambas as Casas do Parlamento e passou a ficar disponível no Registro Federal de Legislação.
- 13/7/2021 – França multa Google em 500 milhões de euros por não ter negociado remuneração para a imprensa.
- 21/10/2021 – Facebook chega a um acordo com o grupo Alliance for the General Information Press (Apig), de editoras de notícias da França, para remunerá-los pelo direito autoral de seu conteúdo. Menos de um mês antes fecha acordos com *Le Monde* e *Le Figaro*.
- 3/3/2022 – Google também entra em acordo com a Alliance for the General Information Press (Apig) da França.
- 21/6/2022 – Autoridade de Concorrência da França aceita proposta da Alphabet com conjunto de compromissos e encerra o processo judicial iniciado em 2019.
- 1º/12/2022 – O governo da Austrália publica um relatório com o balanço do primeiro ano de vigência do News Media and Digital Platforms Mandatory Bargaining Code (em tradução livre, o Código de negociação obrigatório para plataformas digitais e meios de notícias). O relatório considera o sucesso obtido até o momento, mas lista cinco recomendações para aprimorar o código no futuro.

Capítulo 15

A política antimonopólio da China na economia de plataformas

Carmem Petit

A partir das transformações geradas pela internet, big data, inteligência artificial e outras tecnologias da informação, a economia digital avança, surgem novos problemas de competição, como as práticas monopolistas, que constituem um desafio para os países tanto do ponto de vista da regulação quanto da aplicação da lei.

Para Marx (2011), a concorrência é da natureza interna do capital e leva à concentração desse capital e aos monopólios. Os estudos econômicos oferecem algumas abordagens para a formação de monopólios. A Escola Austríaca entende o mercado como um processo dinâmico, em que os produtores são monopolistas já que seus bens não são homogêneos. Entretanto, eles continuam sujeitos à concorrência pois sempre haverá bens substitutos ou outras empresas dispostas a entrar no mercado. Neste caso, cabe ao Estado criar e preservar um local seguro para a economia de mercado funcionar. Já para os neoclássicos, o monopólio é a antítese da competição e o Estado deve agir para eliminar as falhas do mercado. A intervenção do Estado é bem-vinda quando a existência do monopólio implica perda do bem-estar, ou seja, quando uma empresa restringe a oferta de um bem com o objetivo de aumentar o preço e, consequentemente, seus lucros (Macedo, Brasil, 2016).

Fiani (1999) questiona o reducionismo de certas abordagens sobre regulação, que tratam a questão dos monopólios pelo binômio regulação *versus* concorrência, como se os efeitos da atividade regulatória se esgotassem nos agentes imediatamente envolvidos, ignorando conflitos produzidos ao longo do processo. Sua crítica seria aplicável a setores como o de telecomunicações, altamente vinculado ao processo de modernização econômica e às transformações na estrutura econômica. Sendo assim, a regulação não deveria ser reduzida ao objetivo de estabelecer preço para determinados serviços a fim de buscar a eficiência do produtor e o bem-estar do consumidor final. Deveria, sim, ser percebida como uma das variáveis de política econômica, sobretudo quando trata de setores com efeitos significativos no desempenho do sistema econômico, como o de telecomunicações. Tendo em vista as mudanças provocadas pelo aparecimento das novas tecnologias da informação e da comunicação, a crítica de Fiani poderia ser estendida à economia digital e seus principais agentes – as plataformas.

A partir da análise de documentos produzidos por autoridades chinesas e amparado por uma bibliografia sobre o fenômeno das plataformas e da plataformização, este capítulo procura mapear como a segunda maior economia do mundo, a China, está atuando frente à expansão de suas empresas de tecnologia e como se estrutura a política antimonopólio do país.

Governança na economia de plataformas

Inicialmente associado a governos e à capacidade de um Estado construir instituições funcionais e eficazes para ajudar a manter a lei e a ordem, o conceito político de governança começou a ser rediscutido na última metade do século passado. O movimento em direção à ideia de uma governança global levou a um entendimento mais amplo do termo (Gorwa, 2019). As discussões sobre governança corporativa tiveram origem no final da década de 1980, sobretudo nos Estados Unidos e no Reino Unido, quando se intensificaram os debates sobre a necessidade de criar regras que dessem conta de novas estruturas econômicas cada vez mais complexas (Lethbridge, 1997). A governança se traduz em um conjunto de mecanismos de incentivo e de monitoramento capaz de assegurar o alinhamento de diferentes instâncias (empresários, acionistas, empregados, fornecedores, clientes, comunidade) de acordo com o melhor interesse da empresa. Pode ser entendida ainda como uma rede específica e complexa de interações abrangendo diferentes atores e comportamentos (Gorwa, 2019). Nas plataformas, governança refere-se à ampla variedade de maneiras pelas quais essas empresas governam os usuários, o Estado governa as plataformas e os usuários têm expectativas específicas em relação a elas (De Kloet et al., 2019). Constituem instrumentos de governança interfaces, algoritmos e políticas que, muitas vezes, por não levarem em conta tradições político-culturais específicas, acabam gerando confrontos com estruturas regulatórias locais (Poell; Nieborg; Van Djick, 2019).

Estudos recentes em diferentes áreas de pesquisa têm mostrado quão complexas são essas novas organizações econômicas, políticas, sociais e culturais da chamada economia de plataformas. A definição de plataforma implica um alto grau de ambiguidade expresso nas diferentes conotações do termo: são estruturas com caráter político, que oferecem oportunidades de comunicação, interação, venda, e podem impactar a forma como pensamos e agimos (Gillespie, 2010; 2017a); podem ser entendidas como infraestruturas digitais (re)programáveis, que facilitam e moldam interações personalizadas por meio da coleta e do processamento sistemático de dados (Poell; Nieborg; Van Djick, 2019). As plataformas compõem ainda o modelo infraestrutural e econômico da web social (Helmond, 2015) e são a base de uma nova arquitetura desenhada por um regime institucional em rede, onipresente, que registra, modifica e mercantiliza a experiência cotidiana, sempre em busca de novos caminhos para a monetização e o lucro (Zuboff, 2018).

As plataformas integram um ecossistema dinâmico, totalmente baseado em dados, mercantilizado e que se alimenta pelo surgimento de novos campos como a inteligência artificial e a computação em nuvem. Além disso, oferecem interfaces com outras plataformas sejam elas sociais, de vendas, ou de armazenamento, estruturas essas que garantem melhor desempenho e expansão global. As plataformas são mais que empresas de internet ou empresas de tecnologia, já que podem operar em qualquer parte onde haja interação digital. Onipresentes, tanto para usuários finais quanto para desenvolvedores de conteúdo, as plataformas têm sido cada vez mais percebidas como essenciais (Plantin et al., 2018; Nieborg; Poell, 2018). A penetração dessas infraestruturas digitais e dos processos econômicos em diferentes setores econômicos e esferas da vida, afetando diretamente as indústrias culturais é chamada de plataformização (Helmond, 2015; Nieborg; Poell, 2018; Poell, Nieborg; Van Dijck, 2019; De Kloet et al., 2019).

Van Dijck (2021) utiliza a metáfora da árvore para descrever a natureza dinâmica, hierárquica e interdependente do ecossistema de plataforma, em que as infraestruturas digitais são as raízes, que se conectam ao tronco por plataformas intermediárias, e estas se ramificam em setores industriais e sociais que criam seus próprios galhos e folhas. Cada uma delas constrói um complexo aparato de moderação de conteúdo e de governança a fim de impor diretrizes próprias, muitas vezes opacas (Gillespie, 2017b).

Uma abordagem de governança de plataforma requer, portanto, compreender os sistemas técnicos das plataformas e a arena global onde essas empresas funcionam. As plataformas são atores políticos que tomam decisões políticas importantes ao mesmo tempo que projetam a infraestrutura global de liberdade de expressão e estão sujeitas à governança em todas as frentes. Suas condutas são diretamente influenciadas por mecanismos locais, nacionais e supranacionais. Nesses embates, atuam participantes diretos do ecossistema de plataformas como desenvolvedores, anunciantes, governos, acadêmicos, jornalistas e grupos de defesa da privacidade e de direitos digitais, que desempenham importante papel fiscalizador das práticas das empresas (Gorwa, 2019).

Ao analisar processos contra o Alibaba, Hong e Xu (2019) demonstraram como a governança de plataforma é um local impulsionado por conflitos de interesses entre empresas, usuários, reguladores e legisladores. A pesquisa apontou que a China tinha um modelo fragmentado de governança, com tensões jurídicas e administrativas, tanto em nível local quanto global, que mantinham vivas lutas de poder entre interesses privados e coletivos. Importante ressaltar que a pesquisa foi feita antes do esforço regulatório e ordenador entre 2020 e 2021, entretanto ainda há muitas tensões.

O estudo é exemplar, pois se debruçou sobre o comércio eletrônico, cujo papel é central no processo chinês de plataformização. Os autores destacam que, apesar do imaginário de censura que convencionalmente definiu a governança da internet na China, o Estado tem um histórico regulatório favorável aos negócios. Em 2001, a China entrou para a Organização Mundial do Comércio (OMC) e passou a adotar princípios alinhados com padrões globais, por exemplo, no caso de direitos de propriedade intelectual, sem, no entanto, deixar de lado necessidades de desenvolvimento interno. Muitos esforços regulatórios iniciais fracassaram por causa do desafio das empresas online.

Hong e Xu (2019) identificaram que, apesar de o governo central ter revisado as leis de propriedade intelectual em 2001 para se adequar aos padrões da OMC, a atuação de governos e tribunais locais reforçava a imunidade de plataforma, o que limitava a responsabilidade da empresa em atividades de usuários. Tal comportamento teria sido parcialmente responsável pelo crescimento indisciplinado do comércio on-line. Em 2017, 80% das reclamações feitas à Administração do Estado para a Indústria e Comércio (SAIC) tratavam de comércio eletrônico, levando o governo central a pressionar as plataformas desse setor. A Lei de Comércio Eletrônico somente entrou em vigor em 2019.

Durante a elaboração da lei, as empresas de internet trabalharam pela remoção ou imprecisão de regras que aumentariam as responsabilidades corporativas. Um exemplo é o artigo 38, que trata da responsabilidade solidária da plataforma nos casos em que "sabia" ou "deveria saber" de produtos de parceiros comerciais que violam a segurança pessoal e patrimonial e não tomou as medidas adequadas. O texto da lei não especifica claramente as situações em que a plataforma "deveria saber", abrindo lacunas para as empresas de comércio on-line invocarem a imunidade. A imunidade de plataformas se aplica quando nenhuma evidência mostra que elas sabiam ou deveriam saber da violação, e a decisão passa a depender de critérios subjetivos dos juízes. Esse mecanismo, segundo os pesquisadores, estaria por trás da prosperidade do Alibaba.

Regulação antimonopólio na economia de plataformas da China: estrutura

O acelerado processo de plataformização das sociedades globais tem provocado discussões sobre a necessidade de regulação do setor, mas a tarefa não é simples, dada a heterogeneidade de agentes envolvidos e de modelos de negócios. As plataformas digitais pressionam as políticas governamentais para estimular a inovação, o desenvolvimento econômico e levantam questões sobre se os instrumentos disponíveis são suficientes para salvaguardar os interesses públicos (Nooren et al., 2018).

Ao mapear o debate internacional sobre o assunto, Moraes de Lima e Valente (2020) levantam três aspectos que têm motivado a defesa da regulação no mundo: o aumento do poder das plataformas, os problemas decorrentes de sua atuação e a relação assimétrica entre elas e os usuários, e a insuficiência de normas legais atuais para lidar com os problemas. A partir das discussões em curso, os autores identificam grupos de legislações tendo como temas centrais privacidade e proteção de dados, fiscalização e remuneração de direitos autorais, além de debates sobre formas de disciplinar a crescente influência das plataformas nas esferas econômica, política e cultural.

Dentre as iniciativas e discussões em curso, legisladores dos EUA já sugeriram, sem sucesso, desmembrar as empresas. A Europa tem se concentrado, principalmente, em dar aos usuários mais controle sobre os dados e cobrar pesadas multas contra empresas, como o Google, em práticas monopolistas. Para pensar o impacto da sociedade de plataforma, De Kloet et al. (2019) propõem olhar para a China e interrogar criticamente a ideia de um capitalismo de plataforma (Srnicek, 2018) já que o país não pode ser considerado capitalista. Como vimos anteriormente, apesar de as análises colocarem a China sempre associada ao intervencionismo de Estado, observamos pelo trabalho de Hong e Xu (2019) que as empresas chinesas de tecnologia cresceram com grande estímulo e proteção estatal. Na China, essas empresas privadas se desenvolveram alinhadas a projetos de infraestrutura tecnológica das autoridades do país, em um processo mais acelerado e intenso do que o ocorrido nos EUA e na Europa, como demonstra o trabalho de Plantin e de Seta (2019) sobre o WeChat Pay, plataforma cujo funcionamento tornou o dinheiro de papel e o cartão de crédito praticamente obsoletos.

Além disso, do ponto de vista da regulamentação, as plataformas chinesas se desenvolveram um ambiente bastante flexível, com um modelo fragmentado de governança que restringia o controle direto sobre questões políticas sensíveis e, por outro lado, promovia a colaboração e a participação nos processos de construção de significados (Hong; Xu, 2019; De Kloet et al., 2019).

As iniciativas reguladoras dos últimos anos indicam que, após um longo período de flexibilidade legal em relação às plataformas de tecnologia, o governo chinês passou a adotar medidas mais firmes contra a expansão desordenada e a tendência monopolista das plataformas, ou mesmo conter potenciais riscos sistêmicos à economia do país tão conectada ao sistema econômico mundial. As mudanças ainda ocorrem sob tensão e incertezas entre os entes privados e o Estado.

Desde 2018, a China já vinha trabalhando para unificar regras antimonopólio e fortalecer esforços administrativos na aplicação da lei, que entrou em vigor em 1º de agosto de 2008. Os objetivos centrais: coibir práticas consideradas anticompetitivas e prevenir a expansão desordenada do capital. Como parte das iniciativas, criou a Administração Estatal para Regulação do Mercado (State Administration for Market Regulation, na sigla em inglês SAMR), que absorveu funções de três autoridades distintas: a Comissão Nacional de Desenvolvimento e Reforma (National Development and Reform Commission, na sigla em inglês NDRC), o Escritório Antimonopólio do Ministério do Comércio (Anti-Monopoly Bureau of the Ministry of Commerce, na sigla em inglês MOFCOM) e a Administração Estatal da Indústria e do Comércio (State Administration of Industry and Commerce, na sigla em inglês SAIC).

Anteriormente, o Mofcom era responsável pelo controle das fusões, a NDRC tinha a atribuição de regular os preços, investigar e instaurar ações por violações relacionadas à Lei Antimonopólio, e a SAIC tratava das violações não ligadas diretamente à Lei Antimonopólio. Com a nova estrutura, a SAMR passou a ser subordinada ao Conselho de Estado, ganhando mais importância dentro do governo (Gidley; Zhang, 2018).

Regulação antimonopólio na economia de plataformas da China: ações

Desde 2016, as autoridades chinesas vêm aprimorando a legislação para dar conta das mudanças. Além da revisão da Lei Antimonopólio[1] (em vigor desde 2008), foram aprovadas outras cinco: Lei de Segurança Cibernética[2] (aplicada desde 1º/6/2017); Lei do Comércio Eletrônico[3] (em vigor desde 1º/1/2019); Lei da Criptografia[4] (em vigor desde 1º/1/2020); Lei de Segurança de Dados[5] (desde 1º/9/2021); e Lei de Proteção de Informações Pessoais[6] (desde 1º/11/2021).

---

1 Em inglês, "Anti-monopoly Law of the People's Republic of China", 23 ago. 2014. Disponível em: english.mofcom.gov.cn/.
2 Em chinês, 中华人民共和国个人信息保护法. Disponível em: http://www.cac.gov.cn/2016-11/07/c_1119867116.htm.
3 Em chinês, 中华人民共和国电子商务法. Disponível em: http://www.npc.gov.cn/zgrdw/npc/lfzt/rlyw/2018-08/31/content_2060827.htm/.
4 Em chinês, 中华人民共和国密码法. Disponível em: http://www.npc.gov.cn/npc/c30834/201910/6f7be7dd5ae5459a8de8baf36296bc74.shtml/.
5 Em chinês, 中华人民共和国数据安全法. Disponível em: http://www.npc.gov.cn/npc/c30834/202106/7c9af12f51334a73b56d7938f99a788a.shtml/.
6 Em chinês, 中华人民共和国个人信息保护法. Disponível em: http://www.npc.gov.cn/npc/c30834/202108/a8c4e3672c74491a80b53a172bb753fe.shtml/.

Em novembro de 2020, o país deu início ao processo de atualização da Lei Antimonopólio (SAMR, 2008), e a Administração para Regulação do Mercado abriu uma consulta pública. Três meses depois, foram divulgadas as Diretrizes Antimonopólio da Economia de Plataforma (SAMR, 2021), aumentando a pressão sobre os principais serviços de internet do país. O documento trouxe as primeiras regras antitruste específicas da China para plataformas e sinalizou o endurecimento da fiscalização contra comportamentos concentradores no setor de internet da China. As Diretrizes contêm ainda importantes conceitos para analisar como o Estado chinês define plataforma:

> 1) A plataforma referida neste guia é uma plataforma de internet, caracterizada como uma forma de organização comercial que usa tecnologia de informação de rede para permitir que entidades bilaterais ou multilaterais mutuamente dependentes interajam de acordo com as regras fornecidas por uma operadora específica para criar valor, em conjunto.
> 2) Operadores de plataforma são os operadores que fornecem instalações comerciais, correspondência de transações, troca de informações e outros serviços de plataforma da internet a pessoas físicas, jurídicas e a outras entidades de mercado.
> 3) Operadores de negócio na plataforma referem-se a empresas que fornecem bens ou serviços (doravante designados coletivamente como bens) na plataforma da internet. Operadores de plataforma também podem fornecer mercadorias diretamente por meio da plataforma enquanto operam a plataforma.
> 4) Operadores no campo da economia de plataforma incluem operadores de plataforma e outros operadores que participam da economia de plataforma.

O documento da SAMR destaca como diretrizes centrais: evitar a expansão desordenada do capital, proteger a concorrência justa no mercado, promover o desenvolvimento ordenado, inovador e saudável da economia de plataforma e salvaguardar os interesses dos consumidores e o interesse público.

A partir de 2021, as autoridades chinesas intensificaram a aplicação das regras concentrando esforços para coibir ações como: obrigar comerciantes a escolher uma única plataforma, abusar da posição dominante no mercado, usar dados indevidamente para cobrar preços diferenciados de clientes, fazer vista grossa para produtos de qualidade inferior, vazar dados de clientes e sonegar impostos.

Em abril daquele ano, 34 empresas, entre elas a Tencent (games e mídia social), ByteDance (controladora do TikTok), JD.com (comércio eletrônico), Meituan (entrega de alimentos) e DiDi (transporte) foram advertidas pelo órgão regulador chinês a cumprir as medidas antimonopólio e 13 foram convocadas pelo Banco Popular da China e pelo regulador bancário e de seguros a mudar as operações de *fintech*. Dez empresas também foram multadas pela SAMR por não comunicarem a aquisição de concorrentes menores e o início de novas *joint ventures*, o que se tornou obrigatório após a atualização das diretrizes antimonopólio em 2018.

Como parte da ofensiva do governo chinês e após quatro meses de investigação, em abril de 2021, a gigante do comércio eletrônico Alibaba recebeu uma multa recorde de US$2,78 bilhões por abuso de posição dominante ao exigir exclusividade e impedir que comerciantes negociassem produtos com outras plataformas. O órgão regulador concluiu que, desde 2015, a empresa de comércio eletrônico violava a Lei Antimonopólio. O valor da punição foi quase o triplo do aplicado à fabricante de chips estadunidense Qualcomm (US$975 milhões), até então a maior sanção na história corporativa do país, em 2015. Superou ainda a multa aplicada ao Google pela União Europeia em 2017 (US$2,7 bilhões).

A punição à Tencent também foi significativa porque, pela primeira vez desde a entrada em vigor da Lei Antimonopólio treze anos antes, os reguladores tomaram medidas para restabelecer a concorrência por causa da concentração ilegal de operadores. A empresa teve que renunciar aos direitos exclusivos de licenciamento de música e recebeu uma pequena multa de US$77.141 por não relatar as aquisições dos aplicativos Kuwo, do grupo China Music, e de Kugou Music. A investigação começou em 2016.

A SAMR (2023) considerou ilegal a compra da China Music pois, com a transação, a Tencent passou a controlar 83% do mercado. Antes, a Tencent (através do QQ Music) tinha 160 milhões de usuários ativos e 12 milhões de títulos musicais, sendo 3,14 milhões exclusivos, e a China Music (através do Kuwo Music) acumulava 230 milhões de usuários ativos e 8,21 milhões de títulos, sendo 1,3 milhão exclusivos. Com o negócio, foi criado o Tencent Music Entertainment Group. A Administração Estatal considerou que antes da operação havia uma força competitiva equivalente, pois, a Tencent controlava 33,96% do mercado e a China Music, 49,7%. A gigante Tencent também já foi acusada por concorrentes, incluindo a ByteDance, proprietária do TikTok e do Douyin, de violar as regras antitruste ao bloquear conteúdo do Douyin nos aplicativos WeChat e QQ, ambos da Tencent.

Em julho de 2021, logo após fazer a primeira oferta pública de ações em Nova York, a empresa de plataforma de transporte privado DiDi foi advertida pela Administração do Ciberespaço da China e teve 25 aplicativos retirados de lojas virtuais, sob a alegação de violar "gravemente as leis e os regulamentos na coleta e no uso das informações pessoais", dentro da Lei de Segurança de Rede do país. Com isso, ela ficou proibida de cadastrar novos usuários ou motoristas. Para manter a frota, a DiDi chegou a reembolsar motoristas multados pelas autoridades. Aproveitando-se do grande cerco à concorrente, a Meituan fez promoções para atrair novos motoristas, inclusive abrindo mão de taxas por um período específico.

Ao todo, sete órgãos ministeriais se envolveram em uma investigação de segurança cibernética contra a expansão desordenada e a concorrência feroz sobre as plataformas de carona. O Ministério dos Transportes, principal regulador de carona do país, alertou as empresas a não registrarem motoristas ou veículos sem licença. Autoridades locais fazem as mesmas exigências, entretanto, a fiscalização ainda é difícil dada a facilidade para motoristas se inscreverem nos serviços. Nenhuma das 17 empresas de carona estavam totalmente em conformidade com a lei. Na DiDi, por exemplo, apenas metade dos 13 milhões de motoristas cadastrados e um terço dos veículos em operação cumpriam as exigências de licenciamento (Hu, 2021).

A partir das ações de fiscalização e publicação de orientações, de diretrizes e de um arcabouço legal que vem sendo construído, o Estado chinês procura reforçar seu papel de supervisor e regulador no ambiente digital. As medidas de controle integram uma ação estratégica do Estado chinês.

Em março de 2021, o Comitê Central de Finanças e Economia propôs promover a economia de plataforma e acelerar o uso de plataformas industriais para transformar e atualizar as indústrias tradicionais e desenvolver uma manufatura avançada – o país reúne cerca de 600 plataformas, e mais de cem são industriais. A convergência da internet industrial com o 5G é considerada o principal campo de batalha para o projeto estatal de um desenvolvimento inovador, que se desenha no país cobrindo mais de vinte setores-chave da economia nacional. Nessa perspectiva, o Ministério da Indústria e Tecnologia da Informação lançou, em julho, uma campanha de seis meses para orientar a formação de um sistema aberto e interoperável, um ambiente de mercado seguro e ordenado, e promover o desenvolvimento padronizado, saudável e de alta qualidade da indústria. A chamada Ação de Retificação Especial tem como objetivo observar quatro aspectos: perturbação da ordem de mercado, violação dos direitos de usuários, ameaça à segurança de dados e violação dos regulamentos de gerenciamento de recursos e qualificação (Miit, 2021a; 2021b).

Paralelamente, seguindo o alinhamento aos padrões internacionais, o governo chinês procura aprofundar o intercâmbio internacional e a cooperação no combate ao monopólio junto à União Europeia, EUA, Alemanha, Canadá, Japão, Coreia do Sul, Filipinas, Sérvia, Belarus e países dos BRICS. A China apresentou suas ações durante reunião do Grupo Intergovernamental de Especialistas da UNCTAD (Conferência das Nações Unidas sobre Comércio e Desenvolvimento), em julho de 2021, que discutiu "Lei, política e regulamentação da concorrência na era digital". O documento oficial (UNCTAD, 2021) registrou que as Diretrizes Antimonopólio da China (SAMR, 2021) definem práticas anticompetitivas relacionadas a plataformas digitais, como acordos anticompetitivos usando dados e algoritmos em plataformas para coletar ou trocar informação sensível. Além disso, entre outros aspectos, incluem fatores a serem levados em consideração ao estabelecer a posição dominante no mercado de uma plataforma digital, conduta que pode ser considerada abusiva se houver recusa em negociar sem justificativa.

Levando-se em conta que os serviços digitais das plataformas dependem permanentemente dos dados para melhorá-los, a iniciativa chinesa para conter abusos pode gerar grande impacto sobre empresas como a Alibaba e a Tencent, que têm operado de modo semelhante às congêneres dos EUA. De acordo com a empresa de consultoria de mercado IDC (International Data Corporation), em 2025, a China deve ser responsável por cerca de um terço dos dados do mundo, ou cerca de 48,6 zetabytes[7] – cerca de 60% a mais do

---

7   Um zetabyte equivale a um trilhão de gigabytes.

que os EUA. Analistas de mercado acreditam que as medidas do governo chinês representam uma nova orientação dos dados como impulsionador econômico. Para o professor da Universidade de Xiamen, Yanqing Zhao, as ações antimonopólio não podem tirar a eficiência das empresas de plataformas. Entretanto, o motivo pelo qual elas são tão valiosas é porque adotam um recurso público – o big data.

Zhao (2020) argumenta que as barreiras contra Google, Twitter e Facebook no passado ajudaram a proteger os dados chineses, pois, mesmo se essas empresas não ganhassem um centavo no país, o valor dos dados massivos recolhidos por elas no país seria projetado sobre os preços de suas ações e elas ainda poderiam obter enormes riquezas no mercado de capitais. Nesse sentido, o big data local serviu à ascensão das empresas domésticas de plataforma (Baidu, Alibaba, Tencent), que agora poderiam compartilhar os benefícios recebidos com toda a sociedade. Embora Zhao defenda que a China deve proteger suas empresas de plataformas de dados como parte de uma estratégia de desenvolvimento nacional, seu discurso foi apresentado em reportagens de meios de comunicação ocidentais apenas como uma defesa da nacionalização dos dados. E essa nacionalização poderia prejudicar as empresas de tecnologia pois, ao retirar delas os dados, as plataformas perderiam o incentivo e a capacidade de inovar (*Bloomberg News*, 2021).

Contudo, após um período de ações rigorosas, em que a SAMR analisou mais de cem casos de comportamento impróprio e aplicou 98 multas relacionadas a monopólio, envolvendo empresas como Tencent, Alibaba, Meituan e JD.com, o Governo Central sinalizou um novo estágio de supervisão sobre a economia de plataforma. E pretende caminhar na direção do equilíbrio entre supervisão e desenvolvimento, flexibilizando a regulamentação para estimular o crescimento e evitando a supervisão fragmentada que Hong e Xu (2019) apontaram.

Considerações finais

As plataformas são o principal motor da economia digital e sua ascensão trouxe novos desafios para a organização social, política e econômica. Tais estruturas configuram um complexo aparato interconectado e alimentado por uma quantidade massiva de dados que, por sua vez, determina a especificidade de bens e serviços oferecidos. Os dados são, portanto, o principal ativo das plataformas, garantem suas eficiência e vantagem competitiva. Ao mesmo tempo, essa vantagem tende a estimular a formação de monopólios e atrapalhar a concorrência.

Neste capítulo, procuramos contextualizar as discussões sobre a formação de monopólios na literatura econômica sob o olhar das escolas austríaca e neoclássica, bem como as estratégias de combate a eles tendo como foco principal a experiência chinesa. Partindo da crítica de Fiani (1999) a respeito do reducionismo de certas abordagens sobre regulação, que tratam a questão dos monopólios apenas pelo binômio regulação *versus* concorrência, buscamos entender essas ferramentas de ajuste como uma das variáveis de política econômica.

As plataformas constroem um complexo aparato de moderação de conteúdo e de governança a fim de impor diretrizes próprias, muitas vezes opacas. A abordagem sobre governança requer compreender os sistemas técnicos das plataformas, como as políticas internas das empresas se articulam com iniciativas de regulação e a arena global onde essas empresas atuam. Com base na análise de documentos produzidos por autoridades chinesas e amparado por uma bibliografia sobre o fenômeno das plataformas e da plataformização, este trabalho procurou mapear como a segunda maior economia do mundo, a China, está atuando frente à expansão de suas empresas de tecnologia e como se estrutura a política antimonopólio do país.

Observamos que, embora as práticas monopolistas dentro da economia de plataformas constituam um desafio para diferentes nações tanto do ponto de vista da regulação quanto da aplicação da lei, as experiências não devem ser vistas da mesma forma. Deve-se levar em conta o contexto histórico e político em que essas empresas se formaram. A China representa um caso ímpar não só pela forma como as transformações econômicas ocorreram, mas também pela centralidade da economia de plataforma no país. Após um período de enorme estímulo estatal ao desenvolvimento das empresas de tecnologia e de grande flexibilidade regulatória, as autoridades buscaram conter o avanço desordenado do setor em nome de um ambiente de mercado competitivo mais seguro e ordenado, que promova o desenvolvimento da indústria. Para isso, o país está aprimorando e reformulando sua legislação, além de promover intercâmbios internacionais.

Com este capítulo, esperamos trazer uma pequena contribuição para as discussões sobre o processo de plataformização e sobre a experiência chinesa, vista, muitas vezes, apenas pelo aspecto de controle de conteúdo no ambiente digital.

Capítulo 16

Análise crítica do quadro jurídico de regulação da comunicação: o caso da República Democrática do Congo

Placide Okalema Pashi

No coração da tragédia congolesa

Com mais de 80 milhões de habitantes, a República Democrática do Congo é um vasto país de 2.345.410 km² no coração da África. Ela desperta muita inveja por seus muitos recursos naturais. Na mente de alguns países ocidentais, a República Democrática do Congo é seu patrimônio privado que eles devem explorar por todos os meios. Para Bill Richardson, "o Congo é um elemento essencial dos interesses americanos na África" (PÉAN, 2010: 24). Esse patrimonialismo ocidental explica em parte os genocídios, os crimes contra a humanidade cometidos na República Democrática do Congo, mas também todos os tipos de guerras de agressão que povo congolês está sofrendo até hoje, com a cumplicidade dos exércitos de Ruanda e Uganda. É neste contexto que Patrice Emery Lumumba, o primeiro-ministro, pai da independência congolesa, habitado pela paixão da liberdade e da dignidade, por ter se oposto ao plano das potências ocidentais de balcanizar o pais e explorar os recursos congoleses, foi covardemente assassinado em 17 de janeiro de 1961 pelos Estados Unidos da América, Bélgica e França com a cumplicidade de alguns congoleses incluindo o presidente J. Mobutu (PÉAN, 2010). Para regular o seu setor midiático, a República Democrática do Congo dispõe de um arsenal jurídico que, na realidade, é uma emanação de vários tratados internacionais que aprovou, em particular, a Declaração Universal dos Direitos do Homem. A partir daí, numa perspectiva da economia política da comunicação, o objetivo deste capítulo é fazer uma análise crítica do ambiente jurídico em que se implantam as modalidades discursivas das mídias congolesas. Isso nos permite avaliar, entre outras coisas, a importância que este país dá à liberdade de expressão, ao interesse público, e advogar pela reforma do quadro jurídico do espaço midiático congolês de forma a criar um ambiente social, legislativo e político favorável ao desenvolvimento das mídias mais livres, objetivas e independentes cujo fundamento é o interesse público. Dois eixos principais formam a espinha dorsal deste capítulo, a saber: Um olhar crítico sobre o ambiente jurídico para a implantação das mídias congolesa, Órgãos reguladores de comunicação na República Democrática do Congo.

Análise crítica do ambiente legislativo e jurídico para a implantação da mídia congolesa

A Constituição da República Democrática do Congo, de 18 de fevereiro de 2006

A Constituição da República Democrática do Congo, alterada pela Lei nº 11/002 de 20 de janeiro de 2011, revisando alguns artigos da Constituição da República Democrática do Congo de 18 de fevereiro de 2006, teoricamente fundamenta e garante a liberdade de expressão, o direito à informação, a liberdade de imprensa etc. Ela consagra essa liberdade sob os direitos humanos e a considera como um componente essencial da liberdade de expressão a que todas as pessoas que vivem na República Democrática do Congo têm direito. O artigo 23 da Constituição afirma que: "Toda pessoa tem direito à liberdade de expressão. Este direito implica a liberdade de exprimir as próprias opiniões ou convicções, nomeadamente através da palavra, da escrita e da imagem, no respeito da lei, da ordem pública e dos bons costumes". O artigo 24 da mesma Constituição reconhece que "toda pessoa tem direito à informação".

Mas o legislador congolês não se limita apenas a garantir todas essas liberdades. Ele regula seu uso. Traz à tona os diferentes tipos de liberdade com seus limites e prevê sanções em todas as circunstâncias por seu uso indevido, para garantir que a liberdade de cada um seja limitada onde começa a dos outros. O artigo 24, parágrafo 2 da Constituição afirma que "a lei estabelece as modalidades para o exercício dessas liberdades". Além disso, a fim de garantir e regular o exercício pleno dessa liberdade, o constituinte ordena ao legislador que aprove uma lei que estabeleça as modalidades práticas de exercício da liberdade na RD Congo. É nesta perspectiva que, em abril de 2023, foi promulgada a Lei nº 23/009, de 13 de março de 2023, que estabelece as condições de exercício da liberdade de imprensa, da liberdade de informação e da liberdade de radiodifusão sonora e televisiva, da imprensa escrita e de qualquer outro meio de comunicação na República Democrática do Congo.

Lei nº 23/009, de 13 de março de 2023, que estabelece os procedimentos para o exercício da liberdade de imprensa, liberdade de informação e difusão pela rádio e televisão, imprensa escrita ou qualquer outro meio de comunicação na República Democrática do Congo

A Lei n.º 23/009, de 13 de março de 2023, caracteriza-se pela sua visão pluralista e define de forma mais ou menos satisfatória o conceito de liberdade de imprensa. A título de empréstimo das disposições constitucionais, o seu artigo 12º define a liberdade de imprensa como: "o direito de informar, de ser informado, de ter as suas opiniões, sentimentos e de comunicá-los sem qualquer impedimento, seja qual for o meio utilizado, sob reserva do respeito da lei, da ordem pública, dos direitos dos outros e dos bons costumes". Esta lei tem, portanto, a vantagem de consagrar o fim do monopólio do Estado sobre a criação e a gestão de estruturas de informação e generaliza a sua aplicação a todas as mídias, sejam elas audiovisuais, escritas e online, sejam do setor público ou do setor privado. O papel e a importância das mídias são reconhecidos como garantidores da comunicação de massa, da transmissão de informações e da cobertura midiática dos valores culturais do país.

Além disso, a Lei de 13 de março de 2023 também consagra, entre outras coisas, a liberdade como base da comunicação audiovisual (art. 12, 13 e 82); o livre exercício da imprensa online (art. 82); a obrigatoriedade da nacionalidade congolesa e a posse de um diploma de jornalismo e / ou em comunicação como principais condições para ser diretor de uma publicação ou de mídia (art. 24); o direito de as empresas públicas e privadas de informação e comunicação de beneficiarem de assistência direita ou indireta do Estado (art.17); a liberdade de qualquer pessoa criar uma empresa de imprensa (art. 14 e 42.); a definição inequívoca de jornalistas profissionais (artigo 11º); a obrigação e a responsabilidade do Estado de garantir e aplicar o direito à informação (art. 95

e 96), tornando punível por lei "qualquer retenção injustificada de informação de interesse público" (art. 96). A lei de 13 de março de 2023 também garante a obrigação de operar as mídias estatais com independência, neutralidade e respeito ao princípio da igualdade de todos perante a lei e o Estado (art. 20, 36, 39 e 40). Ao contrário do antigo texto de 1970 que submetia a publicação de jornal ou periódico à autorização prévia de um órgão executivo, o legislador estabelece regime de declaração (art. 46, 55, 56, 72, 73, 83, 84).

Como podemos ver, é verdade que em termos de criação das mídias, a lei em análise tem o mérito de instaurar um regime de declaração em vez do regime de autorização prévia estabelecido em 1970. No entanto, no que diz respeito à imprensa audiovisual, o artigo 58 da mesma lei estipula que "após verificação satisfatória da conformidade da declaração, efetuada em colaboração com as Instituições da República interessadas no setor, o ministério responsável pela Comunicação Social e pelos meios de comunicação social concede ao requerente a licença de exploração". Num país onde as liberdades de expressão e de imprensa são meramente nominais, a introdução de uma tal disposição legal é, de fato, o estabelecimento de um regime de autorização disfarçado e implicitamente legal. É inegável que o Estado é o único a determinar e a decidir as condições para satisfazer o controle do processo do requerente. Em caso de conflito entre os representantes do Estado e o requerente, a licença de exploração será simplesmente recusada a este último. Além disso, o artigo 60 desta lei de 13 de março de 2023 prevê a possibilidade de o requerente ser sancionado pelo Estado e de lhe ser retirada a licença. Na RD Congo, a instrumentalização do sistema judicial para fins políticos é um modo de gestão.[1] Nesse sentido, esta medida não é nem mais nem menos que uma sutil restrição legal orquestrada com o objetivo de orientar indiretamente o requerente desejando de obter, a todo custo, uma licença de exploração. Este último pode ser obrigado a solicitar favores ao Ministério. Em troca, sacrifica sua liberdade de pensar. A gente não contradiz seu pai alimentador. Nesse sentido, o requerente torna-se uma simples caixa de ressonância do regime dominante no poder.

---

[1] Desde 23 de maio de 2023, o deputado provincial da oposição, ex-jornalista Mike Mukebayi, definha na prisão central de Makala. Sem provas, o Ministério Público acusa-o, injustamente, de ter incitado a população ao ódio tribal. (Ver: "Kinshasa: poursuivi pour incitation à la haine tribale, Mike Mukebayi transféré à la Prison centrale de Makala", *Radio Okapi*, 24 maio 2023.) O que o regime não pode obter legalmente, pode obter por meio da instrumentalização da Justiça e de outras estruturas estatais.

Ademais, é importante ressaltar que a Lei nº 23/009, de 13 de março de 2023, em análise, garante teoricamente a independência editorial das mídias públicas como meios de comunicação a serviço do interesse público (art. 64, 65 e 66), mas de fato essas mídias comportam-se como mídias partidárias com pessoal nomeado para defender os interesses do regime no poder. Os apresentadores de programas de entrevistas nas mídias públicas geralmente são membros ou parentes do partido no poder, e os debates são voltados para servir ao partido. Totalmente financiadas pelo Estado (art. 19), sua gestão não é autônoma. As informações veiculadas pelas mídias públicas não são equilibradas, mas sim partidárias. As atividades do chefe de Estado e dos membros do Governo ocupam a esmagadora maioria dos programas e noticiários falados e televisivos. As informações veiculadas pelas mídias públicas não são equilibradas, mas sim partidárias.

Além disso, o artigo 113 da Lei nº 23/009, de 13 de março de 2023, prevê a penalização do crime da imprensa definido como "qualquer comportamento ou ato de um profissional das mídias cometido no exercício da sua profissão que tenha atentado contra a ordem pública, os direitos de outrem ou a moral pública e que tenha causado prejuízo" (artigo 113). Trata-se de um recurso sistemático ao direito penal para processar e punir o jornalista por ofensa cometida pela imprensa em caso de comportamento, mesmo aparente, ter levado ou poder resultar, na prática, de um crime sob a lei criminal. Por exemplo, "um jornalista que publica informações verdadeiras sobre a situação precária dos militares pode ser processado por incitar membros das Forças Armadas e da polícia a desviá-los de suas funções" (Programme De Développement du Secteur Médiatique – PDSM, 2012: 5). Para Pierre Akele (2004), o legislador congolês tem uma visão vaga do crime de imprensa, na medida em que o crime de imprensa aparece aqui mais como um modo particular de perpetração de um crime do que como um crime específico. Acreditamos que o crime de imprensa introduzido pelo legislador congolês também é um constrangimento ao livre exercício da imprensa. O uso sistemático do direito penal para punir a imprensa aparece como um meio de censurar a imprensa e reprimir vozes discordantes do quadro político dominante. Com tal criminalização da imprensa, o regime dominante pode adotar atitudes e decisões políticas, em vez de "o livre exercício de um dos direitos mais fundamentais, o da liberdade de expressão, muito dependente de independência das mídias" (PDSM, 2012: 5)

Para uma imprensa livre e independente, é necessário revogar o crime de imprensa do registro criminal em favor de um regime civil de compensação. "O direito da imprensa não deve ser explorado contra a liberdade de imprensa e a independência das mídias" (PDSM, 2012: 7). Em vez disso, o papel dos órgãos reguladores e autorreguladores das organizações de notícias deve ser fortalecido de modo que "o jornalista só possa responder por suas ações em tribunais de pares, exceto por ofensas comuns" (PDSM, 2012: 7). "Em todas as democracias modernas, a liberdade de imprensa é um dos principais indicadores usados para avaliar o nível de governança do Estado" (PDSM, 2012: 5). Seja como for, a honestidade científica obriga-nos a reconhecer nesta lei certas alternativas não penais ao crime de imprensa. Em particular, o texto insiste na publicação do direito de resposta ou de retificação quando uma pessoa singular ou coletiva se sente lesada por um artigo (art. 104-112). Mas, como se pode constatar, apesar destas disposições relativas ao direito de resposta e de retificação, o crime ou delito de imprensa continuam a ser de atualidade na RD Congo.

Sublinhamos, além disso, que na República Democrática do Congo, o *status* dos jornalistas também está sujeito à regulamentação legal.

Portaria-lei n° 81/012, de 2/4/1981, sobre o status de jornalista

Promulgada em 2 de abril de 1981, a Lei n° 81/012 define o *status* de jornalistas que trabalham na República Democrática do Congo. Trata-se de todos os profissionais das mídias que trabalham nas empresas das mídias estabelecidas na República Democrática do Congo. Esta lei estabelece um quadro organizacional e define as regras e as condições de acesso, incluindo o exercício dos profissionais das mídias, tanto para jornalistas independentes quanto para a imprensa. Ela define claramente os direitos e as obrigações em cada etapa da carreira jornalística. As disposições do Código do Trabalho congolês complementam outros aspectos relativos ao emprego ou à carreira dos jornalistas em geral (confira Lei n° 015/2002 de 16 de outubro de 2002 sobre o Código do Trabalho).

Ressalte-se, a esse respeito, que a profissão de jornalista não está sujeita a restrições. O artigo 5º desta lei condiciona o acesso ao *status* de jornalista profissional à obtenção de uma carteira de imprensa da Union de la presse du Zaire (União da Imprensa do Zaire) (UPZ), que se tornou a Union Nationale de la Presse du Congo (União Nacional de Imprensa do Congo) (UNPC), esta após o beneficiário concluir um estágio cuja duração varia de acordo com a área de origem: um ano para os oriundos das escolas de jornalismo e dois anos para os candidatos das demais disciplinas. Esta disposição é suscetível de entrar em conflito com uma parte do artigo 11 da lei de 13 de março de 2023, que prevê um período de estágio de três anos para os titulares de um diploma de licença ou equivalente que não seja um diploma obtido numa escola de jornalismo reconhecida pelo Estado congolês. As disposições do artigo 5 da Lei nº 81/012 de 2/4/1981, incluindo o artigo 11 da Lei de 13 de março de 2023, surgem como um escudo contra o uso indevido da qualidade do jornalista. Aliás o artigo 4º da Lei nº 81/012 de 2/4/1981 estipula que "quem se tiver falsamente atribuído a si mesmo a qualidade de jornalista ou tiver ostentado publicamente qualquer emblema que pretenda fazer crer no exercício dessa qualidade, será punido de acordo com as disposições do Código Penal, Livro II". O artigo 121 da Lei de 13 de março de 2023 prevê praticamente a mesma coisa. É fundamental não estender e ampliar a noção de jornalismo em nome da liberdade de expressão garantida pela Constituição e pelos tratados internacionais. Claro, devemos reconhecer, ao lado da imprensa, a importância de se manifestar das associações civis e de outros na discussão de questões de interesse geral, mas devemos ir tão longe a ponto de reivindicar a qualidade de jornalista sem cumprir os requisitos desta profissão? O que então acontece com as escolas de jornalismo, as obrigações deontológicas abertas à ética universal, a responsabilidade editorial que balizam as atividades da imprensa e constituem garantias da qualidade da informação e do debate público, se "amanhã cada um se considerar jornalista e transformar sua opinião, às vezes crua e impensada, até mesmo suas notícias falsas, em trabalho jornalístico?" (Poullet, 2020: 114) Em um mundo em que o indivíduo se depara, *a priori*, com um imenso fluxo de informações, circulando em mídias tradicionais ou eletrônicas e envolvendo um número cada vez maior de autores, "o monitoramento do cumprimento da deontológica jornalística assume importância crescente" (Poullet, 2020: 114). Em suma, não se trata de negar a importância da liberdade de expressão, principalmente em um momento em que a internet permite que todos participem do mercado de ideias e do debate sobre as questões da sociedade, apenas, é necessário estabelecer com clareza a diferença entre a liberdade de expressão e a liberdade jornalística para evitar qualquer confusão possível e para realmente fazer avançar a democracia com base em informações cuja verdade continua sendo o fundamento.

Como podemos ver, a escala das inovações tanto neste campo das mídias, como em outros setores multidimensionais, exige, portanto, a revogação desta lei e sua substituição por uma nova lei que atenda, não apenas às exigências do atual contexto sociopolítico da República Democrática do Congo e do resto do mundo, leva em conta todas as profissões das empresas audiovisuais, mas também descriminaliza o crime de imprensa visando a uma imprensa verdadeiramente livre.

Sublinhamos, a este respeito, a Constituição de 18 de fevereiro, que já previa em seu artigo 212, a criação de um órgão técnico de regulação da comunicação denominado "Conselho Superior do Audiovisual e da Comunicação" (CSAC), dotado de personalidade jurídica.

Órgãos técnicos para a regulamentação da comunicação na República Democrática do Congo

Conforme referido anteriormente, a Constituição da República Democrática do Congo, no seu artigo 212, prevê o Conselho Superior do Audiovisual e da Comunicação como órgão técnico de regulação das mídias ou da comunicação na República Democrática do Congo. A Lei Orgânica nº 11/001, de 10 de janeiro de 2011, sobre a composição, a atribuição e o funcionamento do CSAC, no seu artigo 8º, atribui expressamente ao CSAC a competência de autoridade reguladora das mídias. O CSAC tem, igualmente, como missão "garantir o respeito da deontologia no que diz respeito à informação e o acesso equitativo dos partidos políticos, de associações e cidadãos aos meios oficiais de informação e comunicação [...], garantir o cumprimento das leis, regulamentos e convenções relativos às telecomunicações ..." (Art. 8 e 10) O artigo 9º nº 6 reconhece a atribuição de garantir o respeito à lei que fixa as modalidades do exercício da liberdade de imprensa na República Democrática do Congo.

A este respeito, é lógico sublinhar que a existência deste órgão técnico constitui uma conquista democrática inegável para a República Democrática do Congo, pois "ancora o princípio da liberdade de expressão ao mesmo tempo que simboliza a necessidade de estabelecer a prática desta liberdade em certas regras que garantam o seu legítimo exercício" (Marie-Soleil, 2016: 181). Sendo uma autoridade administrativa independente, o CSAC deve responder a uma exigência democrática de neutralidade, fora dos espaços politizados do Executivo e do Legislativo. Com a sua existência, é agora reconhecido o princípio da importância da gestão pública do espaço midiático (Marie-Soleil, 2016: 181), e por ele, o da criação do pluralismo midiático, bem como da presença da diversidade de componentes sociais e opiniões nas mídias públicas. A existência do CSAC é, de fato, a negação de qualquer ingerência política no setor midiático. Mas em termos de regulação audiovisual, o CSAC só exerce regulação de conteúdo enquanto a regulação e a infraestrutura permanecem de domínio do governo.

Além disso, normalmente cabe ao CSAC dar o seu consentimento antes de qualquer atribuição de frequências e antes de qualquer entrega de recibo da imprensa audiovisual, escrita e eletrônica aos detentores de projetos de mídia. Mas, na prática, é o Ministério da Comunicação que administra e concede as frequências. O CSAC não cumpre plenamente seu papel e é considerado muito fraco para exercer a plenitude de seus poderes (Le Pelley, 2012). Nesse sentido, o CSAC aparece como um braço ao Executivo que o utiliza para suspender as mídias perturbadoras. Sua parcialidade é frequentemente evidente e ele é muitas as vezes visto como um ator politizado que defende os interesses do regime dominante em vez de defender o interesse público. Durante a campanha eleitoral de 2006, o CSAC foi usado para silenciar as mídias da oposição, notadamente a Radio Liberté e a Television Canal Kin. Por sua vez, as mídias públicas, seguras de sua base política, se ressentem de serem fiscalizadas, até mesmo repreendidas ou sancionadas pelo regulador. Durante as eleições de 2006, o ancestral do CSAC, a Haute Autorité des Médias (HAM), "várias vezes pronunciou sanções contra a RTNC (Rádio Televisão Nacional do Congo), mas esta não se submeteu a ela" (Marie-Soleil, 2016: 180)

Paralelamente aos mecanismos institucionais postos em prática pelo legislador para regular, proteger e promover a comunicação, a liberdade de imprensa e as mídias, os próprios profissionais criaram um órgão federativo, a União Nacional da Imprensa do Congo, depois um órgão de supervisão, o Observatório das Mídias do Congo (OMEC), responsáveis pela autorregulação da sua profissão. Na base de todos esses órgãos de autorregulação está um Código de deontologia do jornalista, adotado em 4 de março de 2004 por profissionais e aplicado pelo OMEC. Em geral, os princípios básicos de exatidão, neutralidade e imparcialidade no tratamento da informação não são respeitados, exceto em alguns raras mídias. A realidade do jornalismo partidário permanece clara: a dicotomia entre as mídias próximas ao poder e aquelas consideradas próximas à oposição obriga o público a usar as duas versões da informação para formar uma opinião. Normalmente, alguns proprietários das mídias tendem a interferir na independência editorial sem restrições.

Uma outra forma de desvio ético é expresso por meio do fenômeno conhecido como *coupage*, que é o outro nome da corrupção de jornalistas. Esta prática consiste em receber presentes em dinheiro para escrever de forma complacente um artigo, realizar uma reportagem, congelar ou falsificar informações. O organizador do evento pode escolher o gênero jornalístico e o conteúdo do artigo a ser publicado, ou até escrever o artigo que ele impõe aos órgãos de imprensa para publicar *in extenso*. Nesse sentido, o *coupage* é um golpe fatal para a liberdade e a independência dos jornalistas e das mídias. Mas nenhum ambiente sociopolítico, jurídico e econômico, por mais restritivo que seja, pode justificar o *coupage*. De fato, mesmo que a autonomia intelectual seja difícil de alcançar sem autonomia econômica, reconheçamos que as condições econômicas não determinam a ética jornalística, dado que "a integridade jornalística não seria relativa ou circunstancial" (Kamga, 2019: 18). Não poderia depender do contexto; caso contrário, o jornalismo perderia sua função fundamental, a de ser "essencialmente orientado para a verdade" (Cornu, 1998: 13).

***

Na República Democrática do Congo, o ambiente jurídico e regulatório da comunicação não garante o interesse público, pois ainda reflete a vontade do quadro político dominante. Este quadro jurídico embrionário não permite aos cidadãos congoleses gozar plenamente dos seus direitos e é cada vez mais visto como constrangimento e obstáculo ao bom funcionamento das empresas de imprensa. O artigo 113 da Lei de 13 de março de 2023 prevê sanções penais contra jornalistas em caso de crime de imprensa. No Congo, o exercício do direito à liberdade de expressão dos cidadãos e jornalistas requer coragem e sacrifício. Muitas vezes, por causa de seu trabalho, jornalistas são presos, detidos, torturados, assassinados;[2] há também na RD Congo corte da internet para impedir a livre circulação de informações; editoras e outros meios de comunicação independentes são objeto de buscas ou suspensões frequentes, e o regime em vigor muitas vezes tenta cortar, de forma arbitrária e sem aviso, os sinais das rádios e televisões que não compartilham seu pensamento único e iníquo.

Face ao exposto, é necessária uma verdadeira reforma do quadro jurídico que rege o setor da comunicação e/ou das mídias congolesas, garantindo teoricamente e materialmente um ambiente social e político favorável ao desenvolvimento das mídias livres, objetivas e independentes capazes de garantir o interesse público. Neste sentido, propomos o aperfeiçoamento e o reforço dos métodos de exercício da liberdade de expressão "sem a qual nenhuma das outras liberdades pode ser conquistada" (Mirabeau apud Mushizi, 2020, USAID, p. 7), a proteção de quem a exerce e a adoção na República Democrática do Congo de uma lei que garanta o acesso à informação. O acesso à informação é um quadro que gera vários direitos fundamentais e permite aos cidadãos fazer escolhas informadas e promover a democracia.

A esse respeito, a reforma do quadro regulamentar da comunicação que propomos deve ter como pedra angular o interesse geral. Este último continua a ser a expressão da vontade geral, equilibra as liberdades e exige que interesses particulares sejam superados. No entanto, é necessário garan-

---

2 Barthelemy Kubanabandu Changamuka, 23, jornalista-apresentador da Rádio Comunitária Kitshanga (CORAKI FM), na província de Kivu do Norte, foi assassinado na casa por dois homens armados em 9 de maio de 2021. Joël Mumbere, um dos jornalistas da Radio Communautaire Lwemba foi assassinado em 14 de agosto de 2021 na província de Ituri. (Disponível em: https://ifex.org/fr/nord-kivu-un-journaliste-assassine-en-plein-etat-de-siege/. Acesso em: 5/9/2021.) "Para o ano de 2019, JED registrou no total, pelo menos 85 casos de violações diversas da liberdade de informação e ataques contra as midias" (Cf. JED, 2019/2021: 6).

tir, do ponto de vista midiático, que a noção de interesse geral não se torne "um pretexto para ocultar os abusos de uma determinada imprensa que não respeita os direitos e as liberdades individuais" (Lyn François, 2014: 339) O interesse geral não deve tornar "a imprensa o único mestre da justificação do seu comportamento condenável" (Lyn François, 2014: 339). Bastaria que as mídias se apropriassem de um assunto para que se tornasse de interesse geral. Em suma, se o necessário equilíbrio de direitos não for assegurado, a noção de interesse geral, desprezando todas as noções de ética, pode tornar-se um princípio fictício ou enganoso, servindo para defender interesses particulares contra outros interesses particulares.

Bibliografia

AGUIAR, Leonel; BRAGA, Adriana; BERGAMASCHI, Mara. O chão de fábrica da notícia: contribuições para uma economia política da práxis jornalística. *Intercom*, São Paulo, v. 37, n. 1, p. 111-132, jan./jun. 2014.

AGUIAR, L.; BARSOTTI, A. Jornalismo amador: proposta para definir as práticas jornalísticas exercidas pelo público em ambientes interativos. *Revista Pauta Geral – Estudos em Jornalismo*, v. 1, n. 1, p. 43-58, jan./jul. 2014.

AGUIAR, L. Cultura comunicacional tecnológica: a imersão na pura imanência. *Alceu - Revista de Comunicação, Cultura e Política*, v. 5, n. 10, p. 83-93, jan./jun. 2005.

AIRES, Janaína; SANTOS, Suzy dos. *Sempre foi pela família: mídias e políticas do Brasil*. Rio de Janeiro: Mauad X, 2017.

AKELE, A. Dépénaliser les délits de presse en RDC: pourquoi et comment? In: *Plaidoyer pour la dépénalisation des délits de presse en République Démocratique du Congo, Kinshasa*, maio 2004.

ALIMONTI, Veridiana. Preservando o essencial: os desafios da universalização do acesso e as ameaças de uma internet cindida. *Em Aberto*, v. 28, p. 62, 2015.

ALVES, Fabricio da Mota. Por que o debate sobre a regulação em proteção de dados já mudou tudo no Brasil. *Jota*, São Paulo, 20 set. 2019. Online. Acesso em: 24/8/2021.

AMARAL, Bruno do. PNBL chega ao fim sem focar as regiões mais necessitadas. *Teletime*, 28 jun. 2017. Disponível em: https://teletime.com.br/28/06/2017/pnbl-chega-ao-fim-sem-atender-as-regioes-mais-necessitadas/. Acesso: 10/3/2021.

AMARAL, Bruno do. Brasil retrocede e fica abaixo da meta de acessibilidade da banda larga da UIT. *Teletime*, 5 mar. 2021.

ARANHA, Márcio Iório. Ambiente normativo brasileiro de prestação de serviços em setores regulados: o caso da desestatização do Sistema Telebras como arquétipo do direito administrativo de conjuntura. *Revista Notícia do Direito Brasileiro*, v. 12, p 103-128, 2006.

ARANHA, Márcio Iório. Direito, Estado e Telecomunicações: dos primórdios ao novo modelo regulatório. *Revista de Direito, Estado e Telecomunicações*, v. 1, n. 1, p. 1-76, 2009.

ARAÚJO, Rejane; BRANDI, Paulo. *Telebras (Telecomunicações Brasileiras S.A.)*. 2009. Disponível em: www.fgv.br/cpdoc/acervo/dicionarios/verbete-tematico/telebras/.

ASCENSIO, Pedro. *Derecho Privado de Internet*. 2ª ed. Madri: Cívitas, 2001.

BANDEIRA, L. et al. *Disinformation in democracies: strenghtening digital resilience in Latin America*. Atlantic Council, 2019.

BARBOSA, B.; EKMAN, P. Nas comunicações, tudo como antes na história deste país. In: MARINGONI, G.; MEDEIROS, J. (Orgs.). *Cinco mil dias: o Brasil na era do lulismo*. São Paulo: Boitempo, 2017.

BECERRA, Martín. La fusión centrípeta. *Letra P*, 18 maio 2018. Online.

BIONI, Bruno Ricardo; MENDES, Laura Schertel. Regulamento europeu de proteção de dados pessoais e a Lei geral brasileira de proteção de dados: mapeando convergências na direção de um nível de equivalência. In: FRAZÃO, Ana; TEPEDINO, Gustavo; OLIVA, Milena Donato. *Lei Geral de Proteção de Dados Pessoais e suas repercussões no direito brasileiro*. 2ª ed. São Paulo: Thomsom Reuters, 2020.

BLOOMBERG NEWS. Xi's Next Target in Tech Crackdown Is China's Vast Reams of Data, *Bloomberg*, 23 abr. 2021.

BOLAÑO, César. Trabalho intelectual, comunicação e capitalismo: a reconfiguração do fator subjetivo na atual reestruturação produtiva. *Revista Soc. Bras. Economia Política*, Rio de Janeiro, nº 11, p. 53-78, dez. 2002.

BOLAÑO, César. Organização em rede, capital e a regulação mercantil do elo social. *Liinc em Revista*, Rio de Janeiro, v. 12, n. 1, p. 6-16, maio 2016.

BOLAÑO, César. La problemática de la convergencia informática-telecomunicaciones-audiovisual: un abordaje marxista. In: MASTRINI, Guillermo; BOLAÑO, César (Ed.). *Globalización y Monopolios en la Comunicación en América Latina*. Buenos Aires: Ed. Biblos, 1999.

BOLAÑO, César. *Indústria cultural, informação e capitalismo*. São Paulo: Hucitec, 2000.

BOLAÑO, César. *Industria cultural, información y capitalismo*. Barcelona: Gedisa Editorial, 2013.

BOLAÑO, César; MASSAE, Fernanda Hilde Farias. O novo panorama das telecomunicações no Brasil. *Revista Eptic*, Aracaju, v. 1, n. 1, p. 58-66, jan./jun. 1999.

BOLAÑO, César; BRITTOS, Valério Cruz. *TV pública, políticas de comunicação e democratização: movimentos conjunturais e mudança estrutural*. Trabalho apresentado ao Grupo de Trabalho "Economia Política e Políticas de Comunicação", do XVII Encontro da Compós, na UNIP, São Paulo, SP, em junho de 2008. Disponível em: www.compos.org.br/data/biblioteca_337.pdf. Acesso em: 7/8/2021.

BOLAÑO, César et al. *Economia Política da Internet Vol. 2 – Jornalismo online*. Aracaju, SE: Editora UFS, 2017.

BRAGA, W.D. Rumo à Economia Política da Incerteza: mudança social discursiva sobre o valor trabalho nas sociedades contemporâneas. *XVI Encontro anual da Compós*. Curitiba: UTP, 2007.

Bibliografia

BRAGA, A.; AGUIAR, L.; BERGAMASCHI, M. O chão de fábrica da notícia: contribuições para uma economia política da práxis jornalística. *Revista Brasileira de Ciências da Comunicação*, v. 37, n. 1, p. 111-132, jan./jun. 2014.

BRANCO, Sérgio. As hipóteses de aplicação da LGPD e as aplicações legais. In: MULHOLLAND, Caitlin. *A LGPD e o novo marco normativo no Brasil*. Porto Alegre: Arquipélago, 2020.

BRANCO, Sérgio. *O domínio público no direito autoral brasileiro: uma obra em domínio público*. Rio de Janeiro: Lumen Juris, 2011.

BRANDÃO, Elizabeth Pazito. Conceito de comunicação pública. In: DUARTE, Jorge (Org.). *Comunicação Pública: Estado, mercado, sociedade e interesse público*. São Paulo: Atlas, 2009.

BRASIL. CADE. *Mercados de plataformas digitais*. Brasília, 2021. Disponível em: https://cdn.cade.gov.br/Portal/centrais-de-conteudo/publicacoes/estudos-economicos/cadernos-do-cade/plataformas-digitais.pdf. Acesso em 24/8/2021.

BRIGGS, Asa; BURKE, Peter. *Uma história social da mídia: de Gutemberg à Internet*. Rio de Janeiro: Jorge Zahar Editora, 2006.

BRITTOS, V. C.; NAZÁRIO, P. M. Conselho Federal de Jornalismo: trajetória e arquivamento. *Anais I Encontro da Ulepicc-Brasil*. Aracaju: Ulepicc, 2006.

BRITTOS, Valério; NAZÁRIO, Paola Madeira. Conselho Federal de Jornalismo: uma corporação necessária. *Redes.com: Revista de estudios para el desarrollo social de la Comunicación*, nº 6, 2011.

BRITTOS, Valério Cruz. *Capitalismo contemporâneo, mercado brasileiro de televisão por assinatura e expansão transnacional*. Tese de Doutorado em Comunicação e Cultura Contemporâneas – Faculdade de Comunicação, Universidade Federal da Bahia, Salvador: UFBA, 2001.

BUCCI, Eugênio. *O Brasil em tempo de TV*. Perdizes, SP: Boitempo, 2005.

BUCCI, Eugênio. *O Estado de Narciso: a comunicação pública a serviço da vaidade particular*. São Paulo: Companhia das Letras, 2015.

CABRAL, Eula D.T. Desafios para a democratização da mídia em tempos conturbados. In: GERALDES, Elen; DOMINGUES, Juliano; PIMENTA, Gisele. (Orgs.). *Resistências e inovações: políticas de comunicação em tempos de crise*, v. 1.Brasília: Universidade de Brasília, Faculdade de Comunicação, 2019a.

CABRAL, Eula D.T. Políticas de comunicação e de cultura acessíveis à sociedade: o projeto EPCC. In: CABRAL, Eula D.T. *Desafios das políticas de comunicação*. São Cristóvão: ULEPICC-Brasil, 2019b.

CABRAL, Eula D.T. *Concentração midiática diante da democratização da comunicação e da diversidade cultural: análise das estratégias dos grandes conglomerados*. Fundação Casa de Rui Barbosa Setor de Pesquisa em Políticas Culturais. Rio de Janeiro, 2020a.

CABRAL, Eula D.T. Entre políticas e o marco legal: a comunicação nas Constituições federais brasileiras. *EPTIC*, v. 22, n. 1., jan./abr., 2020b.

CABRAL FILHO, Adilson. As políticas públicas de *comunicação em busca de novos sujeitos históricos*. In: COUTINHO, E. G. (Org). *Comunicação e contra-hegemonia: processos culturais e comunicacionais de contestação, pressão e resistência*. Rio de Janeiro: Ed. UFRJ, 2008.

CABRAL FILHO, Adilson V. Nem privado nem estatal: a ideia de público como um sistema de comunicação. *Revista eCOMPÓS*. Brasília, v. 15, n. 1, jan./abr. 2012.

CABRAL FILHO, Adilson V. *Nossa TV Digital: o cenário internacional da apropriação social da digitalização da TV*. Rio de Janeiro: e-Papers, 2015.

CABRAL FILHO, Adilson. *Por uma plataforma para a regulamentação democrática da radiodifusão comunitária em tempos de convergência*. In: GERALDES, Elen; DOMINGUES, Juliano; PIMENTA, Gisele. *Resistências e inovações: políticas de comunicação em tempos de crise*. Brasília: UNB/FAC Livros, 2019a.

CABRAL FILHO, Adilson. Regulamentação democrática da radiodifusão comunitária. In: CABRAL, Eula D.T. *Desafios das políticas de comunicação*. São Cristóvão: ULEPICC-Brasil, 2019b.

CABRAL FILHO, Adilson; ANDREATA, Anderson. A regulamentação da *comunicação pública nas mudanças de governo no Brasil e na Argentina*. In: CABRAL, Eula D.T. *Desafios das políticas de comunicação*. São Cristóvão: ULEPICC-Brasil, 2019.

CABRAL FILHO, Adilson; CABRAL, Eula Dantas Taveira. Mídia da sociedade civil, direitos à comunicação e a transição para o digital no Brasil: estabelecendo uma estrutura analítica para uma perspectiva comparada internacional. *Revista Brasileira de Políticas da Comunicação*, v. 1, p. 1-14, 2011.

CABRAL FILHO, Adilson; CABRAL, Eula D.T. Mídia no Brasil: quem pode dar as cartas? Estudo à luz da EPC. In: DOURADO, Jacqueline et al. (Org.). *Economia Política do Jornalismo: tendências, perspectivas e desenvolvimento regional*, v. 1. Piauí: EDUFPI, 2016.

CABRAL, Eula D.T.; CABRAL FILHO, Adilson Vaz. A contribuição da apropriação social das TICs para viabilizar uma lei de comunicação social democrática no Brasil. *Encontro Latino de Economia Política da Informação, Comunicação e Cultura*. Salvador, 2005.

CABRAL, Eula D.T.; CABRAL FILHO, Adilson Vaz . A importância da EPC para entender a mídia no Brasil. In: *Comunicação e cultura no Brasil: diálogos com a Economia Política da Comunicação e da Cultura*. Rio de Janeiro: Fundação Casa de Rui Barbosa, 2018.

CAMBRIDGE DICTIONARY. Cambridge: Cambridge University Press, 2021. Disponível em: https://dictionary.cambridge.org/about.html. Acesso em: 9/8/2021.

Bibliografia

CANCELIER, Mikhail Vieira de Lorenzi. *O direito à privacidade hoje: perspectiva histórica e o cenário brasileiro*. Sequência: Estudos Jurídicos e Políticos, [S.L.], v. 38, n. 76, Universidade Federal de Santa Catarina (UFSC), 20 set. 2017.

CANOTILHO, J. J. Gomes. *Direito Constitucional e Teoria da Constituição*. 4. ed. Coimbra: Almedina, 2000.

CAPRI, Alex. *Techno-nationalism and the US-China tech innovation race*. Hinrich Foudation, 3/8/2020. Disponível em: www.hinrichfoundation.com/research/wp/tech/us-china-tech-innovation-race/. Acesso em 22/7/2021.

CASTELLS, Manuel. *The rise of the network society*. Malden: Wiley-Blackwell, 1996.

CDR. PL 2630/20: *propostas da CDR para uma lei efetiva e democrática*. Coalizão Direitos na Rede. 1º de setembro de 2020. Disponível em: http://plfakenews.direitosnarede.org.br/pl-2630-20-propostas-da-cdr-para-uma-lei-efetiva-e-democratica/.

CHAVES, Tiago. *5G: Redes Móveis de Quinta Geração e o Princípio da Neutralidade de Rede*. Dissertação de mestrado. Belo Horizonte: Universidade FUMEC, 2021.

CHINA. Anti-monopoly Law of the People's Republic of China. 2008. Disponível em: http://english.www.gov.cn/archive/laws_regulations/2014/08/23/content_281474 982987358.htm. Acesso em 31/7/2021.

COMISSÃO DE ESPECIALISTAS. *Diretrizes Curriculares Nacionais para o Curso de Jornalismo – Relatório*. Portal do MEC, Brasília, set./2009.

COMITÊ GESTOR DE INTERNET NO BRASIL. Painel TIC: *Pesquisa web sobre o uso da Internet no Brasil durante a pandemia do novo coronavírus*. Disponível em: https://cetic.br/media/docs/publicacoes/2/20210426095323/painel_tic_covid19_livro_eletronico.pdf. Acesso em 24/8/2021.

COMITÊ GESTOR DA INTERNET NO BRASIL [CGI. BR]. *Remuneração do Jornalismo pelas plataformas digitais: Câmara de conteúdos e bens culturais*. 2023. Disponível em: https://www.cgi.br/publicacao/remuneracao-do-jornalismo-pelas-plataformas-digitais/. Acesso em 24/9/2023.

CORNU, D. Journalisme et la vérité. In: Autres Temps. *Cahiers d'éthique sociale et politique* (Paris), n. 58, p. 13-27, 1998.

COUTINHO, Iluska Maria da Silva; VIEIRA, Allana Meirelles. Participação e autonomia relativa no Conselho Curador da EBC. *Comunicação e Sociedade*, v. 30, 2016.

CRUZ, C. Proposta do governo para moderação de plataformas digitais ponto a ponto. *Tele.síntese*, 31 mar. 2023. Online. Acesso em: 27/9/2023.

CUNHA, Joana; PUPO, Fabio. PL 2630: Cade vai abrir investigação sobre Google e Meta. *Folha de S.Paulo*, São Paulo, 2 maio 2023. Online. Acesso em: 27/9/2023.

DANTAS, M. *Os significados do trabalho: produção de valores como produção semiótica no capitalismo informacional*. Trabalho, Educação e Saúde, v. 5, p. 9-50, 2007.

DANTAS, Marcos. *A lógica do capital-informação: a fragmentação dos monopólios e a monopolização dos fragmentos num mundo de comunicações globais*. 2. ed. Rio de Janeiro: Contraponto, 2002.

DE KLOET, Jeroen; POELL, Thomas; GUOHUA, Zeng; FAI, Chow Yiu. The platformization of Chinese Society: infrastructure, governance, and practice. *Chinese Journal of Communication*, 12(3), p. 249-256, 2019.

DELMAZO, Caroline; VALENTE, Jonas CL. Fake news nas redes sociais online: propagação e reações à desinformação em busca de cliques. *Media & Jornalismo*, v. 18, nº 32, p. 155-169, 2018.

DERAKSHAN, H.; WARDLE, C. Information Disorder: Definitions. In: *Proceedings of Understanding and Addressing the Disinformation Ecosystem*. Annemberg: University of Pennsylvania, 2017.

DIB, S. K.; AGUIAR, L.; BARRETO, I. Economia política das cartografias profissionais: a formação específica para o jornalismo. *Revista Internacional de Economia Política da Informação, da Comunicação e da Cultura*, v. 12, n. 10, p. 1-17, maio/ago. 2010.

DIEGUES, Antônio C.; ROSELINO, José C. *Política industrial, tecnonacionalismo e indústria 4.0: a guerra tecnológica entre China e EUA*. Site do Instituto de Economia da Unicamp, Notícias, 6/1/2021. Online. Acesso em 22/7/2021.

DOMINGUES DA SILVA, Juliano; ZAVERUCHA, Jorge. *Teoria da regulação e mídia: ferramentas conceituais para análise de políticas de comunicação*. Alceu, v. 16. n. 31, p. 215-229, jul./dez. 2015.

DONEDA, Danilo. *Correio Eletrônico (E-mail) e o Direito à Privacidade na Internet*. Dissertação de Mestrado, Uerj, 1999.

DONEDA, Danilo. *Da privacidade à proteção de dados pessoais: fundamentos da lei geral de proteção de dados*. 2. ed. São Paulo: Thomsom Reuters Brasil, 2019.

DONEDA, Danilo. O panorama histórico da proteção de dados. In: BIONI, Bruno et al. *Tratado de Proteção de Dados Pessoais*. Rio de Janeiro: Forense, 2021.

DUARTE, Jorge. Instrumentos de comunicação pública. In: DUARTE, Jorge (Org.). *Comunicação pública*: Estado, mercado, sociedade interesse público. São Paulo: Atlas, 2009.

DUARTE, Jorge. Sobre a emergência do(s) conceito(s) de comunicação pública. In: KUNSCH, Margarida Maria Krohling (Org.). *Comunicação pública, sociedade e cidadania*. Série Pensamento e Prática 4.v. São Caetano do Sul: Difusão, 2011.

EXAME. Brasil fecha 2022 como a 12ª economia do mundo, empatado com Irã; veja ranking. Editora Economia, 2 mar. 2023. Online. Acesso em: 3/4/2023.

FARIA, Isabela B. Considerações sobre *essential facilities* e *standard essential patents* nas guerras de patentes. *Revista de Defesa da Concorrência – RDC*, v. 2, nº 1, p. 89-10, maio 2014.

FENAJ. Leia o Dossiê sobre Censura na EBC 2019/2020. Publicado em: fenaj.org.br. *Notícias*, 21 set. 2020. Acesso em: 28/8/2021.

FIANI, Ronaldo. Uma abordagem abrangente da regulação de monopólios: exercício preliminar aplicado a telecomunicações. *Planejamento e Políticas Públicas*, nº 19, jun. 1999. Disponível em: http://repositorio.ipea.gov.br/bitstream/11058/4026/5/PPP_n19_Abordagem.pdf. Acesso em: 31/8/2021.

FÍGARO, Roseli. *Jornalismos e trabalho de jornalistas: desafios para as novas gerações no século XXI*. São Paulo: Moderna-ECA/USP, 2014.

FIGUEIREDO, Carlos. Jornalismo e Economia Política da Comunicação: elementos para a construção de uma teoria crítica do jornalismo. *Jornalismo, Ciências Humanas e Sociais: intersecções, transversalidades e fronteiras*, v. 6, n. 1, 2019.

FRANÇOIS, L. Le débat d'intérêt général dans la jurisprudence de la Cour de Strasbourg. *Légipresse*, nº 317, juin 2014.

FRAZÃO, Ana. Fundamentos da proteção dos dados pessoais: noções introdutórias para a compreensão da importância da lei geral de proteção de dados. In: TEPEDINO, Gustavo; FRAZÃO, Ana; OLIVA, Milena Donato. *Lei Geral de Proteção de Dados Pessoais: e suas repercussões no direito brasileiro*. 2. ed. São Paulo: Thomsom Reuters Brasil, 2020.

FRAZÃO, Ana. Nova LGPD: principais repercussões para a atividade empresarial. *Jota*. São Paulo, 29 ago. 2018. Online. Acesso em: 21/8/2021.

GIDLEY, J. Mark; ZHANG, Z. Alex ; YING, Yi . China merges antitrust enforcement agencies into one, as its Antimonopoly Law approaches 10th anniversary. *White & Case*. 29/3/2018. Online. Acesso em: 3/8/2021.

GILLESPIE, Tarleton. The politcs of 'platforms'. *News Media & Society*, v. 2, Issue 3, pp. 347-364, 2010.

GILLESPIE, Tarleton. The Platform Metaphor, Revisited. *Digital Society Blog*, 24 August 2017a. The Alexander von Humboldt Institute for Internet and Society (HIIG). Acesso em: 20/7/2021.

GILLESPIE, Tarleton. Governance of and by platforms. In: BURGESS, Jean; POELL, Thomas; MARWICK, Alice (Eds.). *SAGE Handbook of Social Media*. New York: Sage Publications, 2017b.

GLOBAL TIMES. China issues anti-monopoly guidelines on platform economy: Regulators likely to conduct frequent scrutiny on internet platforms. 7/2/2021. Disponível em: www.globaltimes.cn/page/202102/1215210.shtml. Acesso em: 31/7/2021.

GODOI, G. C. de S. *Comunicações no Brasil: complexidade, regulação e conexões com a democracia*. Brasília, Rio de Janeiro: 2004 (mimeo.).

GOMES, W. *Jornalismo, fatos e interesses. Ensaios de teoria do jornalismo*. Florianópolis: Insular, 2009.

GOMES, Rodrigo Dias de Pinho. Encarregado pelo tratamento de dados pessoais na LGPD. *Jota*. São Paulo, 2 out. 2019. Online. Acesso em: 22/8/2021.

GREENLEAF, Graham; COTTIER, Bertil. 2020 ends a decade of 62 new data privacy laws. *Privacy Laws & Business International Report*, v. 163, p. 24-26, 29 jan. 2020.

GORWA. Robert. What is Platform Governance? *Information, Communication & Society*, v. 22, Issue 6, p. 854-871, 2019.

HELMOND, Anne. *The platformization of the web: making web data platform ready*. Social Media + Society, 1(2), jul./dez. 2015.

HONG, Yu; XU, Jian. Toward fragmented platform governance in China: through the lens of Alibaba and the legal-judicial system. *International Journal of Communication*, v. 13, p. 4642-4662, 2019.

HU, Minghe. China targets unlicensed ride-hailing drivers and vehicles amid Didi investigation. *South China Morning Post*, Tech, Pequim, 9 set. 2021.

HUWS, Ursula. *A formação do cibertariado: trabalho virtual em um mundo real*. Campinas: Edunicamp, 2017.

IBGE. IBGE Explica. 2023. Disponível em: www.ibge.gov.br/explica/pib.php. Acesso em 3/4/2023.

JAISAL, E. K. The US, China and Huawei Debate on 5G Telecom Technology: Global Apprehensions and the Indian Scenario. *Open Political Science*, v. 3, I.1, p. 66-72, 2020. Disponível em: www.degruyter.com/document/doi/10.1515/openps-2020-0006/html. Acesso em: 21/7/2021.

KAMGA, O. Difficile émergence d'un journalisme objectif en Afrique. *Communication* (Paris), v. 36/1, 2019. Disponível em: http://journals.openedition.org/communication/9827. Acesso em: 4/8/2021.

KELLY, C. *As novas dimensões do jornalismo*. Rio de Janeiro: Agir, 1966.

KIM, Mi-jin; LEE, Heejin; KWAK, Jooyoung. The changing patterns of China's international standardization in ICT under techno-nationalism: A reflection through 5G standardization. *International Journal of Information Management*, v. 54, 2020.

KREIN, José Dari et al. O Trabalho pós-reforma trabalhista. *Cesit – Centro de Estudos Sindicais e de Economia do Trabalho*, v. I, 2021.

KREMER, Bianca. Os agentes de tratamento de dados pessoais. In: MULHOLLAND, Caitlin (Org.). *A LGPD e o novo marco normativo no Brasil*. Porto Alegre: Arquipélago, 2020.

LADEIRA, João Martins; MARCHI, Leonardo. Redes de imbróglios: regulação do streaming no Brasil e suas ambiguidades. *Contracampo*, v. 38, n. 3, p. 68-79, dez. 2019/ mar. 2020.

LEAL, Sayonara de Amorim Gonçalves. *Os movimentos em torno da quebra do monopólio estatal no sistema de telecomunicações no Brasil*. Aracaju: UFS, 2000.

LEAL FILHO, Laurindo Lalo. Comunicação pública e o golpe. In: *Enciclopédia do Golpe – O Papel da Mídia*. Bauru: Instituto Defesa da Classe Trabalhadora: Canal 6 Editora, 2018.

LETHBRIDGE, Eric. Governança corporativa. *Revista do BNDES*, Rio de Janeiro, v. 4, n. 8, p. 209-231, dez. 1997.

LIMA, Venício A. de. *Política de comunicações: um balanço dos governos Lula (2003-2010)*. São Paulo: Publisher Brasil, 2012.

LIMA, Venício A. de. *Regulação das comunicações: história, poder e direitos*. São Paulo: Paulus, 2011.

LORENZETTI, Ricardo. Informática, Cyberlaw, E-commerce. In: DE LUCCA, N.; SIMÃO FILHO, A. (coords.). *Direito & Internet*. São Paulo: Edipro, 2000.

LUCENA, Ana Paula. Políticas e estratégias de comunicação: experiências de comunicação pública na presidência de Luiz Inácio Lula da Silva. In: CABRAL, Eula D.T. *Desafios das políticas de comunicação*. São Cristóvão: ULEPICC-Brasil, 2019.

MACEDO, Joel de Jesus; BRASIL, Raphael Gomes. Monopólio e o papel do Estado: as concepções teóricas da escola austríaca. *Revista de Economia*, Anápolis-GO, vol. 12, nº 1, p. 1-16, jan./jun. 2016.

MACHADO, C.; KONOPACKI, M. *Poder computacional: automação no uso do Whatsapp nas eleições*. ITS Rio, 2018.

MAGRANI, Eduardo. *Democracia conectada*. Rio de Janeiro: Juruá, 2014.

MAJEROWICZ, Esther. *China and the International Political Economy of Information and Communication Technologies*. Trabalho apresentado no 2nd International Workshop on Demand-led Growth: structural change and income distribution, Rio de Janeiro, 15-18 de julho, 2019. Disponível em: https://www.researchgate.net/publication/334711023_China_and_the_International_Political_Economy_of_Information_and_Communication_Technologies/. Acesso em 22/7/2021.

MARTINEZ, M. Como as 'fake news' no WhatsApp levaram um povoado a linchar e queimar dois homens inocentes. *BBC News Brasil*, 14 nov. 2018. Disponível em: www.bbc.com/portuguese/salasocial-46206104.

MATTELART, Armand. Sociedad del conocimiento, sociedad de la información, sociedad de control. *Cultures & Conflits*, p. 165-183. Paris, 2006.

MAREIKE LE PELLEY. *Baromètre des medias africains. Première analyse locale du paysage médiatique en Afrique/ République Démocratique Du Congo*. Friedrich-Ebert. –Stiftung (FES), 2012. Disponível em: www.fesmedia.org.

MARIE-SOLEIL, F. *Journalismes d'Afrique*. Louvain-la-Neuv: De boeck Supérieur s.a., 2016.

MARINO, Santiago; MASTRIN, Guillermo; BECERRA, Martín. El proceso de regulación democrática de la comunicación en Argentina. *Revista Oficios Terrestres*, La Plata, Buenos Aires, 2010.

MARINO, Santiago. El capítulo ausente de la ley de médios. *Diario Ambito Financiero*, Suplemento "Viernes", 14 marzo 2014.

MARTINS, Helena. *O mercado de comunicações brasileiro no contexto da convergência: análise das estratégias do Grupo Globo e da América Móvil*. Tese de Doutorado em Comunicação – Universidade de Brasília, Brasília, 2018.

MARTINS, Helena. Privatização, financeirização e centralização de capital: elementos para a compreensão da atuação da América Móvil no contexto da convergência. In: FERREIRA, José Maria Carvalho (Org.). *A Desmaterialização da Economia nas Ciências Sociais e Humanas*. Lisboa: Forte da Casa: Clássica, 2020.

MARTINS, Guilherme Magalhães; FALEIROS JÚNIOR, José Luiz de Moura. Compliance Digital e responsabilidade civil na Lei Geral de Proteção de Dados. In: MARTINS, Guilherme Magalhães; ROSENVALD, Nelson. *Responsabilidade Civil e Novas Tecnologias*. Indaiatuba: Foco, 2020.

MARTINS, Patrícia Helena Marta; TOMÉ, Bruna Borghi. LGPD e contencioso: sanções administrativas, duplicidade e dosimetria. *Conjur*, São Paulo, 10 maio 2021.

MARX, Karl. *Grundrisse: manuscritos econômicos de 1857-1858: esboços da crítica da economia política*. São Paulo: Boitempo; Rio de Janeiro: Ed. UFRJ, 2011.

MASTRINI, Guillermo. *Mucho ruido y pocas leyes. Historia de políticas de comunicación en Argentina*. (1920-2004), 2 ed. Ed. La Crujía, Buenos Aires, 2008.

MASTRINI, Guillermo; LORETI, Damián. Sobre el fallo de la Cámara en el caso Clarín. *Página 12*, 14 mayo 2013.

MAURÍCIO, Patrícia. *Conflitos na TV digital brasileira*. Rio de Janeiro: Ed. PUC-Rio; Apicuri, 2012.

MAURÍCIO, Patrícia. Regulação do audiovisual no Brasil: tudo outra vez de novo. *Revista Eptic*, v. 17, n. 2, 2015.

MAURÍCIO, Patrícia. A desintegração do modelo de negócios do jornalismo e tentativas para financiar reportagens de qualidade na internet. *Revista Alceu*, v. 17, n. 35, ed. 35, 2017.

MAURÍCIO, Patricia; ALMEIDA, Raquel; SOARES Jr., Creso. O leilão do 5G e a disputa geopolítica. In: VALENTE, Jonas (Org.) *Cadernos de conjuntura das comunicações LaPCom – Ulepicc-Brasil 2021: pandemia, liberdade de expressão e polêmicas regulatórias na comunicação eletrônica*. 2021.

MAURÍCIO, Patrícia; SABACK, Lilian (Orgs.). *Relatório EPC PUC-Rio - Plataformas digitais e a relação com o jornalismo*. Rio de Janeiro: Plataforma Maxwell, 2020.

MAURÍCIO, Patrícia; GABRIG, Patricia. Google. In: MAURÍCIO, Patrícia; SABACK, Lilian (Orgs). *Relatório EPC PUC-Rio – Plataformas digitais e a relação com o jornalismo*. Rio de Janeiro: Plataforma Maxwell, 2020.

MAURÍCIO, Patrícia; ALMEIDA, Raquel; SOARES Jr., Creso. No fio da navalha: a relação do Grupo Globo com as plataformas digitais hegemônicas. *Anais...*, XV

Congreso de la Asociación Latinoamericana de Investigadores de la Comunicación, Alaic, 2020.

MCCHESNEY, R. W. Mídia global, neoliberalismo e imperialismo. In: MORAES, D. de (Org.). *Por uma outra comunicação: mídia, mundialização cultural e poder*. Rio de Janeiro: Record, 2003.

MEDITSCH, E. Novas e velhas tendências: os dilemas do ensino de jornalismo na sociedade da informação. In: FEDERAÇÃO NACIONAL DOS JORNALISTAS (Org.). *Formação superior em Jornalismo: uma exigência que interessa à sociedade*. Florianópolis: Fenaj, 2008.

MEDITSCH, E. *Crescer para os lados ou crescer para cima: o dilema histórico do campo acadêmico do jornalismo*. Covilhã: Biblioteca Online de Ciências da Comunicação, 1999.

MEDRADO, Andréa. Favela antenada – A TV a cabo da Rocinha. *Observatório da Imprensa*. 2005. Online. Acesso em: 15/10/2021.

MELO, J. M. de. Os primórdios do ensino de jornalismo. *Estudos em Jornalismo e Mídia*, v.1, n. 2, p. 73-83, jul./dez. 2004.

MELO, J. M. de; FADUL, A. M.; SILVA, C. E. L. da. *Ideologia e poder no ensino da comunicação*. São Paulo: Cortez & Moraes, 1979.

MENDES, Laura Schertel; DONEDA, Danilo. Reflexões iniciais sobre a nova Lei Geral de Proteção de Dados. *Revista de Direito do Consumidor*, v. 120, ano 27, São Paulo, p. 469-483, nov./dez. 2018.

MIIT. 工业和信息化部启动互联网行业专项整治行动 (Ministério da Indústria e Tecnologia da Informação lança ação especial de retificação para indústria de internet). Disponível em: www.miit.gov.cn/jgsj/xgj/gzdt/art/2021/art_b86f1d15c9824f-3297090330353ce2f3.html. 2021a. Acesso em: 30/8/2021.

MIIT. 工业互联网迎来快速发展期 (A internet industrial iniciou período de rápido desenvolvimento). Disponível em: www.miit.gov.cn/jgsj/xgj/gzdt/art/2021/art_f156aa17335442d6a9175afa0d040edb.html. 2021b. Acesso em: 30/8/2021.

MOM (Media Ownership Monitor), Brazil. *Global Media Registry*. Disponível em: www.mom-gmr.org/en/countries/brazil/, 2018.

MORAES DE LIMA, Marcos F. U.; VALENTE, Jonas C. L. Regulação de plataformas digitais: mapeando o debate internacional, *Liinc Em Revista*, 16(1), 2020.

MORETZSOHN, Sylvia. *Jornalismo em "tempo real": o fetiche da velocidade*. Rio de Janeiro: Revan, 2002.

MOROZOV, Evgeny. *Big Tech: a ascensão dos dados e a morte da política*. São Paulo: Ubu, 2018.

MOSCO, V. *The political economy of communication: rethinking and renewal*. London: Sage, 1996.

MUSHIZI, C. *"Protéger les libertés de presse et d'expression en RD Congo". Fondements juridiques et rôles du pouvoir judiciaire*. USAID, 2020.

NAPOLITANO, Carlo José. O diálogo externo do Supremo Tribunal Federal: as deliberações da Corte acerca das políticas públicas de comunicação. In: CABRAL, Eula D.T. *Desafios das políticas de comunicação*. São Cristóvão: ULEPICC-Brasil, 2019.

NEWMAN, Nic; FLETCHER, Richard; SCHULZ, Anne; ANDI, Simge; ROBERTSON, Craig T.; NIELSEN, Rasmus Kleis. *Reuters Institute for the Study of Journalism: Digital News Report*, 10.ed., 2021.

NIEBORG, D. B.; POELL, T. The platformization of cultural production: theorizing the contingent cultural commodity. *New Media & Society*, 20(11), p. 4275-4292, 2018.

NIELSEN, Rasmus et al. Superando a indiferença: o que as atitudes em relação às notícias nos dizem sobre a construção da confiança. *Reuters Institute for the Study of Journalism*, 2021. Online.

NITAHARA, Akemi. *As origens da EBC: Mapa Interativo Histórico da Empresa Brasil de Comunicação: 1923 a 2019*. Dissertação de Mestrado Profissional em Criação e Produção de Conteúdos Digitais da Escola de Comunicação, Universidade Federal do Rio de Janeiro. Rio de Janeiro, 2019.

NITAHARA, Akemi; LUZ, Cristina Rego Monteiro da. A EBC e a Comunicação Pública no Brasil. *Liinc Em Revista*, v. 16, 2020.

NOOREN, Pieter; van GORP, Nicolai; van EIJK, Nico; FATHAIGH, Ronan Ó. Should we regulate digital platforms? A new framework for evaluating policy options. *Policy & Internet*, 10 (3), p. 264-301, set. 2018.

OCDE. Avaliação da OCDE sobre Telecomunicações e Radiodifusão no Brasil, 2020. *OCDE iLibrary*, 2020. Disponível em: www.oecd-ilibrary.org. Acesso em: 20/8/2021.

OLIVEIRA, Euclides Quandt de. O Código Brasileiro de Telecomunicações: Considerações Acerca do Marco Legal. *Revista Eptic*, v. 9, n. 3, set./dez. 2007.

OLIVEIRA, Caio César de; TAVARES FILHO, Paulo César. A LGPD e o início do fim da cultura do consentimento. *Jota*. São Paulo, 28 jun. 2021.

PALHARES, Felipe. As falácias do amanhã: a saga da entrada em vigor da LGPD. In: *Temas atuais de proteção de dados*. São Paulo: Thomsom Reuters Brasil, 2020.

PALMEIRA, Mariana de Moraes. A Lei Geral de Proteção de Dados Pessoais e as sanções administrativas aplicáveis aos agentes de tratamento de dados. In: MULHOLLAND, Caitlin. *A LGPD e o novo marco normativo no Brasil*. Porto Alegre: Arquipélago, 2020.

PAULINO, Fernando Oliveira et al. (Org.). *Conferência Nacional de Comunicação 10 anos depois: velhos e novos desafios das políticas de comunicação no Brasil*. São Cristóvão: ULEPICC-Brasil, 2020.

Bibliografia

PAULINO, Fernando Oliveira; SILVA, Luiz Martins da (Org.). *Comunicação Pública em debate: ouvidoria e rádio*. Brasília: Editora Universidade de Brasília, 2013.

PAULINO, Fernando Oliveira; PINHEIRO, Elton Bruno; NICOLETTI, Janara. Comunicação e Democracia no Brasil: pandemia, violência contra jornalistas, EBC em perigo e resistências. In: VALENTE, Jonas (Org.) *Cadernos de conjuntura das comunicações LaPCom – Ulepicc-Brasil 2021: pandemia, liberdade de expressão e polêmicas regulatórias na comunicação eletrônica*, 2021.

VALENTE, Jonas (Org.) *Cadernos de conjuntura das comunicações LaPCom – Ulepicc-Brasil 2021: pandemia, liberdade de expressão e polêmicas regulatórias na comunicação eletrônica*, 2021.

PDSM. Programme de Développement du Secteur Médiatique (PDSM) en République Démocratique du Congo, *Revue de la Législation Sur les Médias en République Démocratique du Congo*, Kinshasa, Internews/ USAID, 2012.

PÉAN, P. Carnages. *Les guerres secrètes des grandes puissances en Afrique*. Paris: Fayard, 2010.

PEREIRA, Matheus Ribeiro. A desinformação como estratégia política: uma análise dos tweets de ataque à imprensa postados por Jair Messias Bolsonaro no ano de 2019. *Aquila*, n. 24, p. 97-110, 2021.

PERUZZO, Cicilia M.K. Aspectos históricos da TV comunitária no Brasil. Trabalho apresentado no GT "Medios Comunitarios y Ciudadania". *V Congreso Latinoamericano de Investigadores de la Comunicación*. Santiago, Chile, 27 a 30 de abril de 2000.

PIERANTI, Octavio Penna. *O Estado e as Comunicações no Brasil: construção e reconstrução da Administração Pública*. Brasília-DF: Abras/Lecotec, 2011.

PITA, M. *Desinformación durante la pandemia y la respuesta regulatória latino-americana*. Unesco, 2021.

PLANTIN, J.C.; LAGOZE, C., EDWARDS, P. N.; SANDVIG, Christian. Infrastructure studies meet platform studies in the age of Google and Facebook. *New Media & Society*, 20(1), p. 293-310, 2018.

PLANTIN. J.C.; SETA, G. de. WeChat as infrastructure: the techno nationalist shaping of Chinese digital platforms. *Chinese Journal of Communication*, v. 12, 2019.

POELL, T.; NIEBORG, D.; VAN DIJCK, J. Platformisation. *Internet Policy Review*, v. 8, Issue 4, 2019.

POULET, Y. *Vie privée, liberte d'expression et démocratie dans la société numérique*. Bruxelles: Édition Larcier, 2020.

RAMOS, Murilo César. Agências reguladoras: a reconciliação com a política. *Revista Eptic*, v. 7, n. 2, p. 7-39, maio/ago. 2005.

RAMOS, Murilo César. *Às margens da estrada do futuro. Comunicações, política e tecnologia*. Brasília: Coleção FAC – Editorial Eletrônica, 2000.

REBILLARD, Franck; SMYRNAIOS, Nikos. Les infomédiaires, au cœur de la filière de l'information en ligne. *Réseaux*, n. 2, p. 163-194, 2010.

REBOUÇAS, E. Estudos e práticas da economia (e da) política de comunicações na América Latina. *Comunicação, Mídia e Consumo*, v. 2, n. 5, p. 65-89, São Paulo, nov. 2005.

REGO, Luiz Carlos Moraes. As lições da liberalização. In: SIQUEIRA, Ethevado (Org.). *Telecomunicações: privatização ou caos*. São Paulo: Telepress, 1993.

RELE. *Guía para garantizar la libertad de expresión frente a la desinformación deliberada en contextos electorales*. Relatoria para a Liberdade de Expressão, Organização dos Estados Americanos, 2019.

REPÚBLICA DEMOCRÁTICA DO CONGO. *Ordonance-Loi nº 23/009 de 23 marce 2023 fixant les modalités d'exercice de la liberté de presse, la liberté d'information et d'émission par la Radio et la Télévision, l apresse écrite ou tout autre Moyen de communication em République Démocratique du Congo*. Disponível em: www.radiookapi.net/sites/default/files/2023-05/nouvelle_loi_sur_la_presse.pdf. Acesso em: 4/7/2023.

REUTERS *Institute Digital News Report 2021*. 10 ed. Disponível em: https://reutersinstitute.politics.ox.ac.uk/digital-news-report/2021.

RODRIGUES, Nelson. *À sombra das chuteiras imortais*. São Paulo: Cia. das Letras, 1993.

SABACK, Lilian. *A autorrepresentação das favelas do Rio de Janeiro: a criação de mundos possíveis por sujeitos heterotópicos*. Dissertação de Mestrado em Comunicação Social. PUC-Rio, 2010.

SAMR. Lei Antimonopólio da República Popular da China (中华人民共和国反垄断), SAMR, Administração Estatal para Regulação do Mercado, 2008. Disponível em: https://gkml.samr.gov.cn/nsjg/fgs/202211/t20221102_351257.html. Acesso em: 8/3/ 2023.

SAMR. Diretrizes Antimonopólio da Comissão Antimonopólio do Conselho de Estado da Economia de Plataforma (国务院反垄断委员会关于平台经济领域的反垄断指南), SAMR, Administração Estatal para Regulação do Mercado, 7 fev. 2021. Disponível em: https://gkml.samr.gov.cn/nsjg/fldj/202102/t20210207_325967.html Acesso em: 7/2/ 2023.

SAMR. Decisão de Punição Administrativa da Administração Estatal de Supervisão de Mercado (国家市场监督管理总局行 政 处 罚 决 定 书), SAMR, Administração Estatal para Regulação do Mercado, 24 jul. 2023. Disponível em: https://www.samr.gov.cn/xw/zj/202107/P020210724302729586098.pdf Acesso em: 8/3/2023.

SANTANA, Ivone. Setor de telecomunicações bate recorde de fusões e aquisições. *Valor Econômico*, São Paulo. 11 jun. 2021.

SCHILLER, Dan. An update on China in the political economy of information and communications. *Chinese Journal of Communication*, v. 1, I. 1, p. 109-116, 2008.

SHAN, Pingping; TAN, Guofu; WILKIE, Simon; WILLIAMS, Michael. China's Anti-Monopoly Law: What is the Welfare Standard? *Review of Industrial Organization*, 41(1), 2011.

SIQUEIRA, Ethevaldo; MANCINI, Luciana. Rumo ao caos. In: SIQUEIRA, Ethevado (Org.). *Telecomunicações: privatização ou caos*. São Paulo: TelePress, 1993.

SRNICEK, Nick. *Capitalismo de plataformas*. Buenos Aires: Caja Negra, 2018.

THE ANTITRUST SOURCE. Interview with Wu Zhenguo, Director General, Anti-Monopoly Bureau of the State Administration for Market Regulation (SAMR), People's Republic of China. Junho, 2021. Disponível em: http://www.samr.gov.cn/xw/zj/202107/P020210707589294998827.pdf. Acesso em 30/7/2021.

SMYRNAIOS, Nikos; REBILLARD, Franck. How infomediation platforms took over the news: A longitudinal perspective. *The political economy of communication*, v. 7, n. 1, 2019.

SMYRNAIOS, Nikos. *Internet oligopoly: The corporate takeover of our digital world*. Emerald Group Publishing, 2018.

SILVA, Ana Cristina Costa de Lima e; MONTENEGRO, Claudia Monteiro; ALMEIDA, Raquel de Queiroz. Facebook. In: MAURÍCIO, Patrícia; SABACK, Lilian. (Orgs.) *Relatório EPC PUC-Rio - Plataformas digitais e a relação com o jornalismo*. Rio de Janeiro: Plataforma Maxwell, 2020.

SOARES, Felipe Bonow et al. Desinformação e esfera pública no Twitter: disputas discursivas sobre o assassinato de Marielle Franco. *Fronteiras: estudos midiáticos*, v. 21, n. 3, p. 2-14, 2019.

SODRÉ, Muniz. *O monopólio da fala*. Petrópolis: Vozes, 1982.

SOUSA JÚNIOR, J.H S. et al. Da desinformação ao caos: uma análise das Fake News frente à pandemia do Coronavírus (Covid-19) no Brasil. *Cadernos de Prospecção*, v. 13, n. 2, 2020.

SOUZA, Danielle A. *Os canais comunitários na lógica do mercado da TV a cabo no Brasil*. Dissertação de Mestrado do Programa de Pós-Graduação em Comunicação da UnB, 2011.

SOUZA, Carlos Affonso et al. Lei Geral de Proteção de Dados: uma transformação na tutela de dados pessoais. In: MULHOLLAND, Caitlin. *A LGPD e o novo marco normativo no Brasil*. Porto Alegre: Arquipélago, 2020.

SOUZA, Eduardo Nunes de; SILVA, Rodrigo da Guia. Direitos do titular de dados pessoais na Lei 13.709/2018: uma abordagem sistemática. In: TEPEDINO, Gustavo; FRAZÃO, Ana; OLIVA, Milena Donato. *Lei Geral de Proteção de Dados Pessoais: e suas repercussões no direito brasileiro*. 2. ed. São Paulo: Thomsom Reuters Brasil, 2020.

SRNICEK, Nick. *Platform Capitalism*. Cambridge: Polity Press, 2017.

STATISTA. The 100 largest companies in the world by market capitalization in 2023. Disponível em: www.statista.com/statistics/263264/top-companies-in-the-world-by-market-capitalization/. Acesso em 3/4/2023.

TRAQUINA. N. *Teorias do Jornalismo: por que as notícias são como são*. Florianópolis: Insular. 2005.

TRINDADE, D. F.; TRINDADE, L. S. P. As Telecomunicações no Brasil: do Segundo Império até o Regime Militar. *Sinergia* (CEFETSP), São Paulo, v. 1, p. 33-37, 2004.

UNCTAD (United Nations Conference on Trade and Development). *Competition law, policy and regulation in the digital era. Intergovernmental Group of Experts on Competition Law and Policy*. Nineteenth session, Geneva, 7-9 July 2021.

UNESCO. *Modelo curricular da Unesco para o ensino de jornalismo*. Brasília: Unesco, 2010.

UNESCO. *Convenção sobre a Proteção e Promoção da Diversidade das Expressões Culturais*, 2005. Promulgada no Brasil em 2007. Online. Acesso em: 8/5/2021.

WARREN, Samuel D.; BRANDEIS, Louis D. The Right to Privacy. *Harvard Law Review*, [S.L.], v. 4, n. 5, p. 193, 15 dez. 1890.

WAYNE, Michael L. Global streaming platforms and national pay-television markets: a case study of Netflix and multi-channel providers in Israel. *The Communication Review*, 23:1, p. 29-45, 2019.

WEN, Yun. *The Huawei model: the rise of China's technology giant*. Illinois: University of Illinois Press, 2020.

WETERMAN, D. AFFONSO, J. Pressão e ameaça no Congresso: como Google e Facebook derrubaram o PL 2630 das Fake News em 14 dias. *O Estado de S. Paulo*, 26 jun. 2023. Online. Acesso em: 27/9/2023.

WIMMER, Miriam. O regime jurídico do tratamento de dados pessoais pelo poder público. In: BIONI, Bruno et al. *Tratado de Proteção de Dados Pessoais*. Rio de Janeiro: Forense, 2021.

WOHLERS, Márcio. Investimento e privatização das telecomunicações no Brasil: dois vetores da mesma estratégia. In: BIELSCHOWSKY, Ricardo. *Relatório preliminar da pesquisa sobre determinantes dos investimentos na transição da economia brasileira dos anos 90: Indústria, Mineragão, Petróleo e Infra-Estrutura*. São Paulo: Unicamp, Cepal, 1998.

WU, Tim. *The Attention Merchants: The Epic Scramble to Get Inside Our Heads*. Alfred A. Knopf, 2016.

VALENTE, Jonas. Regulando desinformação e fake news: um panorama internacional das respostas ao problema. *Comunicação Pública*, v. 14, n. 27, 2019.

VALENTE, Jonas. *Das plataformas online aos monopólios digitais: tecnologia, informação e poder*. São Paulo: Dialética, 2021.

VAN DIJCK, José. Seeing the forest for the trees: Visualizing platformization and its governance. *News & Media Society*, v. 1, Issue 19, 2020.

ZHAO, Yanjing. Economia de plataforma e socialismo: discussão simultânea sobre a essência do incidente do Ant Group (平台经济与社会主义：兼论蚂蚁集团事件的本质), 2020. Disponível em: https://www.guancha.cn/zhaoyanjing/2020_12_31_576335_s.shtml. Acesso em: 3/9/2021.

ZHOU, Zhaofeng. China issues its first antimonopoly guidelines for platform economy. 9 fev. 2021. Disponível em: www.fieldfisher.com/en/. Acesso em: 30/7/2021.

ZUAZO, N. *Los dueños de internet*. Buenos Aires: Debate, 2018.

ZUBOFF, Shoshana. Big other: surveillance capitalism and the prospects of an information civilization. *Journal of Information Technology*, Cambridge, 2015.

ZUBOFF, Shoshana. Big Other: capitalismo de vigilância e perspectivas para uma civilização de informação. In: BRUNO, F. et al. *Tecnopolíticas de vigilância: perspectivas da margem*. São Paulo: Boitempo, 2018.

ZUBOFF, Shoshana. *A era do capitalismo de vigilância*. Rio de Janeiro: Intrínseca, 2020.

Sobre os autores

Adilson Vaz Cabral Filho
Professor da UFF no Curso de Comunicação Social e no Programa de Pós-Graduação em Mídia e Cotidiano. Tem pós-doutorado, doutorado e mestrado em Comunicação Social.

Beatriz Vilardo
Mestre em Comunicação pela PUC-Rio.

Caitlin Mulholand
Diretora do Departamento de Direito da PUC-Rio. Pesquisadora do Núcleo Legalite PUC-Rio. Doutora e mestre em Direito Civil pela Uerj.

Carmem Petit
Professora do Departamento de Comunicação da PUC-Rio. Mestre e doutora em Comunicação Social pela PUC-Rio. Integrante do Grupo EPC PUC-Rio.

Creso Soares Júnior
Jornalista e professor do Departamento de Comunicação da PUC-Rio. Doutorando do Programa de Pós-Graduação em Comunicação da PUC-Rio, mestre em Comunicação Social pela PUC-Rio. Integrante do Grupo de Pesquisa EPC PUC-Rio.

Diogo Maduell
Professor do Departamento de Comunicação da PUC-Rio. Mestrando do Programa de Pós-Graduação em Comunicação da PUC-Rio. Integrante do Grupo de Pesquisa EPC PUC-Rio.

Eula Dantas Taveira Cabral
Professora do Programa de Pós-Graduação em Memória e Acervos da Fundação Casa de Rui Barbosa. Tem pós-doutorado, doutorado e mestrado em Comunicação Social. Atua nas áreas de Economia Política da Comunicação, da Cultura e da Informação.

Fernando Thompson
Jornalista, pesquisador, doutorando em Comunicação da Universidade Nova Lisboa e mestre em Administração no Ibmec. Integrante do Grupo de Pesquisa EPC PUC-Rio.

Gabriela Ferreira
Doutoranda em Comunicação da Universidade Nova Lisboa e mestre em Comunicação pela PUC-Rio. Integrante do Grupo de Pesquisa EPC PUC-Rio.

Helena Martins
Professora do curso de Comunicação Social e do Programa de Pós-Graduação da Universidade Federal do Ceará (UFC). Doutora em Comunicação Social pela UnB, com período sanduíche no Instituto Superior de Economia e Gestão (Iseg) da Universidade de Lisboa. Líder do Telas – Laboratório de Pesquisa em Economia, Tecnologia e Políticas da Comunicação, vinculado à UFC. Editora da Revista *EPTIC*.

Jonas Valente
Pesquisador associado do Laboratório de Políticas de Comunicação da Universidade de Brasília (LapCom) e do Laboratório de Pesquisa em Tecnologias, Economia e Política da Comunicação (Telas-UFC). Editor-assistente da Revista *Eptic-Online*.

Leonel Aguiar
Professor do Programa de Pós-Graduação em Comunicação e coordenador do Curso de Jornalismo da PUC-Rio. Doutor e mestre em Comunicação (UFRJ). Jornalista diplomado (UFF). Líder do Grupo de Pesquisa Teorias do Jornalismo e Experiências Profissionais (PUC-Rio/CNPq).

Sobre os autores

Lilian Saback
Professora do Departamento de Comunicação da PUC-Rio. Doutora em Comunicação e Cultura pela ECO/UFRJ e mestre em Comunicação pela PUC-Rio. Integrante dos grupos de pesquisa Mídia e Memória da PUC Minas, do Laboratório de Estudos em Comunicação Comunitária da ECO/UFRJ e vice-líder do Grupo de Pesquisa EPC PUC-Rio.

Mariana Palmeira
Advogada e professora do Departamento de Comunicação da PUC-Rio. Doutoranda do Programa de Pós-Graduação em Direito da PUC-Rio e mestre em Administração pela PUC-Rio. Pesquisadora do Núcleo Legalite e integrante do Grupo de Pesquisa EPC PUC-Rio.

Patrícia Maurício
Professora do Programa de Pós-Graduação em Comunicação da PUC-Rio. Doutora em Comunicação e Cultura pela ECO/UFRJ e mestre pela mesma universidade. Líder do grupo de pesquisa Economia Política da Comunicação da PUC-Rio.

Placide Pashi
Doutorando do Programa de Pós-Graduação em Comunicação da PUC-Rio e mestre em Comunicação Social pela PUC-Rio. Membro dos Grupos de Pesquisa EPC e GrID, ambos da PUC-Rio.

Raquel de Queiroz Almeida
Doutoranda em Comunicação Social na PUC-Rio e mestre em Divulgação Científica e Cultural na Unicamp. Integrante do Grupo de Pesquisa EPC PUC-Rio.

Santiago Marino
Professor titular da Universidade Nacional de Quilmes e professor de graduação e pós-graduação da Universidade Nacional de Buenos Aires, UNCuyo, San Andrés e USal. Doutor em Ciências Sociais e diretor do Projeto de Pesquisa "Mercado e políticas para o Espaço Audiovisual Ampliado Argentino" credenciado junto à UNQ e pesquisador associado do OBSERVACOM.